De macht van het verleden

Ivo van de Wijdeven

De macht van het verleden

Geschiedenis als politiek wapen

Spectrum

Uitgeverij Unieboek | Het Spectrum bv, Amsterdam

Spectrum maakt deel uit van Uitgeverij Unieboek | Het Spectrum bv,
Amstelplein 34
1096 BC Amsterdam

Eerste druk 2022
Derde druk 2023

Omslagontwerp: DPS Design & Prepress Studio, Amsterdam
Auteursfoto: Anne van Gelder
Opmaak: Elgraphic

ISBN 978 90 00 37420 5
ISBN 978 90 00 37421 2 (e-book)
NUR 697

www.spectrumboeken.nl
www.ivovdw.nl

Who controls the past controls the future:
who controls the present controls the past.

George Orwell, *Nineteen Eighty-Four*, 1949

Inhoud

Woord vooraf

Het idee voor dit boek ontstond eigenlijk al in 2015. Mijn boek *De rafelranden van Europa* was in de eerste plaats bedoeld als historische achtergrond bij de hedendaagse ontwikkelingen, maar in de inleiding schreef ik ook: 'Meningen en feiten lopen door elkaar heen en worden soms uit propaganda-overwegingen verdraaid.' Die gedachte heeft me sindsdien niet meer losgelaten. Ik wilde begrijpen hoe machthebbers de geschiedenis precies gebruiken voor politiek gewin én waarom dat zo goed werkt. En in mijn zoektocht ontdekte ik telkens dezelfde terugkerende patronen en methodes.

Ik heb nooit nagelaten om ze aan te stippen in mijn boeken en artikelen. Maar nadat ik in 2020 in een uitzending van het onvolprezen VPRO-radioprogramma *OVT* mocht vertellen over de wijze waarop de Hongaarse regering politiek garen spint bij een honderd jaar oud vredesverdrag, viel het kwartje: dit onderwerp verdient een eigen boek! Het resultaat heeft u nu in handen: een boek over geschiedenis als politiek wapen, een poging om de macht van het verleden inzichtelijk te maken.

Ik dank Barend Wallet van Uitgeverij Unieboek | Het Spectrum voor zijn enthousiasme over het idee voor *De macht van het verleden* én voor zijn vertrouwen. Alexandra van Dam Merrett en Mijke de Kruijf hebben het boek met hun noeste redactiewerk en kritische blik in goede banen geleid en gepolijst. En dankzij het meelezende oog van Ruud Stevens is het boek nog verder bijgeslepen. Nils von der Assen heeft het boek vakkundig klaargemaakt voor de drukpers. Fouten die er nu nog in staan komen geheel op mijn conto.

Daarnaast ben ik de mensen van *Historisch Nieuwsblad*, *Geschiedenis Magazine* en OVT dankbaar voor het podium dat zij mijn verhalen bieden, waarin ik ook mijn ideeën voor dit boek kon aanscherpen. Ook mijn oud-collega's bij Algemene Zaken komt lof toe. Niet alleen omdat zij ruimte hebben geboden aan mijn schrijfwerkzaamheden, maar ook voor de vele inspirerende gesprekken die we hebben gevoerd.

Vrienden en familie hebben ook vaak – gewild én ongewild – gediend als klankbord voor mijn ideeën. Ik prijs me gelukkig met zo'n trouwe fanclub, die inmiddels vele mini-colleges over Vladimir Poetin, Xi Jinping en andere machthebbers heeft moeten aanhoren. Zelfs mijn zoontje Tristan weet nu al veel te veel over dictaturen voor zijn leeftijd.

Het was om uiteenlopende redenen niet makkelijk om de macht van het verleden helder en begrijpelijk op papier te zetten. Dat het boek er tóch is gekomen, is geheel en al te danken aan de grote liefde van mijn leven: Mandy Smits. Zij was als vanouds de grootste steun bij het schrijven.

Ivo van de Wijdeven
Den Haag, september 2022

Inleiding

Poetins geheime wapen

Vladimir Poetins ogen spuwden vuur. In de vroege ochtend van 24 februari 2022 kondigde hij op de Russische staatstelevisie aan dat hij opdracht had gegeven om een 'speciale militaire operatie' te beginnen om de 'demilitarisatie en denazificatie' van buurland Oekraïne te bewerkstelligen. De president was nog maar nauwelijks uitgesproken of Russische raketten troffen doelwitten in Oekraïne en Russische eenheden staken de grenzen over. Met een toespraak van nog geen half uur lang ontketende Poetin een oorlog op een schaal waarvan iedereen op het Europese continent tot dat moment dacht dat die alleen nog in de geschiedenisboeken terug te vinden was.

Maar in Poetins ogen was de invasie van Oekraïne volledig gerechtvaardigd door diezelfde geschiedenisboeken. Daarin valt volgens de Russische president immers te lezen dat Russen en Oekraïners één volk zijn, dat een duizendjarige geschiedenis deelt. En ook dat Oekraïne geen echt land, maar een Russische creatie is. 'Sovjet-Oekraïne' had zijn grenzen immers volledig te danken aan domme keuzes van Poetins communistische voorgangers in het Kremlin, die ook de deur wagenwijd open hadden gezet voor onafhankelijkheid.

Met het uiteenvallen van de Sovjet-Unie was er in de ogen van de Russische president onterecht een einde gekomen aan het 'historische Rusland'. In zijn toespraak stelde Poetin bovendien dat Oekraïne als onafhankelijke staat was uitgegroeid tot een kolonie van het Westen met een agressief marionettenregime van nationalisten en neonazi's. Dat werkte niet alleen aan een genocide op inwoners die zichzelf als

Russen beschouwden en hun identiteit, taal en cultuur wilden behouden, maar zocht ook met militaire steun van het Westen naar een geopolitieke confrontatie met Rusland. En de NAVO ging daar gretig op in, met de Verenigde Staten voorop.

Dat alles paste binnen het valse spel dat het westerse bondgenootschap sinds het uiteenvallen van de Sovjet-Unie had gespeeld. Ondanks Amerikaanse verzekeringen aan het Kremlin dat de NAVO 'geen centimeter naar het oosten' zou uitbreiden, gebeurde dat toch. Russische protesten en diplomatieke initiatieven werden steevast genegeerd. Het resultaat: NAVO-militairen gelegerd aan de grenzen van Rusland en op Moskou gerichte raketten in de Russische voortuin. In 1989 lag de oostelijke grens van het NAVO-gebied bijna 2.000 kilometer van Leningrad, nu is dat minder dan 150 kilometer van Sint-Petersburg.

En zo concludeerde president Poetin uit zijn eigen woedende geschiedenisles dat hij anno 2022 gedwongen was maatregelen te nemen om de veiligheid van Rusland te waarborgen en de etnische Russen in Oekraïne te beschermen. Er moest voor eens en voor altijd een einde komen aan de Oekraïense droom van lidmaatschappen van de NAVO en de Europese Unie. En de enige manier om dat te doen was door Oekraïne met geweld terug te brengen in de Russische invloedssfeer en het 'historische Rusland' in ere te herstellen. Bovendien kon niemand op het wereldtoneel dan meer om Rusland heen en zou het land eindelijk weer als grootmacht worden gerespecteerd.

Maar het omgekeerde was het geval. De Russische inval in Oekraïne kon rekenen op felle internationale veroordelingen uit westerse hoofdsteden. Historici maakten bovendien korte metten met Poetins zeer selectieve visie op het verleden. Voor een internationaal publiek bestond die uit een verzameling bizarre en groteske historische claims, bijna lukraak bij elkaar geraapt om goed te praten dat de Russische president de internationale rechtsorde aan zijn laars lapte en de stabiliteit in Europa aan het wankelen bracht. Poetin misbruikte volledig misplaatste historische vergelijkingen en metaforen om zijn eigen agressie te rechtvaardigen.

In werkelijkheid was het Oekraïense verlangen naar een democratische toekomst in het Westen volgens Kremlin-watchers vooral een bedreiging voor Poetins autocratische toekomst in Rusland. Als de Oekraïners in hun streven zouden slagen, dan zouden de Russen kunnen zien dat er ook een reëel alternatief was voor een regime als dat van Poetin. En om dat te voorkomen speelde hij dus hoog spel, gokkend op grote verdeeldheid en besluiteloosheid in het Westen over een reactie op de Russische agressie.

Maar als Vladimir Poetin daadwerkelijk gelooft in zijn eigen visie op het verleden, dan komt dat – zo luidt een veelgehoorde analyse – doordat hij een paranoïde man is, getraumatiseerd door het uiteenvallen van de Sovjet-Unie en geobsedeerd met de gloriedagen van het Russische Rijk onder de tsaren. Hij leeft in een geheel eigen wereld en houdt er een ronduit belachelijk beeld van de wereldgeschiedenis op na. Poetins uitspraken over de geschiedenis overleefden geen enkele serieuze factcheck: hij beoefende *fake history*.

Maar dat is te makkelijk gesteld. Poetins visie op het verleden is wel degelijk weldoordacht. Je kunt het smalend 'nepgeschiedenis' noemen, maar Poetin en zijn politieke entrepreneurs hebben zeer bewust voor deze sluwe aanpak gekozen. In afgelopen decennia heeft het Kremlin veel tijd en moeite gestoken in het optuigen van een zorgvuldig opgebouwd beeld van de Russische geschiedenis.

Poetin laat geen mogelijkheid onbenut om dat voor het voetlicht te brengen. Hij heeft inmiddels een aardige stapel historische essays op zijn naam staan, waarin hij vaak pronkt met openbaringen uit de Russische archieven. Er gaat geen toespraak voorbij of de Russische president refereert trots aan de duizendjarige geschiedenis van Rusland.

Maar Poetins staatscanon is uiterst selectief en ideologisch gemotiveerd. In eerdere negentiende- én twintigste-eeuwse Russische geschiedverhalen zijn bewust bepaalde passages geschrapt of uitgelicht, waarbij sommige hoofdstukken zelfs opnieuw en met een voor Poetin gunstige insteek herschreven zijn.

Wie de Russische staatscanon ontleedt, ziet dat op deze manier een historisch frame is ontstaan dat Poetin consequent toepast. Het is het denkraam van een trotse natie met een bijzondere lotsbestemming. Een natie die tegelijkertijd een permanent belegerde vesting is. En een natie die door de eeuwen heen door verraderlijke vijanden is vernederd en verliezen heeft geleden, maar dankzij sterke leiders uiteindelijk toch altijd als glorieuze overwinnaar uit de strijd tevoorschijn is gekomen. In dit verhaal vormt de Tweede Wereldoorlog – die in Rusland beter bekend is onder de naam 'De Grote Vaderlandse Oorlog' – zowel het tragische dieptepunt als het glorieuze hoogtepunt, en daarmee ook het ultieme Russische referentiekader.

Het Kremlin heeft er vrijwel direct vanaf Poetins aantreden als president van de Russische federatie op 31 december 1999 voor gezorgd dat zijn visie op het verleden in Rusland alomtegenwoordig is. Schoolboeken zijn stevig onder handen genomen en nieuwe musea en monumenten schieten als paddenstoelen uit de grond. En zo is Poetins doelbewust geconstrueerde wereldbeeld geleidelijk aan realiteit geworden. Zijn visie op het verleden bepaalt hoe de Russen naar de wereld kijken. De geschiedenis is daardoor onlosmakelijk verbonden met de actualiteit. Russische staatsmedia gieten hun berichtgeving steevast in Poetins historische mal. Zijn beeld van het verleden is voor Rusland de lens om het heden door te bekijken.

Vladimir Poetin heeft na zijn aantreden als president haarfijn gezien dat veel Russen in de jaren negentig op drift waren geraakt door de grote politieke, sociale en economische veranderingen na het uiteenvallen van de Sovjet-Unie. Hij haakte handig in op gevoelens van nostalgie en het verlangen naar een herstel van orde en stabiliteit. Hij besloot de geschiedenis te gebruiken om de Russen weer houvast te geven. Immers, een gedeeld verhaal of 'collectief geheugen' voorziet in de behoefte van ieder mens om ergens bij te horen. Het is de hoeksteen van de nationale identiteit.

Het is overigens niet zo dat Poetin daarmee een wereldschokkende uitvinding heeft gedaan. Historici beweren dat hij negentiende-eeuwse geopolitiek bedrijft in de eenentwintigste eeuw. Maar ook zijn geschiedschrijving stamt uit de negentiende eeuw. Toen kregen de natiestaten van Europa vorm en ging men overal in Europa op zoek naar het verhaal van de natie en het volk dat erbij hoorde. In de negentiende eeuw was de tijd rijp voor de geboorte van de nationale geschiedenis. Historici kweten zich ijverig van hun taak als dienstmaagden van het ontluikende nationalisme en zetten de natiestaat neer als het onontkoombare eindpunt van een geschiedverhaal met een oorsprong in een ver mythisch verleden.

Nederland werd bijvoorbeeld door historici in kloeke studies neergezet als een kleine natie met een roemrijke geschiedenis. De Nederlanders waren een dapper strijdend, vrijheidslievend volkje. Sleutelmomenten in de geschiedenis van het Nederlandse volk waren de Opstand tegen de Spaanse overheerser en de daaropvolgende Gouden Eeuw. Dat was de geboortestonde van een eensgezind, vrijheidslievend en tolerant Nederlands volk. Maar ook de lange aanloop daarnaartoe werd in dit perspectief geplaatst, beginnende bij de opstand van de Bataven tegen de Romeinen in 69 onder Julius Civilis. En na de Opstand verdedigden de Nederlanders hun zwaarbevochten vrijheid tegen pogingen van andere naties – de Fransen in het bijzonder – om hen opnieuw te onderwerpen. In de negentiende eeuw was Nederland uitgegroeid tot een koloniale macht die een aardig partijtje mee kon blazen op het wereldtoneel.

Het was een nationale geschiedenis om trots op te zijn, en in andere landen in Europa tekenden historici voor hun eigen natie vergelijkbare verhalen op. De geschiedenis was een essentieel onderdeel van de nationale identiteit, een instrument om het nationale eenheidsgevoel te bevorderen – en daarmee de smeerolie voor het nationalisme.

Daarom werd het glorieuze nationale verleden door de negentiende-eeuwse natiestaten op alle mogelijke manieren aan de man gebracht. Het werd niet alleen trots tentoongesteld in gloednieuwe nationale musea, maar was voortaan ook een verplicht onderdeel van landelijk vastgestelde onderwijsprogramma's. Straten en pleinen werden vernoemd naar vaderlandse helden, die tevens werden geëerd met standbeelden.

Die helden waren vaak vers uit het verre verleden opgediept en geïdealiseerd. Er werden op grote schaal monumenten opgericht om sleutelmomenten uit de geschiedenis van de natie te gedenken, en die momenten werden voortaan uitgebreid herdacht op nieuw ingestelde nationale feestdagen.

Wie in nationale musea goed kijkt naar de jaartallen op de bijschriften van fraaie schilderijen die glorieuze gebeurtenissen uit de geschiedenis in klassieke stijl verbeelden, kan zien dat ze vaak pas in de negentiende eeuw op het doek zijn gezet. De schilders voorzagen hiermee in een behoefte van zowel de staat als van het grote publiek, dat smulde van zijn eigen grootse geschiedenis. Men wist de weg naar de nationale musea goed te vinden. Feestdagen werden uitbundig gevierd, en ook tijdschriften en boeken die al dan niet waargebeurde historische verhalen vertelden, vonden gretig aftrek. Het cultuurpolitieke totaalpakket had het gewenste effect.

In Rusland voltrok zich onder Poetin hetzelfde proces met de fraai opgepoetste staatscanon. Het Kremlin heeft op grote schaal geïnvesteerd in de bouw van nieuwe monumenten en musea. Een scala aan oude monumenten is in de schijnwerpers gezet en soms van een nieuwe betekenis voorzien, en dat geldt ook voor een reeks nationale feestdagen én het volkslied. De Russische kalender staat tegenwoordig bovendien bol van herinneringsplechtigheden. Op school krijgen leerlingen de staatscanon voorgeschoteld en die vormt ook de basis voor een uitgekiend media-dieet via alle mogelijke kanalen. Zeker nu de mediavrijheid tijdens de oorlog in Oekraïne tot een absoluut minimum is beperkt, is de staatscanon onontkoombaar geworden.

En net als in de negentiende eeuw mist het cultuurpolitieke totaalpakket ook nu zijn uitwerking niet. Het resultaat: de geschiedenis is in Rusland alomtegenwoordig en Russen kunnen weer ongegeneerd trots op hun geschiedenis zijn. Tot zover heeft het Kremlin tot op de letter een negentiende-eeuws draaiboek gevolgd. De Russische geschiedenis is het belangrijkste bindmiddel van de Russische samenleving geworden. Zo staat het sinds 2020 ook in de grondwet en zijn er wetten die een afwijkende interpretatie strafbaar maken.

Maar de staatscanon dient meerdere doelen. Hij verhult ook de ideologische leegte in het Kremlin, die de afgelopen jaren door bandeloze corruptie en schaamteloze vriendjespolitiek voor iedereen in Rusland steeds duidelijker zichtbaar is geworden. In zekere zin helpt de geschiedenis Poetin en de zijnen om zich te verschuilen voor hun eigen tekortkomingen.

Bovendien wordt het verleden aangewend om een vijandbeeld op te roepen. Het historische denkraam van Poetin en zijn politieke entrepreneurs in het Kremlin heeft namelijk een januskop: Rusland wordt tegelijkertijd neergezet als een machtige overwinnaar én een kwetsbare verliezer. In zijn duizendjarige geschiedenis is het Russische volk vaak als onschuldig slachtoffer vernederd en verraden door nietsontziende vijanden, zo is de lezing van de machthebbers in Moskou. Traditionele Russische normen en waarden werden én worden met voeten getreden door de grote nemesis: het hypocriete Westen dat Rusland altijd respectloos behandelt.

De combinatie van verlies en vernedering is een krachtige motivator. Dat geldt eveneens voor een gebrek aan erkenning voor de onbaatzuchtige heldendaden uit het verleden, zoals de grote offers die de militairen en burgers van de Sovjet-Unie hebben gebracht voor de bevrijding van Europa uit de handen van de nazi's. Ook dit sluit aan op een diepmenselijke behoefte: ieder mens wil gezien, gewaardeerd en gerespecteerd worden.

Poetin en de zijnen wakkeren daarom bewust gevoelens van verbittering, wrok en rancune aan. Net als zijn leider moet het Russische volk zich gekrenkt en ten diepste gekwetst voelen. Poetins eigen lezing van de Russische geschiedenis – een lange reeks buitenlandse invasies en gebroken beloften – rechtvaardigt dat ressentiment volledig. De grieven zijn peilloos diep. Ze zijn zelfs zo diep dat ze elke daad rechtvaardigen tegen interne en externe vijanden, zonder wettelijke of morele begrenzingen.

Schandvlekken uit het Russische verleden – zoals de vele slachtoffers van Stalins strafkampen in Siberië of de onderdrukking van opstanden in Oost-Europa – worden gerechtvaardigd door of simpelweg weggestreept tegen de Russische grieven. Het is zelfs bij wet verboden om de donkere kanten van het Russische optreden tijdens de Tweede Wereldoorlog uit te lichten en te bekritiseren. Tegen het ultieme kwaad van nazi-Duitsland was immers alles geoorloofd. De oorlog in Oekraïne wordt nu welbewust geportretteerd als een strijd tegen nazi's. Het barbaarse optreden van de Russische strijdkrachten en de overduidelijke mensenrechtenschendingen op Oekraïense bodem krijgen op deze wijze een historische legitimatie.

Een eventueel schuldgevoel is aangepraat door binnenlandse en – vooral – buitenlandse vijanden. Het is volgens het Kremlin, naast het opdringen van verderfelijke ideologieën als het liberalisme en voor Russen wezensvreemde waarden en normen – zoals bijvoorbeeld het homohuwelijk en fluïde genderidentiteit –, een van de vele sluwe tactieken waarmee zij – natuurlijk tevergeefs – proberen de Russische natie te ondermijnen en in ultimo zelfs te vernietigen.

Vladimir Poetin belichaamt als nationale leider de lotsbestemming van het Russische volk. Hij werpt zich op als de enige die een passend weerwoord kan bieden aan de vele vijanden en de Russen opnieuw naar een overwinning kan leiden. Het geschiedverhaal van Poetin en de zijnen culmineert zo in verlossing en wederopstanding.

Dat is een aanlokkelijk, bijna religieus toekomstbeeld. In het geval van Rusland is dat ook niet zo vreemd, aangezien de Russische waarden en normen waar Poetin zo prat op gaat zijn aangeleverd door de patriarch van de Russisch-Orthodoxe Kerk. De tijden van de atheïstische Sovjet-Unie zijn al lang voorbij: Poetin grijpt terug op de religieuze orthodoxie van de tsaren en vindt daarbij de patriarch van Moskou als bondgenoot aan zijn zijde.

Een geïdealiseerd zwart-witverhaal van trots, treurnis en triomf vormt niet alleen een aanlokkelijk toekomstbeeld, maar is ook voor iedereen te begrijpen als historische verklaring voor het nu. De natie als een permanent belegerde vesting die door een sterke leider naar een glorieuze overwinning wordt geleid, geeft houvast en biedt een gemeenschappelijk ervaren beleving.

Bovendien klopt dit beeld van de geschiedenis altijd. Iedere vorm van kritiek – of die nu van binnen of van buiten komt – is immers een nieuwe aanval op de trotse natie en 'bewijst' daarmee de juistheid van het denkraam. Het is een cirkelredenering die vrijwel onmogelijk te doorbreken is, zeker wanneer het door Poetin en de zijnen gepropageerde beeld van de Russische geschiedenis zo alomtegenwoordig is.

Alles bij elkaar maakt dit het door het Kremlin gehanteerde historische frame ongekend krachtig en een politiek wapen dat zijn weerga niet kent.

EEN WERELDWIJD FENOMEEN

Maar de Russische president Vladimir Poetin is niet de enige die dat haarfijn doorheeft. Zijn Chinese en Turkse collega's Xi Jinping en Recep Tayyip Erdogan gebruiken exact hetzelfde historische denkraam om hun politieke koers te rechtvaardigen en hun land achter zich te verenigen. Ook zij grijpen terug op hun nationale geschiedenis om hun eigen positie, hun stappen voor de toekomst en de plek in de wereld van hun land te schragen.

Volgens Xi Jinping is het trotse China na een 'Eeuw van Vernedering' door westerse machten, die begon met de Eerste Opiumoorlog in 1839, sinds de overwinning van de Communistische Partij in de Chinese Burgeroorlog in 1949 bezig aan een wederopstanding. Het fiere Chinese volk heeft de wereld laten zien dat China onder communistisch bestuur een enorme transformatie heeft doorgemaakt: het land is opgestaan, welvarend en daarna sterk geworden. In de 'Chinese droom' van Xi Jinping werken alle Chinezen onder zijn bezielende leiding eendrachtig samen om deze 'nationale heropleving' in 2049 te voltooien.

Dat is volgens hem 'historisch onvermijdelijk', zo sprak Xi in de zomer van 2021 tijdens een massabijeenkomst ter ere van het honderdjarig bestaan van de Communistische Partij van China. Het vijfduizend jaar oude China eist in de ogen van de Chinese president simpelweg weer de rechtmatige hoofdrol op het wereldtoneel op. En het Chinese volk zal nooit meer toestaan dat het getreiterd, onderdrukt of onderworpen wordt. 'Wie erover denkt dat toch te proberen, breekt zijn hoofd open en morst bloed op een Grote Muur van staal, gebouwd met het vlees en bloed van 1,4 miljard Chinezen,' zo sprak Xi Jinping dreigend. Ook het trotse China is een permanent belegerde vesting.

En net als in Rusland speelt de Tweede Wereldoorlog ook in het Chinese geschiedverhaal een centrale rol. Maar waar in Rusland de rol van het ultieme kwaad wordt vervuld door nazi-Duitsland, is dat in China het Japanse Keizerrijk. De Tweede Wereldoorlog staat in China dan ook officieel te boek als 'De Verzetsoorlog tegen de Japanse agressie'. Zowel de Russen als de Chinezen stonden er in hun eigen ogen alleen voor in hun strijd tegen de agressor. En die agressor is tegenwoordig vooral de constante dreiging uit het Westen in de lange geschiedenis van Rusland en China.

De Chinese geschiedenis vormt het fundament van het 'Xi Jinping-denken', dat inmiddels is verankerd in de grondwet dankzij een grondwetswijziging waardoor Xi ook levenslang aan de macht kan blijven. Volgens de Chinese president is de Communistische Partij van China de erfgenaam van al het goede in de Chinese geschiedenis. En die geschiedenis heeft dus een sterk element van in grieven gedrenkt nationalisme. In de persoonlijkheidscultus die is opgetuigd rond Xi Jinping wordt hij afgeschilderd als de enige die de Chinezen naar een glorieuze toekomst kan leiden te midden van de dreigingen van buitenaf.

In Turkije werkt president Recep Tayyip Erdogan op zijn beurt ook ijverig aan een nationale wederopstanding. Het is volgens hem hoog tijd om diegenen die Turkije zien als 'zieke man' een lesje te leren. De Turkse president heeft een grootse visie neergelegd voor de toekomst van zijn land met de jaren 2023, 2053 en 2071 als mijlpalen. Erdogan biedt de Turken rooskleurige vergezichten op het gebied van economie, klimaatbeleid, infrastructuur, gezondheidszorg en toerisme, die in ieder geval voor het jaar 2023 ingehaald lijken te zijn door de keiharde realiteit van een wereldwijde pandemie, een langdurige financieel-economische crisis en instabiliteit in de regio.

Maar de mijlpalen laten zien dat president Erdogan en zijn conservatief-nationalistische Partij voor Rechtvaardigheid en Ontwikkeling (*Adalet ve Kalkınma Partisi* of AK-partij) de blik ook gericht hebben op de Turkse geschiedenis. In 2023 bestaat de Republiek Turkije honderd jaar, in 2053 is het zeshonderd jaar geleden dat de Ottomaanse sultan Mehmet de Veroveraar Constantinopel – de huidige miljoenenstad Istanboel – veroverde en een einde maakte aan het Byzantijnse Rijk, en in 2071 is het duizend jaar geleden dat een overwinning in de Slag bij Manzikert de weg vrij maakte voor de verovering van Anatolië – het Turkse hartland – door de Seltsjoeken onder leiding van Alp Arslan.

Erdogan en de zijnen zien zichzelf als vertegenwoordigers van een duizend jaar oude traditie. Hun roemrijke voorgangers stelden allen de Turkse zaak voorop en zegevierden in hun strijd tegen de talloze belagers van de trotse Turkse natie, vaak afkomstig uit het Westen. Erdogan schildert Turkije – zeker na de mislukte coup tegen hem in 2016 – als vanouds af als omsingeld en belaagd door kwaadwillende vijanden.

Erdogans toekomstvisie is bedoeld om Turkije ondanks alle tegenwerking opnieuw tot grote geopolitieke speler te maken, net zoals het Ottomaanse Rijk dat eeuwenlang was. Dat rijk ging na het einde van de Eerste Wereldoorlog jammerlijk ten onder als gevolg van de intriges van de Westerse grootmachten, maar dankzij Erdogan zal de Turkse feniks voorgoed uit de as herrijzen. Erdogans 'neo-ottomanisme' bestaat uit een krachtig brouwsel van giftig nationalisme, religieus chauvinisme en antiwesterse sentimenten. Dat zorgt niet alleen voor hoofdbrekens in de Europese Unie en in de NAVO, waar Turkije al decennialang lid van is. Ook op de Balkan en in het Midden-Oosten en Noord-Afrika – alle ooit behorend tot het domein van de Ottomaanse sultans – wordt met gemengde gevoelens gekeken naar het neo-ottomanisme van Erdogan en zijn AK-partij.

Kortom: geschiedenis is een populair politiek wapen. En Vladimir Poetin, Xi Jinping en Recep Tayyip zijn zeker niet de enigen die er dankbaar gebruik van maken. Het gebruik van de historische verhaallijn van de natie als permanent belegerde vesting is wijdverbreid. Over de hele wereld – van oost tot west – tappen politici uit hetzelfde vaatje. Wat opvalt is dat zij vaak van conservatief-nationalistische, populistische signatuur zijn.

In Polen is sinds 2015 de partij Recht en Rechtvaardigheid (*Prawo i Sprawiedliwość*, PiS) aan de macht. Die partij bedrijft sinds haar oprichting 'geschiedenispolitiek' (*polityka historyczna*). In de ogen van PiS heeft het onverzettelijke Poolse volk zich als onschuldig slachtoffer van duistere buitenlandse machten door de eeuwen heen kranig geweerd, met name tijdens de Tweede Wereldoorlog. En ook nu wordt de Poolse natie bedreigd. Niet alleen vanuit het oosten door een agressieve Russische machthebber, maar ook vanuit het westen door een bemoeizuchtige Brusselse bureaucratie die de traditionele Poolse normen en waarden onder druk zet, net als de Poolse nationale eer. Oppositiepartijen en critici van de regering worden in deze permanente campagne weggezet als binnenlandse handlangers van buitenlandse machten, er eveneens op uit om Polen te gronde te richten.

De geschiedenispolitiek haalde in 2018 internationaal het nieuws toen de Poolse regering met een omstreden 'Holocaustwet' kwam. Volgens PiS-politici was die bedoeld om de Poolse nationale eer te beschermen door het gebruik van de term 'Poolse vernietigingskampen' tegen te gaan. Het waren immers de nazi's die verantwoordelijk waren voor de verschrikkingen van de Holocaust in kampen als Auschwitz, en niet de Polen. De storm van protest die losbrak richtte zich echter op het feit dat de wet het Poolse volk in zijn geheel vrijpleitte van betrokkenheid bij de misdaden van de nazi's en een afwijkende interpretatie van de geschiedenis strafbaar stelde.

Geschrokken van alle internationale kritiek, vooral vanuit de Verenigde Staten en Israël, draaide de Poolse regering de strafbaarstelling snel terug. Maar in Polen is de ruimte voor kritiek op het officiële beeld de afgelopen jaren hoe dan ook steeds kleiner geworden, ook voor academici. Het door PiS gedomineerde Instituut voor Nationale Herinnering (*Instytut Pamięci Narodowej*, IPN) – door sommigen ook wel orwelliaans het 'Geheugenministerie' genoemd – waakt over de juiste visie op het verleden. Die krijgt ruim baan met nieuwe monumenten, musea, schoolboeken, documentaires, films en vooral heel veel media-aandacht.

De Poolse omgang met het verleden is helaas bepaald niet uniek in Midden- en Oost-Europa. Zo heeft de Hongaarse premier Viktor Orbán de vier achtereenvolgende verkiezingsoverwinningen van zijn partij Fidesz sinds 2010 voor een belangrijk deel te danken aan een permanente campagne waarin Hongarije een historische slachtofferrol is aangemeten. Ook de Hongaren en hun traditionele normen en waarden werden en worden bedreigd. Het centrale leerstuk in de Hongaarse geschiedenis volgens Orbán is het Verdrag van Trianon, waarmee de overwinnaars van de Eerste Wereldoorlog het verliezende Hongarije in 1920 twee derde van zijn grondgebied ontnamen en het land daarmee weerloos overlieten aan overheersing door achtereenvolgens nazi-Duitsland en de Sovjet-Unie.

Pas sinds 2010 heeft Hongarije dankzij het zelfbenoemde visionaire leiderschap van Orbán de weg gevonden naar een glansrijke toekomst. En dat ondanks verwoede pogingen van vijanden als het perfide 'Brussel' en de Hongaarse oppositie om 'het doodvonnis' van Trianon alsnog te voltrekken, zoals Orbán in 2020 stelde tijdens de herdenking van honderd jaar 'schande van Trianon'. Dankzij de comfortabele absolute meerderheid van Fidesz in het Hongaarse parlement is de visie van Viktor Orbán op de geschiedenis van Hongarije inmiddels verankerd in de grondwet.

In Servië en in de Servische deelrepubliek *Republika Srpska* van Bosnië en Herzegovina spelen de conservatief-nationalistische presidenten Aleksandar Vučić en Milorad Dodik net als hun beruchte voorganger Slobodan Milošević handig in op het idee dat de Serviërs al sinds de verloren Slag op het Merelveld op 28 juni 1389 aan de verliezende kant van de geschiedenis staan. Wie naar de Servisch-nationalistische visie op het verleden kijkt, zou geneigd zijn te concluderen dat die helemaal draait om die ene dag en wat daar verder uit voortvloeide – tot de NAVO-bombardementen op Belgrado in 1999 aan toe. Vučić en Dodik spinnen garen bij het Servische ressentiment, ook al liggen de gruwelen waarin dat in de jaren negentig onder Milošević ontaardde tijdens het uiteenvallen van Joegoslavië nog vers in het geheugen.

Als gevolg van de electorale successen die worden geboekt met het historische frame is het gebruik ervan de afgelopen jaren gestaag toegenomen. Niet alleen in Midden- en Oost-Europa, maar ook in de rest van de wereld – zij het met wisselend succes. In landen als Frankrijk en Nederland heeft dat vooralsnog niet geleid tot stembusoverwinningen van conservatief-nationalistische partijen. In Tsjechië en Slowakije hebben zij inmiddels al weer het veld moeten ruimen.

Maar in India vaart premier Narendra Modi al bijna een decennium zeer wel bij het hindoenationalisme van zijn Bharatiya Janata Party (Indiase Volkspartij, BJP). Die is sinds Modi in 2014 aan de macht kwam druk doende met het uitrollen van een eigen visie op het verleden van India, die natuurlijk ook zal uitmonden in een glorieuze toekomst onder leiding van Modi en zijn BJP. Voor de hindoebevolking van India dan tenminste.

De belofte van een wederopstanding die besloten lag in zijn campagneboodschap 'Make America Great Again' bracht de zakenman Donald Trump in 2016 in het Witte Huis. En volgens Trump zijn ook de machtige Verenigde Staten als supermacht een permanent belegerde vesting – van binnenuit, welteverstaan. Progressieve tegenstanders worden afgeschilderd als vijanden van 'de gewone man'. Binnen de gepolariseerde Amerikaanse samenleving wordt volgens Amerikaanse conservatieven een 'cultuurstrijd' uitgevochten, waarbij ook de Amerikaanse geschiedenis een belangrijk slagveld is.

Steen des aanstoots is het '1619 Project' van *The New York Times*, dat beoogt het Amerikaanse slavernijverleden een prominentere plaats in de Amerikaanse geschiedenis te geven. Daarnaast kwam het verwijderen van monumenten ter ere van oorlogshelden van de Confederatie, die in de negentiende eeuw in de Amerikaanse Burgeroorlog streden voor het behoud van de slavernij, in 2020 in een stroomversnelling na de moord op George Floyd en de enorme groei van de Black Lives Matter-beweging.

President Trump was van mening dat de traditionele Amerikaanse visie op het verleden onterecht werd aangevallen. Hij kwam als reactie met de '1776 Commissie' op de proppen, genoemd naar het jaar van de Amerikaanse Onafhankelijkheidsverklaring en geridiculiseerd door historici. Het was een poging om 'patriottisch historisch onderricht' door te drukken, die vergezeld ging van een plan om een monumentale *National Garden of American Heroes* te bouwen. President Joe Biden heeft de commissie en de beeldentuin snel naar de prullenbak verwezen, maar de strijd is zeker nog niet gestreden.

In het Verenigd Koninkrijk leidde de Black Lives Matter-beweging ook tot een beeldenstorm. Het prominentste voorbeeld was het standbeeld van de zeventiende-eeuwse koopman, slavenhandelaar en Lagerhuislid Edward Colston, dat in juni 2020 een waterig graf vond in de haven van Bristol. Bekladding van het standbeeld van Winston Churchill in het regeringscentrum van Londen noopte premier Boris Johnson om zich tegen aanvallen op standbeelden te keren. Volgens hem is het onzinnig om 'het verleden te bewerken of te censureren'. Johnson is zoals zo veel Britse Conservatieve politici zelf trots pleitbezorger van de traditionele interpretatie van de geschiedenis van het Verenigd Koninkrijk, die van *Our Island Story*. In dat geschiedenisboek, dat voor het eerst verscheen in 1905, is het verlichte Britse Rijk de onvermijdelijke uitkomst van een eeuwenlange strijd tegen tirannen.

Dat verhaal speelde een hoofdrol bij Johnsons eigen *rocky road* naar de ambtswoning op Downing Street 10. In de campagne voor het Brexitreferendum in 2016 speelden Johnson en de andere 'Leavers' meesterlijk in op gevoelens van nostalgie naar de hoogtijdagen van het Britse Rijk bij grote delen van de Engelsen. Op het hoogtepunt in 1921 omvatte dat een kwart van het landoppervlak van de aardbol; het feit dat de Britten in de Tweede Wereldoorlog tot de overwinnaars behoorden, vervult hen nog steeds met trots. Maar na die oorlog ging het razendsnel bergafwaarts. Johnson en de zijnen spiegelden een wederopstanding van 'Global Britain' voor áls de ketenen van de Europese Unie eenmaal afgeworpen waren. De even geniale als kernachtige slogan 'Take Back Control' toont de kracht van het geschiedverhaal dat ten grondslag lag aan de campagnestrategie.

HET WAPEN ONDER DE LOEP

Het moge duidelijk zijn: het gebruik van het historische frame is wijdverbreid. Het gehanteerde geschiedverhaal is natuurlijk per geval verschillend. Het verleden van iedere natie is immers anders, en er zijn per geval andere accenten en nuanceverschillen. Maar wie de verschillende verhalen afpelt, komt telkens tot dezelfde kern. En bij het afpellen van specifieke gevallen wordt pas echt goed duidelijk waaraan deze politieke benadering van de geschiedenis zijn kracht ontleent.

In dit boek wordt aan de hand van een vijftal praktijkvoorbeelden in afzonderlijke hoofdstukken niet alleen haarfijn duidelijk hoe geraffineerd dit type geschiedverhalen in elkaar steekt, maar ook hoe ze op ingenieuze wijze als onwrikbare waarheid worden verankerd in de samenleving. Eenmaal stevig gegrondvest kan het historische frame naar believen worden gebruikt voor politieke doeleinden. De mogelijkheden voor politici en potentaten omvatten een breed spectrum: van het beschadigen van politieke opponenten en verkiezingscampagnes via 'cultuuroorlogen' en 'herinneringsoorlogen' tot 'echte' oorlogen.

Rusland is een logisch startpunt, omdat president Vladimir Poetin de meest verregaande conclusie heeft getrokken uit zijn eigen lezing van de Russische geschiedenis en een brute veroveringsoorlog heeft ontketend in buurland Oekraïne. De krijgszuchtige nostalgie van Poetin is vooralsnog ongeëvenaard. Bovendien is het historische denkraam in Rusland dankzij de inspanningen van het Kremlin letterlijk en figuurlijk het diepst ingegraven in de samenleving. Dat gebeurt met behulp van een uitgekiend totaalpakket dat onder meer schoolboeken, musea, monumenten, media en 'herinneringswetten' bevat. De belegeringsmentaliteit heeft het stevigst postgevat in Rusland.

Die ligt ook ten grondslag aan de 'herinneringsoorlogen' over de 'juiste' interpretatie van het verleden die Rusland al jaren uitvecht met landen die ooit behoorden tot de Russische invloedssfeer. De herinneringsoorlog met Oekraïne woedde al ver voor de annexatie van de Krim in 2014 en de inval in de rest van Oekraïne in 2022.

En ook met andere landen in Midden- en Oost-Europa heeft het Kremlin diverse appeltjes te schillen. De Grote Vaderlandse Oorlog wordt in Moskou vooral gezien als een bevrijdingsoorlog die een einde maakt aan de overheersing van Europa door de nazi's. In Tallinn, Riga, Vilnius, Warschau, Praag, Bratislava en Boedapest is men van mening dat de ene bezetter in '44-'45 plaatsmaakte voor de andere. De onderdrukking eindigde pas in '89-'91 met de val van het IJzeren Gordijn en de implosie van de Sovjet-Unie.

Voor Poetin en de zijnen is deze interpretatie echter onacceptabel: hun historische raamwerk laat niet alleen binnen Rusland, maar ook daarbuiten slechts ruimte voor één waarheid. Deze *zero-sum history* leidt tot hoogoplopende historische ruzies, want een land als Polen zet ook de hakken in het zand.

De Tweede Wereldoorlog vormt in Midden- en Oost-Europa weliswaar het grootste historische trauma, maar zeker niet het enige. De 'geschiedenispolitiek' van de huidige conservatief-nationalistische Poolse regering is een schoolvoorbeeld van hoe deze onverwerkte trauma's kunnen worden uitgebuit voor politiek gewin. Polen is verder interessant, omdat niet alleen wordt ingespeeld op een historisch slachtofferschap, maar ook op een diep gevoel van miskenning voor de grootse daden die het Poolse volk in het verleden heeft verricht.

Het is opmerkelijk dat het beeld van de geschiedenis dat de Poolse regering schetst weliswaar diametraal tegenover de Russische visie op het verleden staat, maar dat de gehanteerde onderliggende verhaallijn én de gereedschapskist die wordt gebruikt om die in de maatschappij te verankeren identiek zijn. Ook in Hongarije en Servië volgen regeringen van conservatief-nationalistische signatuur hetzelfde script en dezelfde methode.

In het gebruik van het narratief van de permanent belegerde vesting spelen in Midden- en Oost-Europa niet alleen nazi-Duitsland, de Sovjet-Unie en hun voorgangers een prominente rol als belagers, maar ook het Ottomaanse Rijk. Vandaar dat daar ook argwanend wordt gekeken naar het 'neo-ottomanisme' van de Turkse president Erdogan. Die schildert op zijn beurt juist de Turkse natie af als een slachtoffer van machinaties uit het Westen.

Er zijn – net zoals in Midden- en Oost-Europa – belangrijke overeenkomsten tussen Erdogans beeld van de Turkse geschiedenis en Poetins visie op het Russische verleden. Maar er zijn ook belangrijke verschillen, die ook implicaties hebben voor de gevolgtrekkingen die Erdogan en zijn AK-partij maken. Zo speelt de Tweede Wereldoorlog in de Turkse geschiedenis geen rol. In het Midden-Oosten vormen de Eerste Wereldoorlog en de nasleep daarvan het ankerpunt. Erdogan heeft daaruit doelstellingen voor de toekomst van Turkije gedestilleerd.

Analisten breken zich het hoofd over de toekomstige stappen van China op het wereldtoneel. De contouren tekenen zich af met Chinese aanspraken op Taiwan, de Zuid-Chinese Zee, het *Belt and Road Initiative* en plannen voor een nationale heropleving. Maar de Chinese leider Xi Jinping is heel duidelijk over waar China vandaan komt. Zijn visie op het verleden vertoont grote overeenkomsten met die van Vladimir Poetin, en dat geldt ook voor de wijze waarop die is verankerd in de Chinese samenleving.

Bovendien heeft het Chinese narratief met de 'Eeuw van Vernedering' niet alleen een belangrijke antiwesterse component, maar wordt de Chinese geschiedenis door Xi ook nadrukkelijk gepresenteerd als een alternatief voor een 'westerse' wereldorde. De herrijzenis van China impliceert volgens Xi ook een ondergang van het Westen. Het is een beeld dat op instemming kan rekenen van de Russische president Poetin en de Turkse president Erdogan, zij het dat laatstgenoemde zich wel in wat retorische bochten moet wringen vanwege het NAVO-lidmaatschap van Turkije.

Het historische relaas van de wederopstanding van de permanent belegerde natie kan rekenen op grote populariteit in landen die in de praktijk een autocratie zijn óf als 'illiberale democratie' hard op weg zijn naar een vergelijkbaar bestel. Dat betekent niet dat liberale democratieën gespeend blijven van het gebruik van geschiedenis als politiek wapen. Het Verenigd Koninkrijk ziet zichzelf als de bakermat van de parlementaire democratie en het westerse model waar Poetin, Xi en Erdogan tegen ageren. Maar in de Britse politiek spelen de nostalgische naweeën van de glorietijd van het Britse Empire ook een zeer grote rol.

Aan de hand van het Britse voorbeeld en uitstapjes naar onder meer de Verenigde Staten, India en Frankrijk wordt duidelijk hoe het politieke gebruik van de geschiedenis ook in opkomst is in democratieën en daar hand in hand gaat met populistische tendensen in het politieke landschap. Dankzij een vrije verspreiding van ideeën in het publieke debat enerzijds en het ontbreken van wat je kunt samenvatten als een 'ideologische infrastructuur' van musea, monumenten en herinneringswetten anderzijds is het frame zeker niet alomtegenwoordig en onbetwist. En dat roept de vraag op waarom we toch zo vatbaar zijn voor de lokroep van het nationale geschiedverhaal.

De verklaring: geschiedenis is iets heel persoonlijks. Onze geschiedenis is immers een middel om onszelf te definiëren, en dat doen we allemaal. Voor verhalen over onszelf grijpen we onvermijdelijk terug op het verleden. Daar zoeken we ook naar de antwoorden op de vragen die we over onszelf stellen. We gebruiken de geschiedenis om onszelf te begrijpen. Wie heeft er niet eens door oude fotoalbums gebladerd of in de kroeg herinneringen opgehaald met vrienden? Iedere familie of vriendengroep heeft wel vaste anekdotes die steevast voorbijkomen op verjaardagsfeestjes. Iedereen heeft een eigen geschiedenis, die een integraal onderdeel vormt van zijn of haar identiteit. En zo werkt het ook op grotere schaal. Sterker nog, we ontlenen veel van onze eigen identiteit aan de gemeenschap waarin we geboren zijn of waartoe we verkozen hebben te behoren.

Grotere groepen hebben op zichzelf ook zo hun eigen identiteit. Voor groepen die groter zijn dan familie- of dorpsniveau heeft de historicus Benedict Anderson de term *imagined communities* bedacht. Een ingebeelde gemeenschap is een groep die zo groot is dat de leden elkaar nooit allemaal persoonlijk kunnen kennen, maar waarvan de leden onderling wel een binding voelen en zichzelf als deel van die groep beschouwen.

Die groepen maken zich kenbaar door gedeelde symbolen, zoals vlaggen, gekleurde shirts en speciale liederen. Wie een treffend praktijkvoorbeeld wil zien, hoeft alleen maar een bezoek te brengen aan het doorgaans nuchtere Nederland tijdens een groot internationaal voetbaltoernooi als het wereldkampioenschap. Het land kleurt dan oranje. In dicht opeengepakte pleinen zingen mensen in oranje shirts met brullende leeuwen erop uit volle borst gebroederlijk het Wilhelmus, met de Nederlandse driekleur trots op de wangen geschminkt.

En zo'n groep heeft natuurlijk ook een gezamenlijk verhaal met hoogte- en dieptepunten. Dat van het Nederlands voetbalelftal is er een van toernooien waarin het in Nederlandse ogen beste team van dat moment in de WK-finales van 1974, 1978 en 2010 de eindoverwinning werd ontnomen (en op andere toernooien al eerder in gevreesde penaltyreeksen). Nederlanders zijn stiekem trots op het feit dat geen ander land zo vaak in een WK-finale heeft gestaan zonder het toernooi ooit te hebben gewonnen. Het hoogtepunt in de Nederlandse voetbalgeschiedenis is de overwinning op West-Duitsland in de halve finale van het Europees Kampioenschap 1988. Daarmee werd niet alleen de verloren WK-finale van 1974 gewroken, maar en passant ook de Duitse bezetting tijdens de Tweede Wereldoorlog. De gewonnen finale tegen de Sovjet-Unie was daarna welhaast een vanzelfsprekendheid.

De Franse socioloog Maurice Halbwachs noemde het gezamenlijke verhaal, de verzameling herinneringen die een groep mensen deelt, het 'collectieve geheugen'. Dat geheugen is de blik van een specifieke gemeenschap op het verleden. Het is geen objectief beeld, maar een weergave van de geschiedenis vanuit het perspectief van die groep. Waarden en vooroordelen spelen een grote rol. Of zoals Halbwachs het mooi formuleerde: 'Gewoonlijk wordt een collectieve herinnering opgevat als een uitdrukking van een eeuwige of wezenlijke waarheid over de groep.' Het collectieve geheugen heeft in die zin meer te maken met het heden dan met het verleden, omdat het een wezenlijk onderdeel is van het beeld dat de groep van zichzelf heeft.

Het moge duidelijk zijn: een gezamenlijke geschiedenis speelt een sleutelrol bij het definiëren van de groepsidentiteit. Een gemeenschappelijk beeld van het verleden bepaalt de identiteit in het heden. Verhalen over het verleden en de toekomst van een natie zorgen voor een gevoel van verbondenheid met een bepaalde groep en ook een idee over waar de oorsprong van die groep, waar hij voor staat en hoe hij zich heeft ontwikkeld.

Zo is het ook op nationaal niveau: de geschiedenis vormt de hoeksteen van de nationale identiteit, samen met andere belangrijke bouwstenen als een gemeenschappelijke taal, strikt afgebakende grenzen van het nationale grondgebied en vaak ook een etnische verwantschap. Met dit totaalpakket onderscheiden volk en staat zich van andere volkeren en staten met soortgelijke aspiraties en ambities. Bovendien biedt een eenvoudig, stabiel en begrijpelijk verleden ons een plek om te schuilen in een ingewikkeld, chaotisch en onoverzichtelijk heden.

Het verleden is een prettige plek om in te vertoeven. Een denkbeeldige plaats waar het leven veilig en voorspelbaar was. Of zoals Vladimir

Nabokov in zijn autobiografische *Geheugen, spreek* al schreef: 'Een mens is altijd thuis in zijn verleden.' Mensen die zich nostalgisch voelen, missen iets dierbaars dat er vroeger wel was. Ze denken terug aan de goede oude tijd toen geluk nog heel gewoon was.

Tegelijkertijd dragen nostalgische herinneringen altijd dubbelzinnigheid in zich. Ze draaien immers altijd om dingen die er niet meer zijn en een tijd die niet meer terugkomt. Verandering is dan ook een sterke trigger voor nostalgie. Het is een manier om om te gaan met problemen en stress die met verandering gepaard gaan. Nostalgie geeft een gevoel van continuïteit. Reflecteren op het verleden kan houvast geven. Dat geldt zowel op persoonlijk vlak als in tijden van grote omwentelingen.

Alleen al vanuit het veilige Europa bezien is de wereld sinds 1989 op drift geraakt. Razendsnelle technologische ontwikkelingen en verregaande globalisering en internationalisering brachten welvaart maar ook kwetsbaarheden. Denk aan de wereldwijde financiële crisis van 2008, de coronapandemie of Europa's afhankelijkheid van Rusland voor de energievoorziening. Mensen maken zich zorgen over dalende inkomens, stijgende prijzen, baanonzekerheid. Klimaatverandering en demografische ontwikkelingen als vergrijzing en migratie maken de toekomst op lange termijn ongewis, al is nu al duidelijk dat de Europese manier van leven zal veranderen. Verschuivende geopolitieke en economische machtsverhoudingen, terroristische aanslagen en oorlogen veroorzaken nu al gevoelens van onveiligheid, onzekerheid én ontevredenheid.

Nostalgie is daarom tegenwoordig wijdverspreid. Recente onderzoeken wijzen uit dat de overgrote meerderheid van de Europeanen nostalgische gevoelens koestert. Jongeren zijn iets minder bevattelijk voor nostalgie dan ouderen, maar een meerderheid van de mensen boven de vijfendertig is van mening dat de wereld vroeger beter was. Vóór het Brexit-referendum en de Amerikaanse presidentsverkiezingen in 2016 gaf ruwweg de helft van de Britten en Amerikanen aan te denken dat het met hun land in de afgelopen decennia bergaf was gegaan. Grote delen van de Russische bevolking denken met enige weemoed terug aan het overzichtelijke leven in de Sovjet-Unie. Vergrijzing speelt bij dit alles een grote rol, maar dat zelfs jonge mensen aangeven nostalgische gevoelens te hebben, bewijst dat nostalgie uitgaat van een ideaalbeeld van het verleden, dat naar believen vormgegeven kan worden.

En wereldwijd maken potentaten en politici daar geraffineerd gebruik van. Met hun nationale geschiedverhaal spelen ze in op een diepgeworteld verlangen om tot een groep te behoren. Simpele zwartwitverhalen maken een complexe wereld bovendien behapbaar en begrijpelijk. De verhaallijn van een verloren paradijs in het verleden dat zal worden hervonden, adresseert de nostalgische sentimenten én biedt een lonkend toekomstperspectief. Een glorieuze wederopstanding is een krachtig beeld met een welhaast religieuze aantrekkingskracht.

Selectief 'historisch geheugenverlies' speelt bij dit alles een grote rol. De negentiende-eeuwse filosoof Ernest Renan zei in 1884 in zijn klassieke lezing *Wat is een natie?* aan de Sorbonne al dat 'vergetelheid, en ik zou zelfs zeggen historische fouten, een essentiële factor vormen in de ontwikkeling van een natie'. Zwarte bladzijden worden in ieder geval rücksichtslos uit de geschiedenisboeken gescheurd. Zij passen niet bij een trots zelfbeeld.

In Poetins Rusland geldt Jozef Stalin niet als massamoordenaar, maar als 'efficiënt manager'. De Goelag-archipel, de Grote Terreur en het Molotov-Ribbentroppact waren pure noodzaak voor de eindoverwinning in de Tweede Wereldoorlog. In China wordt getreurd om de miljoenen doden als gevolg van diezelfde oorlog, maar rept de Communistische Partij met geen woord over de miljoenen doden als gevolg van Mao's Grote Sprong Voorwaarts en zijn Culturele Revolutie.

Zo wordt de natie ook vrijgepleit van schuld. Met de omstreden Holocaustwet probeerde de Poolse regering de Polen te zuiveren van alle blaam in de Tweede Wereldoorlog. Het gedroomde geschiedeniscurriculum van de Britse minister van Onderwijs Gove liet de duistere kanten van het Britse Rijk bewust buiten beschouwing. Conservatieve Amerikanen zouden het slavernijverleden het liefst helemaal vergeten.

Een opgeschoond verleden is overzichtelijk. Volgens sommigen was de wereld makkelijker te begrijpen tijdens de Koude Oorlog, toen er twee grote machtsblokken lijnrecht tegenover elkaar stonden. Je hoorde bij 'de goeden' of bij 'de slechten'. Die zwart-witverdeling tussen helden en schurken is aan de hand van een geïdealiseerd verleden ook makkelijk te maken. Nationalistische geschiedverhalen kennen met tegenstellingen als die tussen goed en kwaad en tussen beschaving en barbarij ook een sterk wij-zijdenken en zorgen daarmee voor wrok en polarisatie.

Dankzij het historische geheugenverlies impliceert een verloren paradijs namelijk automatisch een tegenstander die dat verlies heeft veroorzaakt. Met het beeld van de natie als een permanent belegerde vesting wordt dat dik aangezet. Sluimerende gevoelens van gemis die ten grondslag liggen aan nostalgische sentimenten worden zo gekanaliseerd in slachtofferschap en vijanddenken. De natie moet zich verdedigen tegen een aan de hand van het verleden ingebeelde dreiging.

Via het aanwakkeren van gevoelens van verlies, onrecht en een gebrek aan respect en waardering wordt de nationale identiteit gebruikt voor nationale mobilisatie. Het resultaat is een vijandbeeld dat de bevolking in het gunstigste geval moet overtuigen het juiste vakje aan te kruisen in het stemhokje of in het ergste geval de leider klakkeloos te volgen in een verwoestende oorlog. Het gebruik van nationalistische geschiedverhalen speelt zich af op een glijdende schaal.

In 1902 publiceerde Lenin het politieke pamflet 'Wat te doen?' Die vraag staat centraal aan het einde van dit boek. Het ontleden van het historische frame aan de hand van de vijf praktijkvoorbeelden Rusland, Polen, Turkije, China en het Verenigd Koninkrijk maakt duidelijk hoe ingenieus het bouwwerk in elkaar steekt. En omdat het angstvallig wordt bewaakt, is het bepaald niet gemakkelijk om het te demonteren. Kritiek – zeker van buitenaf – is immers koren op de molen van de bewakers.

Tegelijkertijd maakt het blootleggen van het historische denkraam ook duidelijk waaróm het werkt en aan welke sentimenten in de samenleving het appelleert. Deze militante, martiale en agressieve vorm van nostalgie zegt meer over het heden dan over het verleden. En juist omdat de visie op het verleden in veel gevallen een ideologische leegte in het nu vult, kan het uitgroeien tot het allesbepalende wereldbeeld in een samenleving. Daarom geeft het doorgronden van het historische raamwerk ook een inkijk in de drijfveren van politici en potentaten die het gebruiken. Wie in de ziel wil kijken, moet in de geschiedenis kijken.

En daarmee komen we weer terug bij Rusland, waar de geschiedenis een cruciale rol speelt in het gedrag van de sterke man in het Kremlin. De Russische tsaren lieten zich leiden door God, de communistische leiders door Marx en Vladimir Poetin door het verleden. Hij neemt zijn lezing van de geschiedenis letterlijk en dat moeten we uiterst serieus nemen. Terugkijkend speelden Poetins uitspraken over de historie van Rusland de rol van de kanarie in de kolenmijn. De beschietingen in Oekraïne werden voorafgegaan door salvo's van historische 'argumenten' en 'feiten'. Het is niet uit te sluiten dat anderen een vergelijkbare modus operandi volgen.

Want Vladimir Poetin bewijst de macht van het verleden. Zoals uranium voor kernwapens wordt verrijkt, heeft hij *weapons grade history* gecreëerd. Maar al doende is hij ook gegijzeld door zijn eigen geschiedenis. Niet alleen Rusland zit gevangen in Poetins historische frame, maar hijzelf net zo goed. Zijn visie op het verleden bepaalt in grote mate zijn handelen in het heden. Wie zich vastpint op zijn eigen interpretatie van zijn geschiedenis kan daar bijna onmogelijk van loskomen. De macht van het verleden werkt twee kanten op. Dat is een reëel risico dat politici en potentaten vaak onderschatten. De potentieel desastreuze gevolgen daarvan zijn nu op gruwelijke wijze in Oekraïne zichtbaar geworden. Het is de hoogste tijd om de macht van het verleden onder de loep te nemen.

I

Rusland

De Grote Vaderlandse Oorlog

Ieder jaar in april verschijnen er gemeentewerkers op het Rode Plein in Moskou om door het gure winterweer vervaagde gele wegmarkeringen nog eens extra dik aan te zetten. De gele lijnen komen het plein op bij het ene uiteinde, naast het in de negentiende eeuw in neo-Russische barokstijl opgetrokken Nationaal Historisch Museum. Ze lopen vervolgens langs de imponerende rode muren van het Kremlin, het centrum van de Russische macht, en passeren daarbij ook het granieten mausoleum van Lenin. De markeringen verlaten het Rode Plein aan het andere uiteinde, bij de in opdracht van tsaar Ivan de Verschrikkelijke in 1555 voltooide Kathedraal van de Voorbede van de Moeder Gods op de Greppel. Gevraagd naar hét beeld van Moskou zullen veel mensen die kerk met zijn iconische bontgekleurde koepels noemen, die beter bekend staat als de Basiliuskathedraal.

De gemeentewerkers trekken zo lijnen door de Russische geschiedenis, maar ze beperken zich niet tot het Rode Plein. Ook in omliggende straten als de door dure modezaken omlijste Tverskajastraat worden gele lijnen op het wegdek getrokken. En ondertussen worden op het Rode Plein aan de voet van de muren van het Kremlin grote tribunes opgebouwd. Het mausoleum van Lenin wordt verborgen achter een groot podium, vaak vormgegeven met stilistische banieren, die ook prijken op de lange gevel van het beroemde grote warenhuis GOeM. Op die banieren staat één datum centraal: 9 mei 1945. Het woord 'overwinning' ontbreekt nooit. Het zijn de voorbereidingen op de parade om de Russische zege in de Tweede Wereldoorlog te vieren. Of zoals hij in Rusland wordt genoemd: de Grote Vaderlandse Oorlog.

Sinds de vijftigste viering in 1995 is het een jaarlijks terugkerend schouwspel. Om te zorgen dat er niets misgaat op de grote dag zijn er in de aanloop naar de officiële parade op 9 mei een aantal generale repetities. Dan marcheert een groot aantal soldaten door de straten van Moskou, sinds 2008 gevolgd door een dreunende colonne aan zwaar militair materieel. Dat is ook het jaar dat de overwinningsparade voor het eerst wereldwijd live werd uitgezonden door de Russische staatstelevisiezender RT. De hele wereld kan een fraai geregisseerde reportage van het indrukwekkende militaire vertoon aanschouwen.

Op mysterieuze wijze heeft Moskou op 9 mei altijd een strakblauwe lucht. De tribunes op het Rode Plein stromen dan vol met hoogwaardigheidsbekleders en een steeds kleiner wordend aantal veteranen van de Grote Vaderlandse Oorlog. Zo'n 14.000 militairen staan strak in het gelid, de vaandels van hun eenheden fier omhoog. Stipt om 10.00 uur – wanneer de klok van de Verlosserstoren van het Kremlin heeft geslagen – begint de plechtigheid, die zich volgens een vast ritueel ontrolt. Van het moment dat de vlag van de Russische Federatie door in tsaristische uniformen gehulde soldaten het Rode Plein op wordt gedragen, tot het moment dat tientallen gevechtsvliegtuigen in strakke formatie in een flypast over de stad vliegen.

Natuurlijk bevat het door marsmuziek omlijste programma ook altijd een gloedvolle toespraak van de Russische president Vladimir Poetin, gevolgd door een moment stilte ter nagedachtenis aan de naar schatting 27 miljoen slachtoffers van de oorlog die de Sovjet-Unie te betreuren had. Daarna is het tijd voor een donderend driewerf hoera van alle aanwezigen op het Rode Plein en 21 saluutschoten om de glorieuze overwinning te markeren.

Voor buitenlandse toeschouwers maakt de uitgebreide collectie militaire materieel die voorafgaand aan de flypast over het Rode Plein dendert altijd de meeste indruk. Het rollende deel van de overwinningsparade begint altijd met minimaal één T34-tank, het werkpaard dat het Russische Rode Leger tijdens de Tweede Wereldoorlog van Moskou naar Berlijn bracht. Maar daarna volgen een paar honderd andere voertuigen. De kracht van het Russische leger wordt uitgebreid getoond, inclusief het nieuwste en zwaarste wapentuig. Moderne nieuwe tanks en zware mobiele lanceerinstallaties voor kernraketten moeten de buitenwacht duidelijk maken: Rusland laat niet met zich sollen.

Natuurlijk is het ook de bedoeling dat de militaire parade gevoelens van trots opwekt bij de Russen. Maar voor het Kremlin is er nog een veel belangrijker doel dat meespeelt bij de jaarlijkse overwinningsparade: het herbevestigen van de centrale rol die de Tweede Wereldoorlog speelt in de Russische nationale geschiedenis.

Wat niet wereldwijd live wordt uitgezonden, maar wel op grote schaal navolging vindt in Rusland, is de parade van ‘het onsterfelijke regiment’. Aansluitend op de overwinningsparade marcheren honderdduizenden Russen door de straten van de stad met portretten van hun voorouders die vochten in de strijd tegen de nazi’s. Dat gebeurt niet alleen in Moskou, maar in steden door heel Rusland, want 9 mei is natuurlijk een nationale feestdag.

De parade van het onsterfelijke regiment begon in 2012 als kritiek op de wijze waarop het enorme oorlogsleed een ondergeschoven kindje was geworden in de viering van de overwinning, maar in 2015 heeft de Russische regering het onsterfelijke regiment omarmd. President Poetin loopt sindsdien ook altijd mee met een foto van zijn vader Vladimir Spiridonovitsj Poetin in de armen geklemd. Net als de andere deelnemers aan de parade van het onsterfelijke regiment draagt hij een oranje-zwart lintje.

Dat ‘lint van Sint-Joris’ is afgeleid van een hoge militaire onderscheiding die nog stamt uit de tijd van tsarina Catharina de Grote. De kleuren oranje en zwart staan voor het vuur en de rook op het slagveld en dankzij een campagne van staatspersbureau RIA Novosti is het lint sinds 2005 alomtegenwoordig in het straatbeeld als symbool voor de herinnering aan de oorlog.

De Grote Vaderlandse Oorlog is het ankerpunt van de Russische nationale identiteit. Volgens Poetin onderstreept de overwinning in die oorlog de eenheid van de natie en is hij het fundament onder Ruslands status als wereldmacht. Het is daarmee in de ogen van de president verreweg de belangrijkste gebeurtenis in de Russische geschiedenis en veel Russen lijken hem gelijk te geven.

Geen enkele andere gebeurtenis is ermee te vergelijken. En zoals de parades van het onsterfelijke regiment aantonen, is de geschiedenis van bijna ieder gezin in Rusland verknoopt met de oorlog. In iedere familie zijn er indrukwekkende verhalen op te tekenen uit de monden van ouders en grootouders die het brute oorlogsgeweld overleefd hebben. En er zijn minstens zoveel verhalen te vertellen over familieleden die het einde van de oorlog jammerlijk niet hebben gehaald.

In de tumultueuze geschiedenis van Rusland is de overwinning op nazi-Duitsland het enige waar iedere Rus zonder voorbehoud trots op is. Ook al zijn er grote vraagtekens te stellen bij de communistische Sovjet-Unie, het leiderschap van dictator Jozef Stalin en de gigantische prijs die werd betaald door het Russische volk, over het eindresultaat van de Tweede Wereldoorlog is de overgrote meerderheid van de Russen positief. Het is niet alleen het belangrijkste ankerpunt in de recente Russische geschiedenis, maar ook een maatstaf die langs alle andere gebeurtenissen in het verleden én de toekomst van Rusland kan worden gelegd. Het was een overwinning van Goed op Kwaad en de Russen stonden aan de goede kant. Daar is iedereen in Rusland trots op.

De Russische regering bevordert en gebruikt vervolgens de centrale rol die de overwinning in de Russische nationale identiteit speelt om patriottistische gevoelens en loyaliteit aan de Russische staat aan te wakkeren. Maar inmiddels heeft bijna iedereen de herinnering aan de strijd tegen de nazi's uit de tweede of derde hand. Het is dus voor Poetin en de zijnen van het grootste belang om de herinnering eraan levend te houden, die aan de overwinning in het bijzonder.

Dat is dan ook het belangrijkste doel van de jaarlijkse overwinningsparade op 9 mei. Maar daar houdt het niet mee op. De herinnering aan de Grote Vaderlandse Oorlog wordt op dagelijkse basis levend gehouden. 'Is de oorlog voorbij? Nee, hij wordt om de andere avond uitgevochten op primetime tv,' aldus een gevleugelde uitdrukking in Rusland. Minstens tien procent van de zendtijd op de belangrijkste televisiezenders – stevig in handen van de staat – gaat op aan speciale programma's, documentaires en films over de oorlog. Die stammen soms nog uit de Sovjettijd, maar er zijn ook steeds meer hagelnieuwe producties bij met spectaculaire visuele vormgeving, vaak gefinancierd door de Russische overheid. Het lint van Sint-Joris wordt niet alleen op 9 mei gedragen, maar prijkt ook de rest van het jaar trots aan auto-antennes, rugzakken en andere voorwerpen.

Het Genootschap voor Russische Militaire Geschiedenis telt daarnaast meer dan 70.000 gedenktekens en oorlogsgraven op Russisch grondgebied. Beroemd is het beeld 'Het Moederland Roept', een 85 meter hoog standbeeld in Wolgograd ter nagedachtenis aan de uiterst bloedige veldslag die daar tussen augustus 1942 en februari 1943 werd uitgevochten toen de stad nog Stalingrad heette. Het is letterlijk en figuurlijk het hoogtepunt van een indrukwekkend herinneringscomplex uit de hoogtijdagen van de Sovjet-Unie (dat met maar liefst 23 vermeldingen in het overzicht van het Genootschap staat). Wie er gaat kijken, voelt hoe diep de sporen zijn die de oorlog in de Russische ziel heeft getrokken.

Maar er is een overtreffende trap. Ruim vijftig kilometer ten westen van Moskou ligt bij het plaatsje Koebinka een groots opgezet militair pretpark. Het in 2016 geopende Patriot Park is een vreemde combinatie van een oorlogsmuseum, schietbaan, manege en outdoorcentrum. Bezoekers kunnen niet alleen militair materieel bewonderen of zien hoe Russische partizanen tijdens de Tweede Wereldoorlog achter de Duitse linies opereerden, maar ook nagespeelde veldslagen en hedendaagse militaire oefeningen bijwonen. Of ze kunnen zelf deelnemen aan rollenspellen of schietoefeningen. In 2017 werd er zelfs een miniatuur replica van de Rijksdag in Berlijn opgetuigd zodat schoolkinderen de bestorming in 1945 nog eens dunnetjes over kunnen doen.

Dankzij een directe treinverbinding zijn bezoekers in 75 minuten van het centrum van Moskou in deze militaire speeltuin. En het militaire Disneyland heeft bovendien meer vestigingen die op dezelfde wijze 'patriottisch onderwijs' geven. Zo worden bezoekers ook in Prochrovka, niet ver van de Oekraïense grens, op interactieve wijze door verleden én heden van Ruslands trotse militaire verleden gegidst.

Patriot Park legt een duidelijke band tussen het heden en de Grote Vaderlandse Oorlog. Om die band nog eens extra dik aan te zetten werd op het terrein van het park in 2020 de Hoofdkathedraal van de Strijdkrachten van de Russische Federatie ingewijd door patriarch Kirill van de Russisch-Orthodoxe Kerk, een gigantisch gebedshuis dat in twee jaar uit de grond is gestampt. De bouw werd niet toevallig voltooid op 9 mei, maar de kerk werd officieel geopend op 22 juni. Dat is de dag dat nazi-Duitsland in 1941 de Sovjet-Unie binnenviel, een dag die sinds 1996 in Rusland geldt als de Dag van Herdenking en Verdriet. Het Patriot Park ligt op een van de laatste frontlinies voor Moskou, waar de Duitse opmars eind 1941 werd gestuit. Op het centrale plein voor de kerk staat een mijlpaal die het begin van de Russische opmars naar Berlijn symboliseert.

De kathedraal staat bol van de symboliek. De klokkentoren is 75 meter hoog, om te gedenken dat de kathedraal 75 jaar na het einde van de oorlog gereed is gekomen. De centrale koepel heeft een diameter van 19,45 meter. Het dak is grotendeels opgetrokken in glas-in-loodramen, waarin militaire onderscheidingen zijn verwerkt, voornamelijk uit de tijd van de Sovjet-Unie. De vloer is geheel van metaal, waarin omgesmolten op de Duitse Wehrmacht buitgemaakte tanks en andere wapens zijn verwerkt. Bezoekers kunnen trots op de wapens van de verslagen vijand staan, en lopen over landkaarten van de grote veldslagen die het Russische Rode Leger uitvocht.

Grote mozaïeken in de kathedraal tonen bovendien niet alleen zuiver religieuze voorstellingen, maar ook militaire prestaties uit het verleden. Een mozaïek over de Russische annexatie van de Krim bevatte in eerste instantie ook president Poetin, minister van Defensie Sjoigoe en andere hoogwaardigheidsbekleders, maar dat bleek een brug te ver na ophef in de publieke opinie. Aangezien ook patriarch Kirill naar verluidt geen voorstander was, gaf Poetin opdracht de gewraakte beeltenissen te verwijderen. Maar hij liet zich niet zomaar verwijderen en stelde minzaam: 'Op een dag zullen onze dankbare nakomelingen onze verdiensten waarderen, maar het is nu te vroeg om dat te doen.'

De beruchte 'kleine groene mannetjes' ontbreken echter niet. De commandotroepen zonder herkenningstekens die in 2014 op de Krim verschenen in de aanloop naar de annexatie zijn ook opgenomen in het bewuste mozaïek. Een lijst met militaire conflicten die in de kathedraal wordt herdacht omvat niet alleen de Grote Vaderlandse Oorlog, maar ook de onderdrukking van de Hongaarse Opstand in 1956, de Praagse Lente in 1968 en de Russische invasie van Afghanistan in 1979. De lijn loopt door naar de oorlogen in Tsjetsjenië, de 'vredesmissie' in Georgië in 2008, 'de terugkeer van de Krim' en het conflict in Syrië. Die worden allemaal in één adem genoemd met de Grote Vaderlandse Oorlog. En er is genoeg ruimte gelaten voor toekomstige conflicten.

In een hoefijzervorm om de kathedraal heen is een museum gevestigd met de naam '1418 stappen over de weg van herinnering', een stap voor iedere dag tussen de Duitse inval in 1941 en het moment dat de Russische vlag in 1945 fier op de Rijksdag in Berlijn wapperde. De duistere gang van het museum dient tevens als eregalerij voor alle Russische militairen die vochten tegen nazi-Duitsland. Via touchscreens zijn veel van hun levensverhalen op te roepen. Het is de bedoeling om de talloze verhalen van het onsterfelijke regiment uiteindelijk allemaal een plek te geven in het museum.

Verder vertelt het museum dag voor dag het verhaal van de Tweede Wereldoorlog. Daarbij wordt gebruik gemaakt van diorama's, die vertrouwd voelen voor bezoekers van de vele andere Russische oorlogsmusea. Enig gevoel voor dramatiek kan die musea – vaak stammend uit de Sovjettijd – niet worden ontzegd, maar het nieuwe museum tilt dit naar een totaal ander niveau. In plaats van eindeloze zalen vol militaria biedt het museum de historie van de oorlog tegen nazi-Duitsland op een hypermoderne wijze aan. De diorama's komen tot leven dankzij hologrammen. Dramatische videoprojecties, overdonderende infographics, geanimeerde landkaarten en imposante licht- en geluidseffecten maken in het halfduister van het museum diepe indruk. Sommige zalen lijken wel wat weg te hebben van computerspellen en er is zelfs voorzien in temperatuur- en geureffecten. Het hele museum is tot in de kleinste details ontworpen om bezoekers mee te slepen in de geschiedenis.

Het totale complex van het Patriot Park lijkt een bizarre mix, maar toont in optima forma hoe de herinnering aan de oorlog is verweven met het hedendaagse Rusland. Heden en verleden vloeien bijna naadloos in elkaar over. De kathedraal geeft het geheel een religieus sausje. Van boven bezien vormen de kathedraal en het museum samen een kruis, waarbij het museum volgens de architect de doornenkroon symboliseert die het Russische volk op 22 juni 1941 kreeg opgelegd. Russische soldaten als martelaars voor de vrijheid van de rest van de wereld; het is een beeld dat president Poetin maar al te graag onderschrijft.

Voor iedereen in Rusland is de Grote Vaderlandse Oorlog niet minder dan heilig en Poetin zet daar als geen ander op in. De Russische president heeft uit eigen zak bijgedragen aan de bouw van de Hoofdkathedraal van de Strijdkrachten van de Russische Federatie. Die is gebouwd in opdracht van het ministerie van Defensie, maar de kosten van 6 miljard roebel zijn opgebracht door het Russische bedrijfsleven, een crowdfundingactie en – toen de opbrengst daarvan onvoldoende bleek en de zakken van het Russische staatsgasbedrijf Gazprom toch niet diep genoeg – de gemeente Moskou en Vladimir Poetin zelf. De kathedraal is misschien wel het beste voorbeeld van hoe hij de Russische geschiedenis graag ziet.

Het lijkt een gotspe om een afbeelding van de atheïstische en fel antiklerikale Stalin een plek te willen geven in een Russisch-orthodoxe kathedraal, maar het koppelen van de Grote Vaderlandse Oorlog aan het orthodoxe geloof, en dat overgoten met een fikse scheut nationalisme, is voor het Kremlin een ideale mix. Het is een symbolische verzoening tussen het imperiale tsaristische verleden van Rusland en het communistische tijdperk. Dat alles onder de bezielende leiding van president Poetin. Hij zet zichzelf graag neer als het redelijke midden, de onafhankelijke arbiter én het onvermijdelijke eindpunt van de Russische geschiedenis.

Het Patriot Park en zijn kathedraal maken deel uit van een groot ideologisch project van het Kremlin. Dat geeft jaarlijks miljarden uit aan militaire geschiedenisclubs en -jeugdkampen, films, series, boeken, standbeelden, musea, tentoonstellingen, lesmateriaal en zelfs reclamecampagnes over de Tweede Wereldoorlog. Er wordt een oorlogscultus gesmeed die bijna neerkomt op een staatsgodsdienst. De hoogmis vindt ieder jaar plaats op de Dag van de Overwinning. Poetin en de zijnen maken meesterlijk gebruik van het verleden om een flinke golf vaderlandsliefde op te roepen onder de Russische bevolking. Voor Poetin is het beheersen van het verhaal van het verleden de sleutel tot het beheersen van het heden én de toekomst.

RUSLAND – MIJN GESCHIEDENIS

President Poetin weet het verleden op waarde te schatten. Van jongs af aan is hij gefascineerd door geschiedenis. Het was zijn favoriete schoolvak en ook nu maakt hij naar eigen zeggen nog altijd tijd vrij om zich in het verleden te verdiepen. De geschiedenis van Rusland ligt hem ogenschijnlijk na aan het hart. In 2020 verscheen er een uitgebreid artikel in het Amerikaanse conservatieve tijdschrift *The National Interest* over 'De echte lessen van de vijfenzeventigste verjaardag van de Tweede Wereldoorlog'. De auteur? Vladimir Poetin. Het werd natuurlijk ook geplaatst door de Russische regeringskrant *Rossiyskaya Gazeta*. En het is lang niet het enige historische epistel van de hand van de Russische president.

Het bestuderen van de Russische geschiedenis is voor de Russische president namelijk niet louter een rustiek tijdverdrijf. Poetin heeft in de twee decennia dat hij de scepter zwaait over Rusland ook de kracht van 'bruikbare geschiedenis' ontdekt. De bijna religieuze verering van de Grote Vaderlandse Oorlog is het meest in het oog springende voorbeeld van hoe het Kremlin geschiedenis gebruikt om het Russische volk te verenigen en te mobiliseren. Maar in de afgelopen jaren hebben Poetin en de zijnen de hele Russische geschiedenis onder de loep genomen. Voor de officiële versie van het Russische geschiedverhaal – de staatscanon – hebben ze in een indrukwekkende strooptocht die elementen er uitgelicht die het beste passen bij het beeld dat zij willen neerzetten.

Of zoals Poetin het zelf verwoordde: 'We moeten niet meer alleen maar kijken naar alle zwarte bladzijden in onze geschiedenis en onszelf nog meer vermanen dan onze tegenstanders zouden doen. Zelfkritiek is belangrijk, maar zonder een gevoel van eigenwaarde en liefde voor ons Vaderland wordt dergelijke kritiek vernederend en contraproductief. We moeten trots zijn op onze geschiedenis, en we hebben ook dingen om trots op te zijn. Onze hele – ongecensureerde – geschiedenis moet deel uitmaken van de Russische identiteit.'

Sinds de grondwetswijziging die in 2020 succesvol door de Russische samenleving werd geloodst, is de staatscanon ook opgenomen in de grondwet. Natuurlijk ging er – vooral buiten Rusland – veel aandacht uit naar het amendement dat het aantal presidentiële termijnen aanpast, zodat ook de zittende president nog twee keer zes jaar kan aanblijven. Dat maakt het voor de in 1952 geboren Vladimir Poetin mogelijk om nog tot 2036 in het Kremlin te blijven zitten.

Tegenstanders van Poetin somberen al dat hij dan president voor het leven zal zijn. In ieder geval wordt hij dan het langstzittende Russische staatshoofd sinds Peter de Grote, die van 1682 tot 1725 als tsaar over Rusland regeerde. Andere amendementen zorgen ervoor dat de macht die de president kan uitoefenen ook dicht in de buurt komt van de autocratisch regerende Peter de Grote. Zelf wijst Poetin die historische vergelijking overigens resoluut van de hand: 'Een tsaar is iemand die ergens zit en van bovenaf toekijkt en bevelen uitdeelt. Ik heers niet, ik werk elke dag.'

Minder aandacht was er voor het amendement waarmee de zogeheten 'duizendjarige geschiedenis' van de Russische Federatie een plek heeft gekregen in de grondwet, een geschiedenis die uitmondt in de huidige Russische staat. De herinnering aan de voorouders, 'die ons onze idealen en ons geloof in God hebben meegegeven', en de 'verdedigers van het Vaderland' zijn voortaan vastgelegd in de grondwet. Het was overigens al langer bij wet verboden om te tornen aan de 'historische waarheid' of grote wapenfeiten uit de Russische geschiedenis te bagatelliseren – zeker als het gaat om de Tweede Wereldoorlog.

Wie wil weten hoe die historische waarheid eruitziet, kan buiten de saaie Russische schoolboeken die op instigatie van Poetin sinds 2004 stevig onder handen zijn genomen, ook terecht in hippe nieuwe 'multimediacomplexen' met de naam 'Rusland – Mijn geschiedenis'. Die zijn sinds 2015 in inmiddels 23 steden door heel Rusland verrezen, van Sint-Petersburg tot Vladivostok. Daar is de duizendjarige geschiedenis in volle glorie te aanschouwen. Een reis door de tijd vanaf de komst van Rurik, de hoofdman van de Varjagenstam van de Roes, naar wat nu officieel de Russische Federatie heet.

Daarbij wordt gebruik gemaakt van de allernieuwste presentatietechnieken. De makers van de expositie 'Rusland – Mijn geschiedenis' zeggen zelf trots dat ze er alles aan hebben gedaan om het verhaal van de Russische geschiedenis om te toveren van een suf zwart-wit studieboek tot een kleurrijk dynamisch 'levend geschiedenisboek'. Daarbij is alles uit de kast getrokken: talloze touchscreens en vele videoprojecties tonen animaties, infographics, hologrammen en digitale 3D-reconstructies om het verleden tot leven te wekken. De argeloze bezoeker wordt gebombardeerd met meer dan duizend jaar aan Russische geschiedenis en wordt meegesleurd in talloze spannende gebeurtenissen.

Het beoogd publiek? Jongeren. Zij moeten ondergedompeld worden in de Russische geschiedenis. Het persbericht bij de opening van het in 2020 geopende complex in Pjatigorsk aan de voet van de Kaukasus meldt trots dat er bij het nieuwe 11.000 vierkante meter tellende complex op het eveneens nieuwe Overwinningspark meer dan genoeg parkeerruimte is voor schoolbussen. Het ministerie van Onderwijs beveelt 'Rusland – Mijn geschiedenis' van harte aan voor onderwijsdoeleinden en de examenstof loopt mooi synchroon met de tentoonstelling. Maar iedereen van alle leeftijden is welkom om lezingen, colleges, concerten en rondleidingen bij te wonen.

De tentoonstelling is in de basis overal hetzelfde, maar is per stad aangevuld met lokale voorbeelden die de regio verbinden met het grotere verhaal van Rusland. Zo is er in Pjatigorsk speciale aandacht voor de rol die de vele sanatoria en hun minerale bronnen speelden bij het herstel van gewonde soldaten tijdens de Tweede Wereldoorlog. In Machatsjkala, de hoofdstad van de autonome republiek Dagestan, is er een speciale ruimte gewijd aan de tijdens de oorlog maar liefst tweemaal als oorlogsheld gelauwerde piloot Amet-Khan Sultan.

Uiteindelijk moeten 25 multimediacomplexen verrijzen, betaald door – wederom – Gazprom. Ook de door Poetin aan het hart gedrukte Russisch-Orthodoxe Kerk heeft een stevige vinger in de pap bij de ontwikkeling ervan. Het zal niet verbazen dat de mix van krijgsdaden, geloof in God en nationalisme die het Patriot Park bij Moskou kenmerkt, ook terug te vinden is in het verhaal van 'Rusland – Mijn geschiedenis'. Of zoals Poetin het verwoordt: 'De expositie geeft een objectief beeld van de geschiedenis van ons land met al zijn overwinningen, prestaties en problemen.'

TROTS, OVERWINNINGEN EN VADERLANDSLIEFDE

En hoe ziet dat beeld eruit? Het verhaal dat Poetin graag vertelt over de duizendjarige geschiedenis van Rusland is er een van sterke leiders. Zij waren eeuwenlang de hoeders van de Russische spirituele en morele waarden en hebben de Russische volkeren tot een eenheid gesmeed. Dat ging gepaard met vele successen op het slagveld tegen een reeks van vijanden die Rusland bedreigden, met de Grote Vaderlandse Oorlog als culminatie.

Het verhaal begint bij de komst van de Vikinghoofdman Rurik, die zich in 862 met een groep Varjagen vestigde in Novgorod. Die groep staat ook wel bekend als de Roes en van hen is de naam Rusland afgeleid. Rurik werd de stamvader van een dynastie die tot 1598 op de troon zou zitten in delen van wat nu Rusland heet. Ruriks opvolger Oleg de Wijze veroverde in 882 de stad Kiev en legde daarmee de basis voor het vroegmiddeleeuwse Kievse Rijk, in Rusland beter bekend als Kiev Roes. Vladimir de Heilige liet zich in 988 in Chersonesos op de Krim dopen en introduceerde daarmee het uit het Byzantijnse Rijk stammende orthodoxe christendom bij de Russen.

In november 2016 onthulde Poetin in Moskou een standbeeld van Vladimir de Heilige naast de muren van het Kremlin. Bij die gelegenheid verklaarde de Russische president: 'Door een einde te maken aan vetes en vijanden van buitenaf van zich af te slaan, maakte Vladimir de Heilige een begin met de vereniging van het Russisch volk en effende hij de weg voor een sterke gecentraliseerde Russische staat.' De symboliek van een sterke leider en naamgenoot zal niemand ontgaan zijn.

Onder Vladimirs opvolger Jaroslav de Wijze – die regeerde van 1015 tot 1054 – bereikte het Kievse Rijk het toppunt van zijn macht en strekte het van de Witte Zee in het noorden tot de Zwarte Zee in het zuiden. Daarna ging het echter bergafwaarts met het rijk, totdat het in 1240 onder de voet werd gelopen door de Mongoolse Gouden Horde. Die maakte de trotse hoofdstad Kiev en veel andere steden met de grond gelijk. Het was het begin van een periode van overheersing door Mongoolse kans, waarin de Russen zuchtten onder 'het Mongoolse juk'. Op de uitgestrekte steppes van Eurazië vormden nomadische steppevolkeren de grootste bedreiging voor de Russische cultuur. Het Mongoolse juk vormde het dieptepunt, maar de constante dreiging vanuit het oosten zou pas in de achttiende eeuw helemaal verdwijnen.

Onder grootvorst Alexander Nevski (1220-1263) verschoof het zwaartepunt van de Russische cultuur naar de vorstendommen in het noorden als Novgorod en Vladimir. In het jaar dat Kiev door de Gouden Horde werd verwoest, wist Nevski bij de rivier de Neva nabij het huidige Sint-Petersburg, de opmars van de Zweden te stuiten. Twee jaar later, in 1242, deed hij niet ver daar vandaan hetzelfde met de Duitse Orde in een veldslag op het dichtgevroren Peipusmeer. In september 2021 onthulde Poetin aan de oevers van het meer, dat tegenwoordig de grens tussen Rusland en Estland vormt, een twintig meter hoog en vijftig ton zwaar standbeeld van Nevski. Met wapperende banieren én een orthodox kruis vormen de middeleeuwse vorst en zijn manschappen een verdedigingswal tegen invallers vanuit het westen.

Met zijn overwinning in de Slag op het IJs legde Alexander Nevski volgens Poetin het fundament voor het hedendaagse Rusland. De grootvorst geldt als de grondlegger van het latere Russische Rijk. Hij is heilig verklaard door de Russisch-orthodoxe kerk en werd in 2008 door de Russische bevolking uitverkozen tot grootste Rus aller tijden. Dat Nevski het na zijn overwinningen tegen vijanden vanuit het westen op een akkoordje gooide met de Gouden Horde wordt hem vergeven. In een nauwelijks verhulde toespeling op het hedendaagse Russische buitenlands beleid leert de tentoonstelling 'Rusland – Mijn geschiedenis' dat Nevski's motto zou hebben geluid: 'Versterk de verdediging in het westen en zoek naar vrienden in het oosten.'

In de middeleeuwen was die vriendschap overigens van tijdelijke aard. Grootvorst Dimitri Donskoj (1350-1389) luidde in 1380 met een zege tegen de Gouden Horde in de Slag op het Snippenveld, bij de rivier de Don, een ommekeer in de Russische geschiedenis in. De Russen wisten zich vanaf dat moment steeds verder te ontworstelen aan de overheersing door de Mongoolse kans. Ook verschoof de macht definitief naar het grootvorstendom Moskou, dat andere vorstendommen als Novgorod en Vladimir overtroefde. Grootvorst Donskoj maakte een begin met de bouw van het Kremlin in Moskou, nog altijd het symbool van de Russische macht.

Maar het duurde nog even vooraleer het Mongoolse juk helemaal was afgeworpen. De Gouden Horde werd in 1462 definitief verdreven door grootvorst Ivan III (1440-1505). Tot de heerschappij van Ivan III was Moskou een vorstendommetje dat slechts 24.000 vierkante kilometer besloeg, maar hij maakte een begin met de Russische expansie naar het zuiden en oosten. Zijn zoon Ivan IV de Verschrikkelijke (1530-1584) werd in 1547 tot de eerste 'Tsaar van alle Russen' gekroond – een term die teruggreep op het Latijnse *caesar*. Hij breidde het Russische grondgebied met de verovering van de vorstendommen Kazan en Astrakhan aan de Wolga, en een deel van Siberië uit tot meer dan vier miljoen vierkante kilometer.

Tsaar Ivan IV wordt in Rusland tevens geroemd als hervormer, iemand die een nieuw bureaucratisch apparaat in het leven riep dat gebruikmaakte van drukpersen die hij hoogstpersoonlijk liet importeren. Samen met het feit dat heel Rusland één wetboek en één munt kreeg, maakte dat het besturen en het innen van belastingen een stuk efficiënter. Het gaf hem voldoende armslag voor zijn agressieve buitenlandbeleid.

Net als Alexander Nevski in de dertiende eeuw voerde Ivan IV in de zestiende eeuw oorlogen tegen vijanden vanuit het westen. Met de Zweden, Polen en Litouwers ging hij de strijd om de macht in het Oostzeegebied aan. Na aanvankelijke successen delfde de eerste Russische tsaar uiteindelijk het onderspit. Het hielp niet dat hij uit frustratie over de slepende oorlog een waar schrikbewind had ontketend in zijn eigen land, waarbij hij op gruwelijke wijze afrekende met vermeende verraders. Uit deze tijd stammen de verhalen over mensen die gevierendeeld, levend gekookt, gespietst, gevild, geroosterd of in ijswakken gedompeld werden (of een combinatie daarvan).

Buiten Rusland denken velen dat Ivans bijnaam 'de Verschrikkelijke' daarop terugslaat, maar volgens Poetin zijn de vaak door buitenlandse reizigers opgetekende gruweldaden het eerste staaltje van een westerse desinformatiecampagne. De bijnaam *Groznyi* heeft in het Russisch de bijklank van Gevreesde of Ontzagwekkende. Ruim twee derde van de Russen is ervan overtuigd dat hij een gunstige en belangrijke rol heeft gespeeld in de Russische geschiedenis. Volgens zijn illustere navolger Jozef Stalin was Ivan IV degene die de Russen bij elkaar wist te brengen, en ook Poetin draagt die boodschap uit.

Ivan IV was de laatste sterke vorst uit de Rurikiden-dynastie. Michaël I nam na een tumultueus intermezzo dat in Rusland bekendstaat als de 'Tijd der Troebelen' vanaf 1613 als eerste Romanov het stokje over. De Romanov-dynastie zou tot de Russische Revolutie in 1917 heersen over Rusland en leverde een hele reeks aan machtige tsaren op, die gestaag werkten aan het versterken van de Russische macht.

Peter I de Grote (1672-1725) pakte tijdens zijn heerschappij de draad op waar Ivan IV die had laten liggen. Hij breidde met hervormingen de macht van het Russische staatsapparaat sterk uit. Peter onderwierp de Russisch-Orthodoxe Kerk aan de tsaren en maakte van het leger en het ambtenarenapparaat de belangrijkste steunpilaren voor hun macht. Dat maakte de weg vrij voor een hele reeks nieuwe oorlogen met de Polen en de Zweden om de macht in Oost-Europa.

In 1721 wist Peter die strijd eindelijk in Russisch voordeel te beslechten. Estland, Letland en het grootste deel van Oekraïne kwamen in Russische handen. Rusland was voortaan een Europese grootmacht. Dat werd ook gesymboliseerd door de door Peter gestichte nieuwe hoofdstad Sint-Petersburg aan de Oostzee, een 'venster op het Westen'. Tot ergernis van de Moskovieten staat er ook een foeilelijk 98 meter hoog standbeeld van Peter de Grote op een prominente plek in het centrum van Moskou.

Onder de heerschappij van Catharina II de Grote (1729-1796) brak een Russische Gouden Eeuw aan, waarin het Rusland militair, economisch en cultureel voor de wind ging. Net als haar voorgangers droeg Catharina de Grote bij aan de geleidelijke uitbreiding van het Russische grondgebied. Met de annexatie van de Krim in 1783 maakte ze definitief een einde aan invallen van nomadische steppevolkeren die Rusland eeuwenlang hadden geplaagd. Ook boekten haar generaals grote overwinningen op het Ottomaanse Rijk, waardoor de Russische invloed in de Zwarte Zee werd veiliggesteld.

In Oost-Europa maakte de tsarina gemene zaak met de Pruisische koning en de Oostenrijkse keizer: het Pools-Litouwse Gemenebest was sinds de tijd van Ivan IV een lastige buur geweest en werd tussen 1772 en 1795 in drie zogeheten Poolse delingen van de kaart geveegd. De Russische invloedssfeer in Europa reikte bij het overlijden van Catharina de Grote in 1796 tot en met het huidige Litouwen, Wit-Rusland en het overgrote deel van Oekraïne.

Alexander I de Gezegende (1777-1825) werd tsaar in een roerige periode, waarin de ene na de andere Europese vorst het hoofd moest buigen voor de legers van de Franse keizer Napoleon Bonaparte. Napoleons onfortuinlijke veldtocht naar Moskou vormde in 1812 het begin van het einde voor de Franse keizer. Alexanders legers dreven hem en de overblijfselen van zijn Grande Armée helemaal terug naar Parijs.

Daarna was Alexander de Gezegende misschien wel de belangrijkste speler aan tafel tijdens het Congres van Wenen in 1815, waar de nieuwe indeling van Europa werd besproken. Hij bepaalde de antirevolutionaire koers van Europa en smeedde een Heilige Alliantie tussen het orthodoxe Rusland, het katholieke Oostenrijk en het protestantse Pruisen om een tegenwicht te bieden tegen de seculiere en democratische ideeën van de Franse Revolutie. Alexander maakte Rusland tot dé Europese supermacht.

Gemiddeld hadden de Russische tsaren tussen 1550 en 1800 elk jaar een gebied ter grootte van Nederland toegevoegd aan hun rijk. De laatste tsaar Nicolaas II (1868-1918) heerste aan de vooravond van de Russische Revolutie over 13.500.000 vierkante kilometer en was in staat een gigantische legermacht op de been te brengen. Europese machthebbers hielden in hun doen en laten altijd rekening met Rusland, zowel als gewilde bondgenoot als een gevreesde vijand.

Tsaar Alexander III (1845-1894) kan dan ook rekenen op bijzondere aandacht van Poetin. De Russische president heeft inmiddels maar liefst acht standbeelden van de negentiende-eeuwse tsaar onthuld. Diens vader Alexander II (1818-1881) kwam om het leven bij een bomaanslag door revolutionairen. Alexander III draaide daarop al diens democratische hervormingen terug, omdat hij van mening was dat meer vrijheid voor de Russen zou leiden tot meer onrust. Poetin roemt het reactionaire bewind van Alexander III omdat het stabiliteit en eenheid bracht. Alexanders beroemde citaat dat Rusland slechts twee bondgenoten heeft – het leger en de marine – komt sinds 2014 vaak terug op reclame-uitingen in het straatbeeld en op social media.

In het rijtje sterke Russische leiders mag Jozef Stalin (1878-1953) natuurlijk niet ontbreken. Hij bracht stabiliteit na de verwoestende burgeroorlog die was gevolgd op twee revoluties in 1917. Onder zijn leiding industrialiseerde het economisch achtergebleven Rusland in razend tempo. Daarmee legde Stalin het fundament voor de overwinning in de Tweede Wereldoorlog.

Toen die oorlog in 1945 was gewonnen, was het Sovjetleger in de strijd tegen nazi-Duitsland tot ver in Europa doorgedrongen. Midden- en Oost-Europa kleurden communistisch rood op de militaire stafkaarten. Tijdens de Conferenties van Jalta en Potsdam in 1945 werden de invloedssferen formeel vastgelegd. In het deel van Europa dat bevrijd was door de Russen kwamen dankzij wat Stalin 'revoluties van boven' noemde communistische regimes aan de macht.

Rusland kreeg het respect dat het als grootmacht toekwam. En dankzij een ring van bufferstaten – in het bijzonder in Oost-Europa – was Rusland na eeuwen van strijd eindelijk veilig tegen invallen van buitenaf. Maar het was geen eenrichtingsverkeer: de landen in de Russische invloedssfeer konden profiteren van de bescherming van het Sovjetleger, de technologische en industriële verworvenheden van de Sovjet-Unie en de grondstoffen die het uitgestrekte imperium rijk was.

En onder Poetin pakt Rusland de draad nu weer op waar die na de val van de Sovjet-Unie was blijven liggen. Als sterke leider waakt hij eveneens over de eenheid van Rusland en over de Russische spirituele en morele waarden. Bovendien is Poetin vastbesloten om wat in zijn ogen Ruslands rechtmatige status als grootmacht is, zeker te stellen.

Het Congres van Wenen in 1815 en de Conferentie van Jalta in 1945 zijn Poetins favoriete momenten in de geschiedenis van de internationale betrekkingen. Toen gingen grootmachten om de tafel om gezamenlijk de wereld in te richten naar hun ideeën. Dat negentiende-eeuwse machtsdenken in invloedssferen is een kolfje naar Poetins hand. Bij de negentiende-eeuwse geopolitiek die hij zelf nastreeft past ook een negentiende-eeuws beeld van de geschiedenis: nadruk op trots, overwinningen en vaderlandsliefde.

DE BELEGERDE VESTING

De Russische geschiedenis volgens Poetin is op het eerste gezicht een optimistisch verhaal van onstuitbare vooruitgang en daverende overwinningen. Maar Vladimir Poetin is niet blind voor de mindere momenten uit de Russische geschiedenis. Het trotse Rusland heeft in zijn geschiedenis ook talloze nederlagen en verliezen geleden.

Wie die zwarte bladzijden analyseert moet volgens de Russische president twee wetmatigheden vaststellen. Ten eerste: Rusland kan niet zonder een sterke leider die eenheid en stabiliteit brengt. Ten tweede: Rusland wordt continu in zijn bestaan bedreigd door vijanden van buitenaf (en hun helpers op Russische bodem). Vanuit Russisch perspectief is de lijst van aanvallers schier eindeloos: de Gouden Horde, de Krim-Tataren, de Ottomanen, de Polen, de Zweden, de Fransen, de Britten, de Japanners, de Oostenrijkers en natuurlijk de Duitsers. De meest turbulente periodes in de Russische geschiedenis zijn volgens Poetin terug te leiden op deze twee wetmatigheden, zeker als ze samenvallen. De vijand kan dan optimaal profiteren van de Russische zwakte.

Het prominentste voorbeeld in de Russische geschiedenis is de zogeheten 'Tijd der Troebelen' tussen de dood van Ivan IV's minder begaafde zoon Fjodor I de Bellenrinkelaar in 1598 en de troonsbestijging van Michaël I in 1613. Zoals zijn bijnaam al doet vermoeden was Fjodor geen sterke leider. Tijdens zijn relatief korte regeerperiode streden diverse adellijke families om de macht en die strijd werd pas echt hevig toen Fjodor kinderloos stierf. Ondertussen zorgden misoogsten en onvrede over de lijfeigenschap voor woedende volksopstanden en rondtrekkende roversbendes. De chaos was compleet.

Bovendien ging het gerucht rond dat de in 1591 vermoorde broer van Fjodor, Dimitri, de moordaanslag op miraculeuze wijze had overleefd en zijn rechtmatige plek op de tsarentroon zou komen opeisen. Tijdens de Tijd der Troebelen verschenen verschillende 'Valse Dimitri's' ten tonele, omdat de koningen van het Pools-Litouwse gemenebest in het gerucht over Dimitri een ideale manier zagen om onrust te stoken in Rusland. De Valse Dimitri's kregen de steun van een aantal edellieden en de door hongersnood geplaagde boerenbevolking.

Het voortbestaan van Rusland kwam aan een zijden draadje te hangen. In 1610 wist een Pools-Litouws leger Moskou te veroveren en de Poolse kroonprins op de troon te zetten, bezetten de Zweden Novgorod in het noorden en hadden de nomadische Krim-Tataren vrij spel in het zuiden. Die hachelijke situatie zorgde ervoor dat de Russen zich eindelijk verenigden en de strijd aangingen met buitenlandse bezetters. Prins Dimitri Pozjarski en koopman Kuzma Minin wisten uiteindelijk in 1612 de Polen met een leger uit het Kremlin van Moskou te jagen.

Daarmee kwam er een einde aan de Tijd der Troebelen en Pozjarski en Minin worden daar ook vandaag nog voor geëerd met een standbeeld op het Rode Plein voor de Basiliuskathedraal. En in 2005 stofte Poetin een nationale feestdag uit de tsarentijd weer af. Tussen 1613 en 1917 werd op 4 november de 'Dag van de bevrijding van Moskou uit de handen van de Poolse invallers' gevierd. Nu geldt die dag in Rusland als de 'Dag van de Eenheid'.

De datum 7 november verdween daarmee definitief naar de achtergrond. Tijdens de hoogtijdagen van de Sovjet-Unie onder Stalin was niet de Dag van de Overwinning op 9 mei, maar 7 november de grootste nationale feestdag. Op die dag werd jaarlijks het begin van de Oktoberrevolutie die de bolsjewieken aan de macht bracht groots gevierd. Inclusief militaire parade, waarbij de soldaten van het Rode Leger na de Duitse inval in het dramatische oorlogsjaar 1941 rechtstreeks vanaf het Rode Plein naar het front marcheerden. Dát moment wordt sinds 2005 op 7 november herdacht, maar het revolutionaire tintje van de dag is zorgvuldig weggepoetst.

Op een revolutie zit Poetin namelijk absoluut niet te wachten. Hij heeft een afkeer van verandering, laat staan revoluties. De zogeheten kleurenrevoluties in de buurlanden Georgië en Oekraïne in 2003 en 2004 zijn voor hem een schrikbeeld, vooral na de massademonstraties in eigen land voorafgaand aan zijn terugkeer als president in 2012. Tegenwoordig geldt de Russische Revolutie van 1917 – waarbij druk met rode banieren werd gezwaaid – in het Kremlin als een verfoeide 'kleurenrevolutie' avant la lettre.

De Russische Revolutie was bovendien een revolutie waarin buitenlandse machten een grote hand hadden, net als volgens Poetin in Oekraïne en Georgië het geval was geweest. Volgens staatsmedia was de Februarirevolutie gesponsord door de Britten en betaalden de Duitsers de rekening van de Oktoberrevolutie. Zij schetsen een beeld van een vredelievend, maar door vijanden omringd Rusland, dat in 1914 noodgedwongen ten strijde trok om de Slavische broedervolkeren – lees: de Serviërs – te beschermen. Pogingen van tsaar Nicolaas II om een diplomatieke uitweg uit de crisis te zoeken, werden in het Westen niet gehoord.

De overwinning in de Eerste Wereldoorlog is Rusland uiteindelijk ontgaan door interne verdeeldheid. Communistische revolutionairen zaaiden op een kritiek moment tweedracht door hun eigen belangen na te jagen en ontketenden daarmee volgens Poetin een nieuwe Tijd der Troebelen: de Russische Burgeroorlog die het machtige Rusland weer aan de rand van de afgrond bracht.

Hoewel ook in Rusland algemeen bekend is dat het in werkelijkheid toch allemaal net wat anders is verlopen, is dat volgens Poetin vooral 'voer voor historici' waar zij de rest van Rusland niet mee lastig moeten vallen. De Russische Revolutie werd in 2017 in ieder geval niet groots herdacht. De honderdste verjaardag ging vrij geruisloos voorbij.

Poetin is met het oog op zijn eigen machtspositie wars van figuren als de democratische revolutionairen die Rusland tussen februari en oktober 1917 bestuurden en beoogden van het tsarenrijk een open en progressieve democratie te maken. En hij is bepaald geen fan van Vladimir Lenin, ooit hét symbool van de Sovjet-Unie, die volgens hem een verwoestende burgeroorlog ontketende en door het oprichten van etnische Sovjetrepublieken als Oekraïne een tikkende tijdbom onder de Sovjet-Unie legde.

Poetin heeft meer met Stalin, die Rusland na de Revolutie en de Burgeroorlog weer op de rails kreeg. Hij bracht met harde hand eenheid en stabiliteit, zorgde ervoor dat zijn land in razend tempo industrialiseerde en dat Rusland wederom een sterke speler op het wereldtoneel werd. Stalins overwinning in de Tweede Wereldoorlog is volgens Poetin het ultieme bewijs dat Rusland in tijden van crisis een sterke leider nodig heeft. In zijn ogen had Stalin groot gelijk dat hij daarna de Russische invloedssfeer uitbreidde tot in het hart van Europa en dat diens opvolgers die grote bufferzone tijdens de Koude Oorlog met hand en tand verdedigden.

Een derde Tijd der Troebelen brak aan na het uiteenvallen van de Sovjet-Unie. Poetin noemde dat moment in 2005 al eens 'de grootste geopolitieke ramp van de twintigste eeuw'. In de in 2021 door de Russische staatstelevisie uitgezonden documentaire *Rusland – Nieuwe geschiedenis* sprak hij van de 'desintegratie van historisch Rusland'. 'We veranderden in een heel ander land,' aldus Poetin, 'en wat in duizend jaar was opgebouwd, ging grotendeels verloren.' 25 miljoen Russen kwamen in nieuwe onafhankelijke landen te wonen, 'een grote humanitaire tragedie'. Ondertussen maakte het Westen misbruik van de Russische zwakte door landen die eeuwenlang tot de Russische invloedssfeer hadden behoord, binnen te harken in de NAVO en de Europese Unie.

Veel oudere Russen denken niet graag terug aan die tijd, omdat ze toen de dupe werden van de economische shocktherapie die president Boris Jeltsin (1931-2007) op aanraden van westerse economen doorvoerde. Door torenhoge inflatie had de gemiddelde Rus moeite om de eindjes aan elkaar te knopen. Zelf beweerde Poetin in de documentaire dat hij in de jaren negentig in Sint-Petersburg bijkluste als taxichauffeur naast zijn baan als adviseur van de burgemeester. De anekdote is tekenend voor het gevoel van vernedering dat veel Russen ervoeren na het uiteenvallen van de Sovjet-Unie.

Toen hij in 2000 het presidentiële stokje overnam van Jeltsin sloot Poetin een sociaal contract met de Russen: in ruil voor hun politieke vrijheid leverde hij hun veiligheid, stabiliteit en welvaart. Dankzij hoge olie- en gasopbrengsten hadden veel Russen het bovendien beter dan ooit. Poetin plaatst zichzelf daarmee bewust in een lange traditie van sterke Russische leiders. Ook hij heeft een einde gemaakt aan een Tijd der Troebelen en hij is vastberaden om een nieuwe te voorkomen.

Verdeeldheid wordt de Russen voorgehouden als angstaanjagende voorbode van wanorde en verval, waarin iedereen onherroepelijk wordt meegesleurd. De liberale oppositie wordt door het Kremlin en de staatsmedia weggezet als een verzameling extremisten die werken als een vijfde colonne voor buitenlandse meesters en revolutie en chaos prediken. In 2014 vergeleek Poetin politici als oppositieleider Alexei Navalny, die op alle mogelijke manieren wordt tegengewerkt en nu achter de tralies zit, al eens met de bolsjewieken die het machtige Russische Rijk in 1917 in het verderf stortten.

Om de greep op de macht niet kwijt te raken, heeft Poetin sinds de protesten in 2011-2012 al zijn geld gezet op de stille conservatieve meerderheid van de Russische bevolking. Daarom belijdt Poetin nu vol vuur traditionele waarden, heeft hij een alliantie gesloten met de Russisch-Orthodoxe Kerk, wakkert hij een revival van het anti-intellectualisme uit de Sovjettijd aan en voert hij een kruistocht aan tegen 'afwijkend' (seksueel) gedrag. Nationalisme en haat jegens het Westen – de bron van al wat verfoeilijk is – vormen nu de kern van Poetins radicale culturele conservatisme.

Alles overziend lijkt de president daarmee terug te grijpen op het script dat tsaar Nicolaas I (1796-1855) volgde na de door hem in 1825 neergeslagen Decembristenopstand van hervormingsgezinde officieren tegen zijn bewind. In plaats van Europese liberale waarden stelde de tsaar de drieslag orthodoxie, autocratie en nationaliteit centraal. De president eist nu ook trouw aan de kerk, de leider en de natie. Het zorgvuldig door het Kremlin uit de geschiedenis gedestilleerde beeld van Rusland dat als eeuwig belegerde vesting alleen door eenheid als gevolg van deze trouw kan overleven, sluit daar naadloos op aan.

Door de westerse economische sancties tegen Rusland vanwege de annexatie van de Krim en de oorlog in Oekraïne is het sociale contract dat Poetin na zijn aantreden met de Russen sloot op losse schroeven komen te staan. Ze kijken niet alleen naar het voortdurende propagandabombardement op de staatstelevisie, maar ook naar de lege schappen in hun koelkast. Het is dus zaak voor het Kremlin om mensen voortdurend op het puntje van hun stoel te houden om ze af te leiden van hun dagelijkse problemen. De obsessie met Oekraïne en de intriges van het Westen leiden Russen af. Met het zorgvuldig geconstrueerde beeld van Poetin als redder die de Russen beschermt tegen de boze buitenwereld kan hij onvrede naar de achtergrond drukken.

De geschiedenis van Rusland – of beter gezegd: de staatscanon die het Kremlin uitdraagt – dient daarbij als ultieme legitimatie. Poetin staat hierin in een lange traditie van sterke Russische leiders die zich opwierpen als hoeders van traditionele normen en waarden of – anders gezegd – ‘Russische spirituele en morele waarden’, zoals het in de Russische grondwet wordt genoemd. Hij bewaakt de eenheid van Rusland en hij verdedigt het land met hand en tand tegen vijanden van buitenaf. Wie daar in Rusland van binnenuit vraagtekens bij zet, pleegt verraad. Protest wordt met harde hand de kop ingedrukt. Wie kijkt naar de Russische geschiedenis kan en mag volgens Poetin geen andere koers kiezen.

De huidige confrontatie met het in Poetins ogen van oudsher onbetrouwbare Westen volgt immers logischerwijs uit de duizendjarige geschiedenis van Rusland. De VS, de NAVO en de EU vormen samen de volgende vijand aan de poorten van Moskou. Ze bedreigen niet alleen de vrede en stabiliteit, maar ook de Russische spirituele en morele waarden. Het is een boodschap die volgens opiniepeilingen aanslaat bij de Russische bevolking. Ongeveer de helft van de Russen is ervan overtuigd dat het Westen – en niet Rusland – de agressor is in dit conflict.

POETIN ALS GESCHIEDENISLERAAR

Naast eenheid, stabiliteit en veiligheid heeft Vladimir Poetin de Russen nog iets gegeven: een gevoel van trots. Dat was vrijwel geheel verdwenen na het uiteenvallen van de Sovjet-Unie in 1991, maar Poetin heeft er met al zijn wapengekletter voor gezorgd dat Rusland weer meetelt in de wereld. Rusland wordt weer gehoord en gerespecteerd. De Russische waardigheid is weer in ere hersteld.

De hervonden nationale trots is moeilijk tastbaar te maken. Het is vergelijkbaar met een overwinning van het nationale voetbalteam. Ook al sta je zelf niet op het veld, toch kun je ongegeneerd blij zijn met de prestaties van het team en dat gevoel omzetten naar positiviteit en vertrouwen. Voor miljoenen Russen speelt Poetin nu de rol van dat voetbalteam. Hij belichaamt het succes, de wederopstanding na een onterechte achterstand van het trotse Rusland.

Hij staat daarbij niet alleen zijn mannetje op het internationale voetbalveld, hij heeft ook alle eerdere gewonnen bekers in de prijzenkast nog eens opgepoetst en alle vergeelde foto's van mooie momenten uit het verleden weer netjes recht gehangen. De grootste beker staat prominent vooraan: de overwinning in de Grote Vaderlandse Oorlog. De vaantjes uit de gloriedagen tijdens de Koude Oorlog liggen ernaast.

Het team dat deze prijzen bij elkaar heeft gebracht wordt door het Kremlin ook wel *Roesski Mir* genoemd, de Russische Wereld. Poetin werpt zich met verve op als de verdediger van die Russische Wereld, die zich in theorie uitstrekt over alle Russen waar ook ter wereld en in ieder geval tot bijna de hele voormalige Sovjet-Unie. Voor het lidmaatschap van de Russische Wereld zijn geen duidelijke criteria: het Kremlin bepaalt wie er bij Rusland horen en niet omgekeerd.

De herwonnen trots zorgt er ook voor dat het volkslied uit de topjaren weer uit de kast is gehaald. Direct na zijn aantreden als president in 2000 besloot Poetin al om het volkslied van de Sovjet-Unie weer in te voeren voor de Russische Federatie – zij het met een andere tekst – terwijl zijn voorganger Jeltsin dat juist had afgeschaft om een breuk met het verleden te markeren. Maar die tijd is voorbij. Iedereen kan weer trots zijn op de geschiedenis van 'Team 'Rusland', die zo'n essentiële rol speelt bij dat gevoel van nationale trots.

In een peiling uit 2020 gaf 58 procent van de ondervraagden aan te geloven dat Rusland een 'eigen bijzondere weg' in de geschiedenis volgt, een eigen voorbestemming om grootmacht te worden, zich te weer te stellen tegen aanvallen uit zowel het oosten als het westen, en een sleutelrol te spelen in de wereldgeschiedenis. Driekwart van de Russen kijkt terug op het Sovjettijdperk als de beste tijd in de geschiedenis van hun land. Niet heel vreemd gezien de enorme nadruk die het Kremlin legt op de overwinning in de Tweede Wereldoorlog.

Het steekt de Russen overigens al veel langer dat er in het Westen weinig waardering is voor de ontzaglijk grote Russische offers in de strijd tegen de nazi's. In Russische ogen was Europa onder de voet gelopen door Hitlers legers en was het zonder Russische hulp nooit gelukt om de nazi's te verdrijven. De nadruk die in herdenkingen in het Westen wordt gelegd op de krijgshandelingen van de Geallieerden op en na D-Day wordt met enige verontwaardiging gadegeslagen. De oorlog tegen nazi-Duitsland was immers toch gewonnen aan het Oostfront? Wie als westerse toerist in Wolgograd toch de moeite neemt om naar het ontzagwekkende standbeeld 'Het Moederland Roept' te komen kijken, wordt door Russen op straat daarom met enige verbazing verwelkomd.

De herwaardering van de Sovjet-Unie brengt bovendien ook een rehabilitatie van Stalin met zich mee. Als de verkiezing van grootste Rus aller tijden opnieuw zou worden gehouden, dan maakt Stalin ditmaal veruit de grootste kans om die te winnen. De man die tijdens *glasnost* en *perestrojka* in de laatste jaren van de Sovjet-Unie in diepe ongenade was gevallen, wordt nu door meer dan de helft van de Russische bevolking weer op handen gedragen als groot staatsman. Als 'efficiente manager' loodste hij de Russen door de grootste crisis uit hun geschiedenis en zorgde hij ervoor dat de Sovjet-Unie uit de Tweede Wereldoorlog tevoorschijn kwam als een van de twee supermachten van de Koude Oorlog. Op allerlei plekken in Rusland zijn de afgelopen jaren nieuwe standbeelden en bustes van hem verrezen.

De schaduwkanten van Stalins heerschappij zijn in de herinnering naar de achtergrond verdreven. Er is weinig aandacht voor de miljoenen doden als gevolg van hongersnoden door de gedwongen collectivisering van de landbouw. Die was – aldus Poetin en zijn volgelingen – net als de snelle industrialisatie nodig om de Sovjet-Unie klaar te maken voor de oorlog tegen Hitler. En dat geldt ook voor de genadeloze repressie van de Grote Zuivering (1936-1938), waarbij miljoenen inwoners van de Sovjet-Unie de dood vonden in de Goelag-archipel, Stalins beruchte 'eilandenrijk' van strafkampen. Slachtoffers worden nu weggezet als 'criminelen' en 'verraders', die met hun dwangarbeid een bijdrage hebben geleverd aan de overwinning in de Grote Vaderlandse Oorlog.

Desgevraagd zullen Poetin en de zijnen de terreur van Stalin veroordelen en er is zelfs ruimte voor herdenking van de slachtoffers, maar die wordt wel steeds kleiner. Zo kreeg het museum Perm-36, sinds 1995 gevestigd in een van de voormalige strafkampen, in 2013 een nieuw management dat de collectie in lijn bracht met de staatscanon. Net als de spaarzame documentaires over de Stalindictatuur op de staatstelevisie is het museum nu voorzien van de kanttekening vanuit het Kremlin dat er sprake was van een politieke noodzakelijkheid om het land klaar te maken voor de oorlog. Al te veel nadruk op de negatieve aspecten van de Stalintijd of – in de woorden van Poetin –

'overdreven demonisering' staat volgens de Russische president gelijk aan een 'aanval op Rusland'.

Ook de handel en wandel van Stalin op het geopolitieke toneel voorafgaand aan die oorlog moet volgens Poetin in het licht van deze noodzakelijkheid worden bezien. Het is opmerkelijk dat Russische oorlogsmusea – ook dat in Patriot Park – hun verhaal altijd laten beginnen met Operatie Barbarossa, de Duitse inval in de Sovjet-Unie op 22 juni 1941. Die wordt neergezet als een verraderlijke overval op een onschuldige natie, die vervolgens met vereende krachten de invaller weet te verdrijven.

In werkelijkheid was de Sovjet-Unie wel degelijk al vóór 1941 betrokken bij de oorlog, en niet bepaald als onschuldige toeschouwer. Op 23 augustus 1939 sloten nazi-Duitsland en de Sovjet-Unie een niet-aanvalsverdrag. Het staat beter bekend als het Molotov-Ribbentroppact, vernoemd naar de beide ministers van Buitenlandse Zaken die het ondertekenden.

Het pact maakte niet alleen de weg vrij voor de Duitse inval in Polen op 1 september, het begin van de Tweede Wereldoorlog in Europa, maar bevatte ook een geheim protocol over de invloedssferen in Midden-Europa. Nazi-Duitsland mocht zich het westen van Polen en een deel van Litouwen toe-eigenen. Alles ten oosten daarvan viel toe aan de Sovjet-Unie. Op 17 september 1939, ruim twee weken na de Duitse aanval, viel het Russische Rode Leger Polen vanuit het oosten binnen. Estland, Letland en Litouwen stemden onder dwang in met annexatie.

Het Molotov-Ribbentroppact wordt breed gezien als de lont in het kruitvat van de Tweede Wereldoorlog in Europa. In de Sovjet-Unie werd het bestaan van het geheime protocol tot 1989 officieel ontkend, maar daarna veroordeeld. Zelfs Poetin zag in 2009 in een ingezonden artikel in de Poolse krant *Gazeta Wyborcza* 'redenen om het pact te veroordelen' en bestempelde het als 'immoreel'.

Maar vandaag de dag ziet de Russische president ook het Molotov-Ribbentroppact als een 'noodzakelijk kwaad'. Volgens Poetin kocht

Stalin met het pact tijd om zich voor te bereiden op de onvermijdelijke Duitse inval én creëerde hij een bufferzone om de aanval af te slaan. Het pact was in tegenstelling tot de westerse lezing niet gericht op expansie, maar op de verdediging van het Russische grondgebied.

In zijn artikel 'De echte lessen van de vijfenzeventigste verjaardag van de Tweede Wereldoorlog' in *The National Interest* zette Poetin op basis van 'pas ontdekt of vrijgegeven archiefmateriaal' uiteen hoe Stalin zich daartoe gedwongen zag. Als gevolg van de draconische bepalingen van het Verdrag van Versailles en het daaruit voortvloeiende Duitse revanchisme was een nieuwe oorlog onvermijdelijk. De Volkenbond bleek een tandeloze papieren tijger. Maar in plaats van gehoor te geven aan Russische oproepen om een anti-Duitse alliantie te vormen, sloten de Britten, Fransen, Polen en Litouwers diverse verdragen met Hitler.

Tijdens de beruchte Conferentie van München in 1938 kwam de aap volgens Poetin uit de mouw. Zonder overleg met Praag (of Moskou) schonken de Britse premier Neville Chamberlain en zijn Franse collega Édouard Daladier het Sudetenland aan Hitler. Daarmee leverden zij een weerloos Tsjechoslowakije over aan de grillen van de Duitse *Führer*, en met dit 'Verraad van München' – zo stelde Poetin in zijn artikel – werd de Duitse aandacht gericht op het oosten in plaats van op het westen. Verraden door de westerse grootmachten – die ook toen al totaal geen rekening hielden met de Russische belangen – móést Stalin wel een eigen niet-aanvalsverdrag met Hitler sluiten. Pas na de Duitse inval in de Sovjet-Unie kwamen de andere grootmachten tot inkeer en streden zij gebroederlijk samen met de Russen voor de bevrijding van Europa.

Het is interessant om te zien dat Poetin met deze lezing teruggrijpt op de visie die was vervat in het deels door Stalin zelf geschreven boekje *Geschiedvervalsers* en tot 1989 werd uitgedragen. *Geschiedvervalsers* werd in 1948 uitgegeven in reactie op de publicatie van een collectie documenten die de Amerikanen hadden gevonden in het ministerie van Buitenlandse Zaken van het Derde Rijk, waaronder het beruchte geheime protocol. Stalin negeerde simpelweg de door de Amerikanen geopenbaarde documenten, maar presenteerde een eigen verzameling Duitse documenten om de schuld voor de Tweede Wereldoorlog in de schoenen van het Westen te schuiven.

In zijn artikel over de lessen van de Tweede Wereldoorlog beroept Poetin zich ook op archiefmateriaal, waarover hij in december 2019 al eens college gaf aan zijn acht collega's uit Armenië, Belarus, Kazachstan, Kirgizië, Moldavië, Tadzjikistan en Turkmenistan. Zij luisterden toe terwijl Poetin het ene na het andere document tevoorschijn toverde om te betogen dat vooral de Polen in de aanloop naar de oorlog gemene zaak hadden gemaakt met de nazi's.

Volgens Poetin was de Russische inval in Polen op 17 september niet alleen een noodzakelijke defensieve maatregel, maar ook een kwestie van bevrijding van het van oudsher Russisch grondgebied – in het huidige Litouwen, Belarus en Oekraïne – dat de Polen zich in 1921 bij de Vrede van Riga hadden toegeëigend, in weerwil van voorstellen die waren gedaan op de Vredesconferentie van Parijs na de Eerste Wereldoorlog. Dat het Russische Rode Leger tijdens de Pools-Russische Oorlog (1919-1921) die voorafging aan de Vrede van Riga ook al had geprobeerd om het grondgebied te veroveren om daarna de wereldrevolutie over Europa te verspreiden, bleef onvermeld.

Alleen de Belarussische president Aleksandr Loekasjenko maakte driftig aantekeningen tijdens Poetins geschiedenisles. In juni 2021 vaardigde hij een decreet uit dat 17 september – de dag van de Russische inval in Polen in 1939 – tot nationale feestdag maakte. Deze 'Dag van Nationale Eenheid' symboliseert volgens Loekasjenko 'het herstel van historische gerechtigheid en de hereniging van de Belarussische natie die in 1921 met geweld werd verdeeld met het Verdrag van Riga'.

Met enig leedvermaak besloot Poetin zijn hoorcollege met de constatering dat de Poolse kuiperijen uiteindelijk in hun eigen gezicht waren ontploft. In ieder geval mag het Molotov-Ribbentroppact volgens Poetin niet worden aangewezen als de belangrijkste reden voor het uitbreken van de Tweede Wereldoorlog. In zijn artikel in *The Na-*

tional Interest achtte de Russische president 'alle leidende landen tot op zekere hoogte verantwoordelijk'. 'Elk van hen maakte fatale fouten, arrogant gelovend dat ze anderen te slim af konden zijn, eenzijdige voordelen voor zichzelf konden veiligstellen of wegblijven van de naderende wereldcatastrofe,' aldus Poetin, die op deze manier weer een vervelende vlek van het blazoen van Stalin heeft gepoetst.

DE HISTORISCHE WAARHEID

In zijn artikel in *The National Interest* deed Poetin ook nog een oproep aan de academische wereld. Volgens hem moet 'een brede vertegenwoordiging van gerespecteerde wetenschappers uit verschillende landen van de wereld zoeken naar een evenwichtige beoordeling' van de aanloop naar de Tweede Wereldoorlog op basis van de documenten uit Russische archieven waar Poetin zelf over doceerde én nieuw openbaar te maken documenten uit andere nationale archieven.

Dat is opmerkelijk, want juist deze gerespecteerde historici uit verschillende landen van de wereld – waaronder Rusland – hebben grote kritiek op het beeld van de geschiedenis dat het Kremlin in de afgelopen jaren heeft gecreëerd. Het wetenschappelijke oordeel is dat de amateurhistoricus Poetin aan geen enkele gerenommeerde universiteit een voldoende zou halen voor zijn historische artikelen. De feiten die hij aanhaalt kloppen, maar die verdraait hij om zijn betoog te ondersteunen. Belangrijker nog, hij verzwijgt bewust een groot aantal feiten die hem niet uitkomen. Het resultaat is een eenzijdig, finalistisch beeld van Rusland als een belegerde vesting met een eigen lotsbestemming als grootmacht.

Toch zet Poetin de deur vooralsnog open voor onafhankelijk historisch onderzoek door academici. Onafhankelijk historisch onderzoek is nog steeds mogelijk en kan soms zelfs rekenen op gulle overheidssubsidie. Nog steeds worden uit Russische archieven bewijzen opgediept die afbreuk doen aan de door het Kremlin uitgedragen staatscanon. Toen historici bijvoorbeeld kritiek leverden op de vele feitelijke onjuistheden en onzincitaten in de tentoonstelling 'Rusland – Mijn geschiedenis', werden ze uitgenodigd om verbeteringen aan te leveren. Dat zorgde voor verhitte debatten, want ze konden de fouten wel corrigeren, maar niet het onderliggende antiwesterse en anti-liberale verhaal. Door hun medewerking legitimeren ze op deze manier het verhaal van Poetin.

Daarin schuilt de crux van het cynisme van Poetins handreikingen aan historici. Academici krijgen tot nog toe de vrije hand, omdat ze simpelweg worden overstemd door het historische tapijtbombardement op de publieke ruimte dat het Kremlin uitvoert met alle middelen die het tot zijn beschikking heeft. Russische historici zijn somber. Zij vinden weliswaar dat Poetin en de zijnen moeten stoppen met hun manipulaties, maar zien tegelijkertijd geen kans meer om vanuit de academische wereld het historisch bewustzijn van de Russische bevolking bij te sturen.

Een goed voorbeeld is het heldenverhaal uit de Grote Vaderlandse Oorlog van 'Panfilov's 28'. In november 1941 vochten generaal-majoor Ivan Panfilov en 28 van zijn manschappen zich in loopgraven bij de stad Volokolamsk dood tegen een overmacht van 18 Duitse tanks, maar stopten daardoor de opmars van de nazi's naar het slechts 129 kilometer verderop gelegen Moskou. Een fraai staaltje vaderlandsliefde dat in de communistische tijd tot voorbeeld diende en voor het ministerie van Cultuur in 2015 reden was om een nieuwe oorlogsfilm te financieren.

Het Centrale Staatsarchief in Moskou openbaarde daarop officiële documenten uit 1948, waaruit zonder twijfel bleek dat de autoriteiten op de hoogte waren van het feit dat de daden van Panfilov en zijn mannen verzonnen waren door drie journalisten van legerkrant *Rode Ster*. Het kwam de archiefonderzoekers te staan op een golf van verontwaardigde kritiek uit regeringskringen. Hun werd 'immorele ontmaskering en onttovering van heldendom' verweten. De directeur van het archief werd ontslagen; het overkoepelende federale archiefagentschap *Rosarkhiv* werd onder directe controle van Poetin zelf geplaatst.

De film *Panfilov's 28* werd in 2016 bij zijn première in Volokolamsk – 70 jaar na dato – uitbundig geprezen door de toenmalige minister van Cultuur Vladimir Medinskij, die vond dat de 'heilige legende' uiterst fraai was verfilmd. Het Russische publiek was het kennelijk met hem eens, want de film was een groot bioscoopsucces. En *Panfilov's 28* is bepaald niet de enige nieuwe oorlogsfilm die in de afgelopen jaren is verschenen. Vanaf de annexatie van de Krim in 2014 kwam er ten minste één oorlogsfilm per maand uit in Rusland, waarvan driekwart over de Tweede Wereldoorlog.

Het menu varieert van verhalen over beroemde veldslagen als Panfilov's 28 en de biopic *De slag om Sebastopol* uit 2015 tot mythologische oorlogsfantasy als *Witte Tijger* uit 2012, waarin een paranormaal begaafde en zwaar gehandicapte Russische soldaat jaagt op zijn Moby Dick, een onoverwinnelijk geachte Duitse tank die uiteindelijk toch het onderspit delft. Niet alle films zijn blockbusters, maar de oorlog domineert de bioscoopprogrammering. En natuurlijk staan de populaire oorlogsfilms geheel en al in het teken van de eer en glorie van de Russen en hun liefde voor het vaderland.

Dat president Poetin tóch niet helemaal zeker is van zijn zaak, blijkt uit de jongste editie van de Russische Nationale Veiligheidsstrategie die in de zomer van 2021 is vastgesteld. Geheel conform de grondwet van 2020 wordt 'het versterken van traditionele Russische spirituele en morele waarden en het behouden van het culturele en historische erfgoed van het Russische volk' essentieel geacht voor de veiligheid en het voortbestaan van Rusland. De Russische regering stelt zich daarom ten doel om 'de historische waarheid te beschermen, de herinnering levend te houden, een uniforme kijk op de geschiedenis van Rusland zeker te stellen en geschiedvervalsing te bestrijden'. De geschiedenis is volgens de Russische regering een staatszaak.

De inkt van zijn handtekening onder de veiligheidsstrategie was nog niet droog of Poetin stelde per presidentieel decreet een 'Interdepartementale Commissie voor Historisch Onderwijs' in. In de taakopdracht van de commissie was dat 'onderwijs' zeer breed gedefinieerd, want het werk van de commissie heeft niet alleen betrekking op het curriculum van scholen en universiteiten – er zijn zelfs patriottische lespakketten voor de kleuterschool – of de inhoud van schoolboeken, maar ook op musea, monumenten, cultuur en entertainment. Kortom: alle mogelijke manier waarop de Russen hun geschiedenis tot zich kunnen nemen.

De Interdepartementale Commissie voor Historisch Onderwijs wordt geleid door Vladimir Medinskij, die in 2020 werd gepromoveerd van minister van Cultuur tot adviseur van Poetin. Zijn vingerafdrukken zitten ook op de historische exposés die de Russische president de afgelopen jaren heeft gepubliceerd, zoals dat over de rol van het Molotov-Ribbentroppact in de aanloop naar de Tweede Wereldoorlog.

Medinskij staat bekend als een vurige patriot, die er zijn levenswerk van heeft gemaakt om westerse 'mythes' over de Russische geschiedenis te ontkrachten. Hij heeft een hele reeks geschiedenisboeken op zijn naam staan, die in Rusland als warme broodjes over de toonbank gaan. Medinskij staat ook aan het hoofd van het Genootschap voor Russische Militaire Geschiedenis, dat de drijvende kracht is achter de stortvloed aan historische standbeelden die de afgelopen jaren zijn opgericht; van Vladimir de Heilige tot Michail Kalasjnikov, de uitvinder van het iconische AK-47-geweer. Het Genootschap publiceert ook boeken, organiseert vakantiekampen voor kinderen en financiert musea en films.

Het Genootschap voor Russische Militaire Geschiedenis en het aanverwante Russisch Historisch Genootschap, dat samenwerking tussen academici en de staat beoogt, stammen oorspronkelijk uit het einde van de negentiende eeuw, maar werden na de Oktoberrevolutie in 1917 afgeschaft. Na de protesten tegen Poetins herverkiezing in 2011-2012 riep hij dat jaar uit tot Jaar van de Geschiedenis en werden beide genootschappen opnieuw opgericht om de Russische geschiedenis te populariseren en meer vaderlandsliefde te kweken bij Russische burgers, en dan vooral jongeren.

Het liefste zou Medinskij een Russisch 'patriottisch internet' aanleggen om verfoeilijke ideeën en leugens uit het Westen tegen te gaan. Het is echter Medinskij zelf die het niet zo nauw neemt met de feiten: onderzoek door academici en journalisten wees uit dat zijn drie dissertaties bol staan van plagiaat en de toets der wetenschappelijke kritiek niet kunnen doorstaan. Maar gelukkig voor de toenmalige minister van Cultuur negeerde het ministerie van Onderwijs in 2017 het advies van de hoogste wetenschappelijke raad om hem zijn doctorstitel te ontnemen.

Tijdens het presidentschap van Dimitri Medvedev (2008-2012) stond Medinskij ook al aan het hoofd van een vergelijkbare commissie voor historisch onderwijs, die zich bezig moest houden met het bestrijden van geschiedvervalsing. Maar die bestond voornamelijk uit historici en parlementariërs, kreeg in de praktijk weinig voor elkaar en werd geruisloos opgeheven. De nieuwe commissie staat onder strikt toezicht van Poetin en kent ook leden uit de presidentiële staf, de geheime diensten, de Nationale Veiligheidsraad en het openbaar ministerie.

Poetin en Medinskij zijn twee handen op één buik. De Interdepartementale Commissie voor Historisch Onderwijs gaat de staatscanon nog nadrukkelijker uitdragen. Van basisscholen tot universiteiten zijn lessen staatsideologie inmiddels verplicht. De traditionele Russische spirituele en morele waarden staan centraal in het lespakket dat vier elementen heeft: Russische geschiedenis, cultuur en buitenlands beleid, en 'het toekomstig beeld' van Rusland. Studenten geschiedenis en politieke wetenschappen moeten deze lessen zelfs hun hele studie lang volgen.

Academici mogen hun onderzoek blijven doen, maar ze moeten zich niet te luid mengen in het publieke debat. Dat is de impliciete boodschap die het Kremlin de afgelopen jaren heeft afgegeven. 'Historici zijn gevaarlijk en ze kunnen alles op z'n kop zetten. Je moet ze in de gaten houden,' zei partijleider Nikita Chroesjtsjov (1894-1971) ooit, en Poetin lijkt dat advies te volgen. Het op de academische wereld gerichte Russisch Historisch Genootschap staat niet voor niets onder leiding van Sergey Narisjkin, het hoofd van de Russische buitenlandse inlichtingendienst SVR.

In de publieke ruimte worden afwijkende interpretaties bestreden. Het Russische strafrecht biedt inmiddels een heel arsenaal aan mogelijkheden om dat te doen. Om de liberale oppositie de mond te snoeren is na de demonstraties tegen Poetin in 2011-2012 in sneltreinvaart een reeks wetten aangenomen om de vrijheid van meningsuiting en het recht op demonstratie te beperken, het internet te censureren, de bevoegdheden van de veiligheidsdiensten uit te breiden en de activiteiten van non-gouvernementele organisaties te beknotten.

Ook de cultus van de overwinning in de Grote Vaderlandse Oorlog wordt in dit totaalpakket gebruikt als stok om mee te slaan. Sinds 2014 kent Rusland een wet tegen de rehabilitatie van het nazisme. Die maakt het strafbaar om 'feiten te ontkennen die in 1946 zijn vastgesteld door het Internationaal Militaire Tribunaal' tijdens het proces van Neurenberg tegen kopstukken van het naziregime en 'opzettelijk valse informatie te verspreiden over activiteiten van de Sovjet-Unie tijdens de Tweede Wereldoorlog'. Met andere woorden: wat er in de staatscanon staat over de strijd tegen de nazi's is de enige waarheid.

En omdat de oppositie wordt geportretteerd als een handjevol hooligans die hun land haten en nationale symbolen beledigen is het volgens diezelfde wet uit 2014 tevens verboden om informatie over de Grote Vaderlandse Oorlog te verspreiden die 'respectloos is voor de samenleving' en om 'symbolen van de militaire glorie van Rusland publiekelijk te ontheiligen'. Ook oorlogsveteranen zijn door het Kremlin als verdedigers van het moederland heilig verklaard.

Niet lang na de inwerkingtreding van de wet kreeg de Russische blogger Vladimir Luzgin een boete van 200.000 roebel omdat hij in een post over het Molotov-Ribbentroppact op het Russische socialmediaplatform Vkontakte had geschreven dat nazi-Duitsland en de Sovjet-Unie nauw hadden samengewerkt bij de inval in Polen in 1939. Het leek het begin van een ware klopjacht. Zo kreeg de speelgoedwinkelketen Kinderwereld rechercheurs over de vloer, omdat er modelletjes van Duitse soldaten uit de Tweede Wereldoorlog werden verkocht. Uit voorzorg verdween het beroemde stripboek *Maus* van Art Spiegelman over de Holocaust uit de schappen van

Russische boekhandels, omdat er een swastika op het omslag staat.

Het Kremlin haastte zich te zeggen dat de wet niet bedoeld was om op grote schaal te worden toegepast, maar als het uitkomt schuwen de autoriteiten zeker niet hem te gebruiken. Zo kreeg oppositieleider Navalny in 2021 een boete van 850.000 roebel opgelegd omdat hij een 94-jarige oorlogsveteraan had beledigd nadat de man zich in een promovideo positief had uitgelaten over Poetin. De strafmaat voor de wet is sindsdien verzwaard. Nu zou Navalny tot vijf jaar gevangenisstraf kunnen krijgen voor hetzelfde vergrijp.

Het strafrecht hangt als een zwaard van Damocles boven geschiedbeoefening in Rusland. Ook een andere wet uit het juridische arsenaal wordt door het Kremlin gebruikt om onwelgevallige geluiden over de geschiedenis van Rusland tegen te gaan. Sinds 2012 worden non-gouvernementele organisaties, media en individuen die zich in Rusland bezighouden met 'politieke activiteiten' aangeduid als 'buitenlandse agent' wanneer ze financiële steun uit het buitenland ontvangen. Inmiddels staan zo'n 160 instellingen en verenigingen op de lijst, die in eerste instantie voornamelijk was bedoeld om ze in diskrediet te brengen bij het grotere Russische publiek. Maar buitenlandse agenten en internationale organisaties kunnen sinds 2015 ook 'ongewenst' worden verklaard wanneer zij in de ogen van de autoriteiten een bedreiging voor de veiligheid van Rusland vormen. Een ongewenste organisatie moet de deuren sluiten op straffe van boetes en gevangenisstraffen.

Eind 2021 verbood het Russische Hooggerechtshof op basis van deze 'buitenlandse agenten-wet' mensenrechtenorganisatie Memorial. Die was in 1987 opgericht om de volledige omvang van de Stalinterreur in kaart te brengen en de slachtoffers ervan te ondersteunen. In de jaren negentig konden onderzoekers gebruik maken van de openstelling van Sovjetarchieven om een grote hoeveelheid bronnen boven water te halen. Dankzij Memorial zijn drie miljoen slachtoffers van de Stalinterreur met naam en toenaam bekend en is er een complete lijst van kampen van de Goelag-archipel, inclusief een korte geschiedenis van ieder kamp. Op scholen gaf Memorial les over de Stalintijd.

Memorial was de drijvende kracht achter de rehabilitatie van de slachtoffers in de jaren negentig en het instellen van de Dag van Herinnering van de Slachtoffers van Politieke Repressie, die jaarlijks op 30 oktober in heel Rusland wordt georganiseerd (zij het dat die net als het onsterfelijke regiment inmiddels is geadopteerd door het Kremlin). Het was Memorial dat ervoor zorgde dat de Solovetsky-steen – een rotsblok uit het eerste strafkamp van de Goelag-archipel – sinds 1990 op een voetstuk voor het Loebjankagebouw in het centrum van Moskou prijkt. Daar zetelden de geheime diensten van de Sovjet-Unie. Met enig sarcasme gold het in moppen uit die tijd als het hoogste gebouw van Moskou, omdat gevangenen al vanuit de kelder Siberië konden zien liggen.

Maar in het Rusland van Poetin past het niet langer om de schijnwerper te richten op de Stalinterreur. Rehabilitatie van Stalin en rehabilitatie van zijn slachtoffers zijn onverenigbaar met elkaar. Memorial onderzocht het Stalinisme om te voorkomen dat het terugkeerde, maar stalinistische begrippen als 'volksvijand' en 'buitenlandse agent' zijn helemaal terug van weggeweest. De Russische regering lijkt vastberaden om de klok terug te draaien naar de tijd van repressie en geschiedvervalsing.

Daarom werd de organisatie al langer lastiggevallen met invallen en inbeslagnames. Medewerkers van Memorial werden regelmatig door de politie ondervraagd. Berucht is het geval van historicus en archeoloog Joeri Dmitriev, die in zijn eentje meer massagraven heeft ontdekt dan wie ook in Rusland. Sinds 2016 loopt er een showproces tegen hem vanwege vermeend seksueel misbruik. Dat had in de Stalintijd niet misstaan.

Als gevolg van deze meedogenloze overheidscampagne durfden scholen, archieven, bibliotheken en academische instellingen niet langer samen te werken met Memorial. Maar dat was nog niet genoeg voor het Kremlin. In de Nationale Veiligheidsstrategie stelt de Russische regering zich ten doel om de historische waarheid te beschermen en een uniforme kijk op de geschiedenis zeker te stellen. Daarom moest Memorial de deuren sluiten. Er kan immers maar één historische waarheid bestaan in Rusland. Alleen de Solovetsky-steen staat nog op zijn voetstuk.

HERINNERINGSOORLOGEN

Er mag wellicht maar één historische waarheid bestaan in Rusland, buiten Rusland wordt daar heel anders over gedacht, zeker in de landen die tijdens de Koude Oorlog tot de invloedssfeer van de Sovjet-Unie werden gerekend. In zijn artikel over de lessen van de Tweede Wereldoorlog benadrukt Poetin dat de naar schatting 27 miljoen 'Russische' slachtoffers – andere nationaliteiten binnen de Sovjet-Unie rekent hij voor het gemak mee – hun leven hebben gegeven om Europa te bevrijden uit de verstikkende greep van het nazisme. De trots op de overwinning maakt een kritische reflectie op de eigen daden onmogelijk. De Grote Vaderlandse Oorlog is de ultieme overwinning van beschaving op barbarij. Hij steekt de loftrompet over de Conferentie van Jalta in 1945 als brenger van vrede en stabiliteit in Europa. Samen met de andere conferenties tussen de Geallieerden legde Jalta 'de basis voor een wereld die ondanks scherpe tegenstellingen 75 jaar lang geen wereldwijde oorlog kende'.

In Estland, Letland, Litouwen, Polen, Tsjechië, Slowakije, Hongarije is men van mening dat de val van het IJzeren Gordijn in 1989 pas de bevrijding bracht. Aan het einde van de Tweede Wereldoorlog wisselden zij simpelweg de Duitse bezetter in voor een Russische. De Conferentie van Jalta geldt in Midden- en Oost-Europa als het moment dat het Westen hen overleverde aan Jozef Stalin en diens opvolgers. De communistische regimes die na de Tweede Wereldoorlog aan de macht kwamen dankzij Stalins 'revoluties van boven' worden nu breed gezien als het resultaat van een bezetting door een buitenlandse macht.

In de 'bloedlanden' van Midden- en Oost-Europa voelt men zich dubbel slachtoffer: eerst van het nazisme en daarna van het communisme. Beide totalitaire regimes vormen twee kanten van dezelfde medaille en worden daarom op één lijn geplaatst. En waar Poetin het verlies van de Russische invloedssfeer na de Koude Oorlog betreurt, is men in Midden- en Oost-Europa opgelucht aansluiting bij de Europese Unie en de NAVO te hebben gevonden als garantie tegen herhaling van de gruwelen van de periode 1939-1989.

Deze beleving van de geschiedenis van de twintigste eeuw door landen in Midden- en Oost-Europa – die overigens niet alleen verschilt van die in Rusland, maar ook van die in West-Europa – vormt daar de basis van nationale geschiedverhalen waar men naarstig naar op zoek ging na het herwinnen van de onafhankelijkheid. Tussen de val van het IJzeren Gordijn in 1989 en de toetreding tot de Europese Unie in 2004 openden tal van nationale musea die landen en hun bevolking presenteren als slachtoffers van onderdrukking door de nazi's en de Sovjets, zoals het Museum van de Bezetting van Letland (*Latvijas Okupācijas Muzejs)* in Riga en het Huis van Terreur (*Terror Háza*) in Boedapest.

Tegelijkertijd vond een proces van 'decommunisatie' plaats, een grondige afrekening met het communistische verleden. Door het openen van de archieven van de geheime diensten van de communistische regimes konden het politieke landschap en het staatsapparaat worden gezuiverd van communistische elementen. Ook het straatbeeld werd schoongeveegd. Bustes en standbeelden van Lenin kwamen op de schroothoop terecht, communistische symbolen werden van gebouwen verwijderd en straatnamen werden aangepast.

In de jaren negentig vond in Rusland een vergelijkbaar proces plaats en kon Memorial bijvoorbeeld nog in alle vrijheid op Russische bodem opereren. Er was vanuit Moskou verder weinig aandacht voor de verwerking van het verleden in de voormalige invloedssfeer van de Sovjet-Unie. Maar sinds Poetin in 2000 aan de macht kwam is dat danig veranderd. Dat is niet alleen omdat hij verbitterd is over het feit dat de voormalige satellietstaten van het Warschaupact de overstap hebben gemaakt naar de NAVO en de Europese Unie. Belangrijker voor Poetin is dat de beleving van de Tweede Wereldoorlog en de uitkomst daarvan in Midden- en Oost-Europa afbreuk doet aan het zorgvuldig geconstrueerde beeld dat het Kremlin uitdraagt van de Grote Vaderlandse Oorlog en de daaruit voortvloeiende rol van de Sovjet-Unie in de wereldgeschiedenis.

Volgens Poetin heeft Rusland zijn status als grootmacht verdiend door de acties van de Sovjet-Unie tijdens de Tweede Wereldoorlog. Binnenlandse critici heeft hij inmiddels de mond gesnoerd, en dat zou hij het liefste ook met buitenlandse critici doen. Daarom is het een van de officiële doelstellingen van het Russische buitenlands beleid om 'pogingen om de geschiedenis te herschrijven en deze te gebruiken om confrontatie en revanchisme in de mondiale politiek aan te wakkeren of pogingen om de uitkomsten van de Tweede Wereldoorlog te herzien' krachtig tegen te gaan. De suggestie is dat andere landen het verleden tegen Rusland gebruiken en dat het Kremlin het recht heeft om terug te slaan. Poetin vecht al jaren taaie 'herinneringsoorlogen' uit met landen uit de voormalige Russische invloedssfeer.

Een van de eerste veldslagen werd in april 2007 geleverd in Estland. Toen verplaatste de Estse regering de 'Bronzen Soldaat', oorspronkelijk een monument ter ere van Sovjetsoldaten die waren omgekomen tijdens de bevrijding van Estland in 1944, van een druk kruispunt in het centrum van de hoofdstad Tallinn naar een drie kilometer verderop gelegen militaire begraafplaats. De gebeurtenis vond plaats tegen de achtergrond van toch al moeizame relaties met buurland Rusland over de positie van de etnisch Russische minderheid in Estland. De spanningen tussen de Estse nationalisten en de etnische Russen liepen in de aanloop naar verkiezingen in Estland hoog op. Zo drongen de nationalisten aan op vernietiging van het monument ter ere van 'moordenaars van het Estse volk', terwijl het voor de Russische minderheid van grote symbolische betekenis is. De Estse regering dacht met de verplaatsing van de Bronzen Soldaat een compromis te hebben gevonden, al was het bijzonder onhandig dat die vlak voor de jaarlijkse viering van 9 mei plaatsvond.

Opgehitst door een Russische mediacampagne en – aldus de Estse autoriteiten – Russische provocateurs in Estland kwam het in het centrum van Tallinn eind april 2007 tot twee achtereenvolgende avonden met rellen en plunderingen. In Moskou barricadeerde een woedende menigte de Estse ambassade. Tegelijkertijd werden er grootschalige cyberaanvallen uitgevoerd op Estland, waarbij ook kritieke infrastructuur als banken en telecommunicatienetwerken werd platgelegd. Betrokkenheid van de Russische veiligheidsdiensten is niet bewezen, maar volgens experts zeker niet uit te sluiten.

De boodschap was in ieder geval duidelijk: Moskou wil niet dat er wordt gesold met de helden van de Grote Vaderlandse Oorlog. Toen het stadsbestuur van Praag in 2020 een standbeeld van de Russische maarschalk Ivan Konev van zijn sokkel takelde, startte het Russische openbaar ministerie direct een onderzoek op basis van de wet tegen de rehabilitatie van het nazisme (ook al heeft het geen jurisdictie in Tsjechië).

Konev stond aan het hoofd van de legereenheden die in 1945 Praag binnentrokken en geldt in Rusland als een oorlogsheld. Maar na de Tweede Wereldoorlog gaf hij ook leiding aan het neerslaan van de Hongaarse Opstand in 1956 en de bouw van de Berlijnse Muur in 1961, en in 1968 was hij betrokken bij de planning van de invasie die een einde maakte aan de Praagse Lente. Dat benadrukken is volgens het Russische ministerie van Buitenlandse Zaken een onterechte poging om de geschiedenis te herschrijven.

Een van de ergste voorbeelden daarvan is in Russische ogen dat het Europees Parlement in 2009 – zeventig jaar na het begin van de Tweede Wereldoorlog en twintig jaar na de val van het IJzeren Gordijn – een resolutie aannam 'over het Europese geweten en het totalitarisme'. Daarin werden alle misdrijven tegen de menselijkheid en de grootschalige schendingen door alle totalitaire en autoritaire communistische regimes veroordeeld en werd vanuit de EU opgeroepen het historische onderzoek door organisaties als Memorial te ondersteunen. Als kers op de taart werd 23 augustus – de dag waarop de Sovjet-Unie en nazi-Duitsland in 1939 het Molotov-Ribbentroppact overeenkwamen – uitgeroepen tot de officiële Europese herdenkingsdag voor de slachtoffers van het stalinisme en het nazisme, 'een pan-Europese dag voor het herdenken van de slachtoffers van alle totalitaire en autoritaire regimes'.

De resolutie kwam mede dankzij de inspanningen van nationalistische politici uit oostelijke EU-lidstaten tot stand. Hij was enerzijds bedoeld om de beleving van de geschiedenis van de twintigste eeuw in Midden- en Oost-Europa te integreren in het bredere Europese verhaal en anderzijds om de oostelijke EU-lidstaten te steunen in hun herinneringsoorlogen met Rusland. In het Kremlin was men echter hoogst verbolgen over het feit dat de Europese Unie als geheel nu Stalins Sovjet-Unie op één lijn plaatste met Hitlers nazi-Duitsland.

In 2019 deed het Europees Parlement er op instigatie van parlementariërs uit Polen en de Baltische landen nog een schepje bovenop. In reactie op de Russische annexatie van de Krim in 2014 en de steeds luidere oorlogsretoriek uit het Kremlin nam het parlement een resolutie aan over het belang van Europees gedenken voor de toekomst van Europa. Daarin werd expliciet benadrukt dat de Tweede Wereldoorlog is begonnen 'als onmiddellijk gevolg van het beruchte niet-aanvalsverdrag tussen de nazi's en de Sovjet-Unie van 23 augustus 1939'.

Het was voor Poetin reden om tot een tegenaanval over te gaan. In zijn hoorcollege en in zijn artikel over de lessen van de Tweede Wereldoorlog richtte hij zijn pijlen op Polen. Niet alleen probeerde Poetin de focus te leggen op de Conferentie van München als cruciaal moment in de aanloop naar de Tweede Wereldoorlog, maar hij benadrukte ook dat Polen op de beruchte conferentie in 1938 ook delen van Tsjechoslowakije kreeg toebedeeld. Uit de archiefstukken die de Russische president aanhaalde kwamen vooroorlogse Poolse politici naar voren als opportunisten en antisemieten, die Hitler geen strobreed in de weg legden maar juist aanmoedigden.

Poetin legt daarmee wel de vinger op een zere plek. De geschiedenis van Midden- en Oost-Europa in het interbellum en rondom de Tweede Wereldoorlog is geen zuiver zwart-wit verhaal. Veel landen kenden in de aanloop naar de Tweede Wereldoorlog autoritaire regimes, ook Polen. En in bepaalde gevallen, zoals Hongarije en Slowakije, collaboreerden die met de nazi's. In de Baltische landen en Oekraïne zagen nationalistische groeperingen in samenwerking met de nazi's een kans om hun verloren onafhankelijkheid te (her)winnen. De verwerking van dat verleden verloopt moeizaam, want deze zaken passen moeilijk in de slachtofferrol die vandaag de dag centraal staat in de nationale geschiedenissen in Midden- en Oost-Europa.

Uit Russisch onderzoek in de archieven van de geheime diensten van de Sovjet-Unie duiken de afgelopen jaren opvallend vaak bewijsstukken op van collaboratie met de nazi's in Midden- en Oost-Europa. Speciale aandacht gaat daarbij uit naar de buurlanden Estland, Letland, Litouwen, Polen en Oekraïne. Het Kremlin maakt dankbaar gebruik van stukken uit de archieven van de Sovjet-Unie om twijfel te zaaien, in het publieke debat olie op het vuur te gooien en etnisch Russische minderheden op te jutten. De omvangrijke archieven dienen als wapenarsenaal in de herinneringsoorlogen die het Kremlin voert.

In een resolutie uit 2019 spreekt het Europees Parlement haar bezorgdheid uit over 'de pogingen van de huidige leiders in Rusland om historische feiten te verdraaien en misdaden van het totalitaire regime van de Sovjet-Unie goed te praten'. Daarop aansluitend veroordeelt het parlement 'alle uitingen en verspreiding van totalitaire ideologieën, zoals het nazisme en het stalinisme, in de EU'. Daarmee sluit de resolutie naadloos aan op wetgeving die sinds de val van het IJzeren Gordijn is aangenomen in landen in Midden-Europa.

Als onderdeel van de democratische transitie en de integratie in de Europese Unie dienden zogenoemde 'herinneringswetten' die een juridische basis legden voor decommunisatie in eerste instantie vooral als streep onder het totalitaire verleden. Maar dat proces bood geen ruimte om nationale grieven over het verleden te uiten, die decennialang onder communistisch bewind waren onderdrukt. Na de toetreding tot de Europese Unie begonnen de nieuwe lidstaten in Midden- en Oost-Europa aan te dringen op bredere erkenning van hun eigen verhalen. Vooral regeringen van nationalistische signatuur die na de financiële crisis van 2008 aan de macht kwamen, maakten daar werk van.

Dat viel precies samen met Poetins campagne om de Grote Vaderlandse Oorlog tot spil van de Russische nationale identiteit te maken en de Sovjet-Unie te rehabiliteren. Het resultaat is een ware explosie van herinneringswetten in het afgelopen decennium, waarbij steeds strikter wordt vastgelegd hoe het nationale verleden publiek moet worden herinnerd. Straffen en boetes worden niet geschuwd. De Russische wet tegen de rehabilitatie van het nazisme uit 2014 is een uitstekend voorbeeld van een herinneringswet. Die is niet alleen bedoeld voor binnenlands gebruik maar dient ook buitenlandpolitieke doeleinden, zoals de Russische reactie op het weghalen van het standbeeld van Konev illustreert.

Bovendien is de wet in belangrijke mate geïnspireerd op herinneringswetten die in Midden- en Oost-Europa zijn aangenomen. Dat geldt ook voor de in 2020 in Rusland doorgevoerde grondwetswijziging. Met de nieuwe passages over de Russische geschiedenis is het fundament van de nationale identiteit – de 'duizendjarige geschiedenis' culminerend in de Grote Vaderlandse Oorlog – in de kern van het Russische wetssysteem verankerd. Het Kremlin heeft daarbij ongetwijfeld gekeken naar de wijze waarop de Hongaarse regering de geschiedenis van Hongarije in 2011 in de grondwet heeft vastgelegd.

Inmiddels is in de herinneringsoorlogen een wapenwedloop ontstaan, want de Russische wet lokte op zijn beurt weer nieuwe wetgeving in met name Polen en de Baltische landen uit. De decommunisatie heeft een nieuwe impuls gekregen: naast nazistische symbolen hebben steeds meer landen in Midden- en Oost-Europa ook communistische symbolen in de ban gedaan. Als reden wordt in de resolutie van het Europees Parlement uit 2019 genoemd dat 'de voortdurende aanwezigheid in sommige lidstaten van monumenten en gedenktekens in de publieke ruimte (parken, pleinen, straten enz.) ter verheerlijking van het Sovjetleger – de voormalige bezettingsmacht in die landen – de weg effent om historische feiten over de gevolgen van de Tweede Wereldoorlog te verdraaien en het totalitaire politieke systeem te propageren'. Dat is natuurlijk helemaal tegen het zere been van Poetin.

Als gevolg van de herinneringsoorlogen worden de nationale geschiedverhalen in Rusland en in Midden- en Oost-Europa steeds meer in steen gehouwen. Conflicterende historische interpretaties worden te vuur en te zwaard bestreden; debat en reflectie worden ontmoedigd. Monumenten, symbolen en straatnamen die niet passen worden verwijderd, terwijl nieuwe gedenktekens en musea die het 'juiste' verhaal vertellen als paddenstoelen uit de grond schieten. De Tweede Wereldoorlog wordt niet meer alleen – zoals de Russische uitdrukking luidt – om de avond op tv uitgevochten, maar ook in de herinneringsoorlogen met landen in Midden- en Oost-Europa.

De agressieve reacties over en weer vormen ook onderdeel van een cynisch spel, waarbij regelmatige ruzies over de interpretatie van het verleden een vruchtbare symbiose opleveren tussen het Kremlin en regeringscentra in de buurlanden. Door zich op te werpen als verdedigers van het juiste verhaal spinnen zowel Poetin als de conservatief-nationalistische regeringsleiders in Midden- en Oost-Europa garen bij conflicten over de gedeelde geschiedenis. Als conservatieve en nationalistische geestverwanten profiteren ze sowieso van het aanwakkeren van het nationalistische vuur aan het thuisfront, ongeacht de uitkomst van de herinneringsoorlogen. Alleen in buurland Oekraïne ligt dat heel anders.

'HISTORISCHE EENHEID'

Terwijl de Russische tanks zich samentrokken aan de grens met Oekraïne, verscheen in de zomer van 2021 op de website van het Kremlin een maar liefst 5000 woorden tellend essay van de hand van Vladimir Poetin met de titel 'Over de historische eenheid van Russen en Oekraïners'. Het was een fascinerend artikel, waarin de Russische president met een diepe duik in de duizendjarige Russische geschiedenis betoogt dat Russen en Oekraïners (en Belarussen) allemaal afstammen van het Kievse Rijk en dat de loop van de verdere geschiedenis een hoogst ongelukkige 'kunstmatige deling' heeft veroorzaakt.

Na de inval van de Gouden Horde in de dertiende eeuw raakten de gebieden die nu Oekraïne vormen op drift en kwamen de inwoners ongewild onder heerschappij van buitenlandse machten als het Pools-Litouwse Gemenebest en het Ottomaanse Rijk. Stapsgewijs werd het Oekraïense volk vanaf de zeventiende eeuw 'bevrijd' door de Russen, terwijl vooral de Europese machten er alles aan deden om de Oekraïners uit te spelen tegen de Russen. Oekraïense opstandelingen en onafhankelijkheidsstrijders waren volgens Poetin 'buitenlandse agenten' avant la lettre.

De buitenlandse pogingen om de 'historische en spirituele' banden door te snijden waren tot de Tweede Wereldoorlog vooral bedoeld om zelf Oekraïens grondgebied toe te eigenen en te exploiteren, maar vormden na de Oekraïense onafhankelijkheid in 1991 onderdeel van 'een gevaarlijk geopolitiek spel met als doel het land tot een barrière tussen Europa en Rusland te vormen' of zelfs een 'springplank' voor verdere acties tegen Rusland, aldus Poetin. Dit eeuwenoude 'anti-Rusland'-project is voor het Kremlin volstrekt onacceptabel.

In zijn artikel benadrukte de Russische president ook de sociaal-economische zegeningen van de Oekraïense Socialistische Sovjetrepubliek – waarin de Oekraïners werden opgestuwd in de vaart der volkeren – en de voordelen van de intensieve band tussen het onafhankelijke Oekraïne en Rusland tot de 'staatsgreep' in 2014. Volgens Poetin wordt Oekraïne sindsdien gekenmerkt door stilstand en achteruitgang, waarbij hij voor het gemak de permanente staat van oorlog sinds de Russische annexatie van de Krim buiten beschouwing laat.

Het artikel bevatte tot slot ook nog een rechtvaardiging van de annexatie en de bemoeienis van het Kremlin met Oost-Oekraïne. Volgens Poetin hebben de Oekraïners niet alleen hun ontwikkeling tot moderne staat te danken aan de Sovjettijd, maar heeft Oekraïne toen ook stapsgewijs zijn huidige grenzen gekregen. Hij tekent daarbij aan dat een belangrijk deel van het huidige Oekraïne bestaat uit 'historisch Russisch grondgebied'. Lenin en zijn communistische opvolgers krijgen de zwartepiet toegespeeld voor deze administratieve 'beroving', die ervoor zorgde dat de Oekraïners in 1991 uit de Sovjet-Unie konden vertrekken met meer grondgebied dan waarmee ze in 1922 binnenkwamen.

De huidige 'anti-Russische' Oekraïense regering maakt in eigen land de etnische Russen het leven zuur, terwijl Rusland volgens Poetin nooit 'anti-Oekraïne' is geweest. Hij heeft de deur van de Russische Wereld juist wagenwijd opengezet voor de Oekraïners. 'Ik ben ervan overtuigd dat echte soevereiniteit van Oekraïne alleen mogelijk is in samenwerking met Rusland,' besluit Poetin. 'Samen waren we altijd vele malen sterker en succesvoller en zullen we dat ook zijn. Want we zijn één volk.'

In Poetins artikel over de historische eenheid van Russen en Oekraïners kwamen alle elementen van zijn visie op het verleden samen: het beeld van Rusland als belegerde vesting, de antiwesterse retoriek en de wederopstanding van Rusland na het tragisch uiteenvallen van de Sovjet-Unie. In zijn betoog schildert Poetin de Oekraïense onafhankelijkheid af als een bedrijfsongeval dat te voorkomen was geweest als het opportunistische Westen niet zijn kans schoon had gezien.

Daarmee gaat Poetin voor het gemak voorbij aan het feit dat in 1991 92,3 procent van de 47 miljoen inwoners van Oekraïne in een referendum instemde met onafhankelijkheid – ook die in 'historisch Russisch grondgebied'. Er lopen als gevolg van de geschiedenis van Oekraïne complexe culturele, etnische, taalkundige en religieuze scheidslijnen door het land, maar juist door Poetins acties is Oekraïne paradoxaal genoeg sinds 2014 meer Oekraïens geworden. Hoe harder Poetin roept dat Russen en Oekraïners één volk zijn, hoe meer Oekraïners zich daartegen verzetten.

Dat leidde bij Poetin tot de conclusie dat het ontketenen van een grootschalige oorlog de enige manier was om de 'historische eenheid' te herstellen. De president baarde wereldwijd opzien met zijn twee met geschiedenis doordrenkte toespraken voorafgaand aan het lanceren van zijn 'speciale militaire operatie'. Maar wie de Russische president al langer volgt, hoorde eigenlijk niets nieuws. Tussen Rusland en Oekraïne woedt al bijna twintig jaar een verbeten herinneringsoorlog.

De Oekraïners hebben namelijk heel eigen ideeën over het verloop van de geschiedenis. Na het uitroepen van de onafhankelijkheid in 1991 gingen Oekraïense historici op zoek naar hun eigen nationale geschiedenis. Net als Poetin laten de Oekraïners hun geschiedenisboeken beginnen met het Kievse Rijk, maar na de ondergang daarvan takte de Oekraïense geschiedenis af via het vorstendom Galicië-Wolynië in het huidige westen van Oekraïne. Dat vorstendom werd opgeslokt door het Pools-Litouws Gemenebest, maar wist volgens de Oekraïners altijd de eigen identiteit te bewaren. Dankzij de inspanningen van Oekraïense kozakken omvatte het Gemenebest eind zestiende eeuw vrijwel geheel het huidige Oekraïne.

Maar als gevolg van de tanende macht van het Pools-Litouwse Gemenebest wisten de Russen in de zeventiende en achttiende eeuw Oekraïne stapje voor stapje te 'bezetten', ondanks het verzet van Oekraïense vrijheidsstrijders als kozakkenhoofdman Ivan Mazepa, die in de Grote Noordse Oorlog (1700-1721) samen met de Zweedse koning Karel XII tegen de Russische tsaar Peter de Grote vocht.

In de negentiende eeuw vond er in de Oekraïense gebieden in Rusland en Oostenrijk-Hongarije een nationale renaissance plaats, die vooral door de Russische tsaren werd onderdrukt. Maar in de chaos van de Russische Revolutie en het einde van de Eerste Wereldoorlog grepen Oekraïense nationalisten als Symon Petljoera en Pavlo Skoropadsky in 1917 hun kans om eindelijk de onafhankelijkheid van Oekraïne uit te roepen. Die was echter van korte duur. Tussen 1919 en 1920 was Oekraïne verenigd in één onafhankelijke Oekraïense Volksrepubliek, maar uiteindelijk wisten de Russische Bolsjewieken het grootste deel van Oekraïne te veroveren en om te vormen tot de Oekraïense Socialistische Sovjetrepubliek. Andere delen kwamen in Poolse, Tsjechoslowaakse en Roemeense handen.

Om af te rekenen met het Oekraïense nationalisme greep Stalin in

1932-1933 de collectivisatie van de landbouw aan om de Oekraïense plattelandsbevolking uit te hongeren en te vervangen door Russische boeren. In de 'Holodomor' stierven naar schatting vijf miljoen mensen van de honger. Daarna was Oekraïne tijdens de Tweede Wereldoorlog het toneel van de bloedigste veldslagen tussen de nazi's en het Russische Rode Leger. Onder aanvoering van Stepan Bandera en Andriy Melnyk vochten de Organisatie van Oekraïense Nationalisten (*Orhanizatsiya ukrayins'kykh natsionalistiv,* OUN) en het Oekraïens Opstandelingenleger (*Ukrayins'ka povstans'ka armiya,* UPA) in het westen van Oekraïne tegen de Russen, de Duitsers en de Polen in een tevergeefse poging de Oekraïense onafhankelijkheid terug te winnen.

Na de Tweede Wereldoorlog waren alle Oekraïense gebieden verenigd in de Oekraïense Socialistische Sovjetrepubliek. Het staatsbestel van die republiek vormde in 1991 het fundament voor het onafhankelijke Oekraïne. Dat nam afscheid van de Sovjet-Unie en greep voor zijn nationale symbolen terug op de Oekraïense Volksrepubliek van 1919. De blauw-gele vlag en de nationale drietand stammen uit die tijd. Met buurland Rusland werden afspraken gemaakt over de boedelscheiding: de Russen huurden voortaan de havenstad Sebastopol voor de Zwarte Zeevloot en kregen het hele Oekraïense kernwapenarsenaal uit de Sovjettijd in ruil voor de belofte in het Boedapest Memorandum uit 1994 om de onafhankelijkheid en de grenzen van Oekraïne te respecteren.

Maar na het aantreden van Poetin als president bleek Rusland Oekraïne toch niet los te kunnen laten. In 2004 leidde Russische bemoeienis met de Oekraïense presidentsverkiezingen tot de Oranjerevolutie. Na pogingen tot manipulatie en fraude om de winst in de wacht te slepen voor de voorkeurskandidaat van het Kremlin, Viktor Janoekovytsj, kwam het tot massale demonstraties én een nieuwe, strikt gemonitorde stemronde. Die werd gewonnen door oppositieleider Viktor Joesjtsjenko.

De Oranjerevolutie was een keerpunt in de Oekraïense politiek. Tot dan toe hadden de machthebbers in Kiev altijd nauw samengewerkt met het Kremlin. Maar onder aanvoering van president Joesjtsjenko keerde Oekraïne zich af van het machtige buurland en sloeg het een onomwonden pro-Europese koers in. Joesjtsjenko gebruikte ook de Oekraïense geschiedenis om zich af te zetten tegen Poetin. Juist het Oekraïense streven naar vrijheid en onafhankelijkheid werd benadrukt.

Zo liet Joesjtsjenko het kozakkenfort bij de stad Baturyn herbouwen dat in 1708 in opdracht van Peter de Grote door het Russische leger werd verwoest uit wraak voor het verraad van Mazepa. En terwijl Poetin in Rusland werkte aan de rehabilitatie van Stalin, riep Joesjtsjenko juist een Instituut voor Nationale Herinnering in het leven, dat onderzoek moest doen naar de Stalinterreur. In Oekraïne werd de Holodomor bestempeld tot genocide en de president voerde onvermoeibaar campagne voor internationale erkenning. Daar hebben tot nu toe vijftien landen gevolg aan gegeven, inclusief de Verenigde Staten en de meeste landen uit het voormalige Oostblok.

Ook de Oekraïense herinnering aan de Tweede Wereldoorlog ging op de schop. Tot de Oranjerevolutie volgde die het Russische stramien van een overwinning op het fascisme. Joesjtsjenko deed verwoede pogingen om ook de strijd van Oekraïense nationalisten tegen het Russische Rode Leger tijdens de Tweede Wereldoorlog een centrale rol in de Oekraïense geschiedenis te geven. Door de vele scheidslijnen die het land kent, was dat echter geen sinecure. Binnen én buiten Oekraïne is die Oekraïense onafhankelijkheidsstrijd bepaald niet onomstreden.

Al vóór de Tweede Wereldoorlog was de OUN actief in het toen nog Poolse West-Oekraïne. De stad Lviv was hun thuisbasis. De Oekraiense nationalisten streefden naar een etnisch homogeen, onafhankelijk Oekraïne, waarin geen plaats was voor minderheden als Polen of Joden. Geweld werd niet geschuwd en de Poolse regering trad met harde hand op. Veel Oekraïense nationalisten verdwenen in de gevangenis.

In 1939 kreeg Stalin de OUN cadeau toen West-Oekraïne overging van Poolse in Russische handen conform het geheime protocol bij het Molotov-Ribbentroppact. Ook hij had niets met de Oekraïense nationalisten. In 1938 had de Russische dictator de toenmalige leider van de OUN, Jevhen Konovalets, op de Rotterdamse Coolsingel laten vermoorden en dat deed hij ook met de Oekraïense politieke gevangenen in voorheen Poolse gevangenissen. De OUN viel uiteen in rivaliserende delen en het deel onder leiding van Stepan Bandera ontwikkelde sterke fascistische en antisemitische trekken.

Bandera zocht aansluiting bij de ideologisch verwante nazi's. Tijdens de Duitse invasie van de Sovjet-Unie vochten er twee OUN-bataljons van in totaal 800 man mee aan Duitse zijde en organiseerden op instigatie van de nazi's pogroms in West-Oekraïne. En Oekraïense *Hilfswillige* – veelal krijgsgevangenen uit het Russische Rode Leger – verleenden hand- en spandiensten bij de Holocaust. Tijdens de oorlog kwamen in totaal meer dan anderhalf miljoen Oekraïense Joden om het leven. Het enkele duizenden strijders tellende partizanenleger UPA probeerde ondertussen tijdens de oorlog met geweld Polen te verdrijven uit West-Oekraïne.

De Oekraïense nationalisten kwamen uiteindelijk bedrogen uit. Ook de nazi's zagen niets in hun streven naar onafhankelijkheid. Hitler zag Oekraïne als een agrarische kolonie, waarvan de bevolking tewerkgesteld kon worden om te voorzien in de Duitse behoefte aan levensmiddelen. Voor Oekraïens nationalisme was dus geen plaats: Bandera en veel van zijn manschappen werden opgesloten. Nadat de nazi's in 1944 waren verdreven door het oprukkende Rode Leger vocht het UPA nog tot ver in de jaren vijftig voor een onafhankelijk Oekraïne, uiteindelijk tevergeefs. Bandera werd in 1959 door een KGB-agent in München vermoord.

In West-Oekraïne wordt Bandera ondanks zijn wandaden nog steeds als een held vereerd. Hij geldt daar als een anti-Sovjetstrijder en wordt geëerd met standbeelden. Het antisemitisme en de collaboratie met de nazi's zijn onder het tapijt geveegd. Joesjtsjenko ging zelfs zo ver om Bandera in 2010 postuum de eretitel 'Held van Oekraïne' te verlenen. Dat was toen in Oekraïne nog een zeer controversieel besluit, want tijdens de oorlog vochten ook miljoenen Oekraïners in het Rode Leger. Net als in Rusland heeft de Tweede Wereldoorlog sporen nagelaten in bijna iedere familie. Poetin heeft het altijd over de 27 miljoen Sovjetburgers die tijdens de oorlog zijn omgekomen, maar zeven miljoen van hen waren Oekraïners.

De acties van Viktor Joesjtsjenko waren ook tegen het zere been van Vladimir Poetin, die juist druk doende was om de overwinning op het fascisme in de Grote Vaderlandse Oorlog tot het centrale leerstuk van de Russische geschiedenis te maken. Toen Joesjtsjenko na de presidentsverkiezingen in 2010 het veld moest ruimen, wist Poetins pro-Russische slippendrager Janoekovytsj dan ook niet hoe snel hij het besluit om Bandera tot nationale held uit te roepen weer ongedaan moest maken. Door Joesjtsjenko gestarte trajecten om zijn visie op het verleden vast te leggen met herinneringswetten sneuvelden in het Oekraïense parlement.

Maar sinds 2014 hebben Oekraïense politici de draad van Joesjtsjenko weer opgepakt en hun eigen nationale geschiedenis stevig onder handen genomen. Dat lag gezien de gedeelde geschiedenis en de etnische spanningen in Oekraïne altijd lastig, maar de oorlog werkt als katalysator. Poetins gewelddadige pogingen om Oekraïne te omarmen hebben ertoe geleid dat het land zich steeds verder afkeert van Rusland. Het Oekraïense nationalisme viert hoogtij.

De officiële geschiedenis van Oekraïne is steeds minder 'Russisch' geworden. De Oekraïners houden grote schoonmaak onder hun monumenten. In 1991 stonden er nog 5500 standbeelden van Lenin in Oekraïne, maar daarvan zijn er nog maar een handjevol over. De meeste sneuvelden in 2014 tijdens de spontane *Leninopad* (Leninval) die begon tijdens de protesten tegen president Janoekovytsj.

Deze opruimactie kreeg in 2015 een officieel karakter toen het Oekraïense parlement een viertal herinneringswetten aannam. Het doel van die wetten was de decommunisatie van Oekraïne. Een ervan verbood verwijzingen naar totalitaire regimes in het straatbeeld, maar werd in de praktijk gebruikt om herinneringen aan de Sovjet-Unie op te ruimen. Meer dan vijftigduizend straten, pleinen en zelfs steden werden hernoemd. Standbeelden en symbolen werden verwijderd van pleinen en gebouwen. Alleen voor oorlogsmonumenten gold een uitzondering.

Dat verhinderde niet dat parlementariërs de Grote Vaderlandse Oorlog, de kern van de Russische identiteit, aanpakten. Als erfenis uit de Sovjettijd werd die ook in Oekraïne zo genoemd, maar sinds 2015 is de officiële term Tweede Wereldoorlog. Het 'wereldhistorische belang van de overwinning op het nazisme' wordt nog steeds benadrukt, maar 'van de Sovjet-Unie' is geschrapt. Zowel nazi-Duitsland als de Sovjet-Unie worden verantwoordelijk gehouden voor het uitbreken van de Tweede Wereldoorlog en de wet benoemt ook de misdaden tegen de menselijkheid die door beide totalitaire regimes, het nazisme en het stalinisme, zijn begaan tegen het Oekraïense volk. Oekraïne zoekt nadrukkelijk aansluiting bij het dubbele slachtofferschap dat wordt gevoeld in Midden- en Oost-Europa. Tekenend is in dit verband ook het Oekraïense besluit om het einde van de Tweede Wereldoorlog voortaan op 8 mei te herdenken. In Rusland wordt de Grote Vaderlandse Oorlog op 9 mei herdacht, omdat de Duitse overgave vanwege het tijdsverschil pas op die datum in Moskou bekend werd. Oekraïne neemt afstand van Rusland en om dat nog eens extra te benadrukken viert het voortaan op 9 mei juist de Dag van Europa.

Een andere wet behelst volledige rehabilitatie van de leden van het gewapende verzet tegen de Sovjet-Unie. Zij verdienen volgens de Oekraïense regering hetzelfde respect als Oekraïense soldaten die in het Russische Rode Leger vochten tegen de nazi's. Sinds 2019 ontvangen zij in ieder geval ook overheidssteun. Hoewel de daden van Bandera en de zijnen nog steeds controversieel zijn, is 'publieke ontkenning van de wettigheid van de Oekraïense onafhankelijkheidsstrijd in de twintigste eeuw' voortaan bij wet verboden. Het is voor Kiev veel belangrijker om zich af te zetten tegen Moskou.

Poetin gebruikt de herinneringsoorlog met Oekraïne als hét argument om te bewijzen dat het kleine broertje Oekraïne onder invloed van het Westen is afgedwaald van het rechte pad. In Russische propaganda neemt Bandera sinds de annexatie van de Krim in 2014 een centrale rol in. Het conflict met Oekraïne wordt steevast neergezet als voortzetting van de strijd tegen de nazi's en hun handlangers tijdens de Grote Vaderlandse Oorlog. Zo geldt Lviv steevast als 'Banderstadt'.

Volgens Poetin heeft de huidige Oekraïense regering van 'neonazi's' de draad weer opgepakt waar Bandera die heeft laten liggen. Met de Russische geschiedenis in het achterhoofd klinkt een 'speciale militaire operatie' om Oekraïne te 'denazificeren' veel Russen geloofwaardig in de ogen. Daar heeft het onophoudelijke historische propagandabombardement door het Kremlin in de afgelopen twee decennia wel voor gezorgd.

Van de historische eenheid van Russen en Oekraïners is ondertussen niets meer over. In het centrum van Kiev – op een heuvel uitkijkend op de Djnepr, niet ver van het monument voor Vladimir de Heilige – stond sinds 1982 een stalen regenboog die de vriendschap tussen Oekraïne en Rusland symboliseerde. Maar het beeld onder de boog van twee arbeiders die samen trots een communistische banier omhooghielden is twee maanden na het begin van de Russische invasie van Oekraïne van zijn sokkel getakeld en voorgoed verwijderd uit het straatbeeld. Een van de ontwerpers van het monument keek toe en zei: 'Kunnen we nog vrienden zijn met Rusland? Wat denk je zelf? Het is onze ergste vijand. Dit monument van de Russisch-Oekraïense vriendschap is zinloos geworden.' De 'boog der vriendschap' is daarom omgedoopt tot 'de boog van het vrije Oekraïense volk'.

VOOR ALTIJD OORLOG?

In een zoektocht naar nieuwe vrienden doet het Kremlin aan 'herinneringsdiplomatie'. Het verleden wordt gericht ingezet om de banden met bepaalde landen aan te halen. Het Russische ministerie van Buitenlandse Zaken heeft in nauwe samenwerking met het Genootschap voor Russische Militaire Geschiedenis een uitgebreid exportprogramma opgezet voor het Russische geschiedverhaal.

De kern van dat programma wordt natuurlijk gevormd door de Grote Vaderlandse Oorlog en de cultus die het Kremlin daaromheen heeft opgetuigd. Niemand kan immers de grote bijdrage die het Rode Leger heeft geleverd aan de overwinning op de nazi's ontkennen en dat geldt ook voor de grote verliezen die de Sovjet-Unie heeft geleden. Maar in de herinneringsdiplomatie wordt dat sluw gebruikt om het Russische beeld van een bevrijdingsoorlog en de uit die oorlog resulterende status van grootmacht te propageren.

In tientallen landen delen Russische ambassades met hulp van vrijwilligers uit de Russische diaspora rond de Dag van de Overwinning duizenden oranje-zwarte lintjes van Sint-Joris uit. In 115 landen vinden tegenwoordig optochten van het onsterfelijke regiment plaats. Veelal loopt vooral de Russische diaspora mee, maar in het eveneens orthodox-christelijke Servië bijvoorbeeld is het een populair onderdeel van de herdenking van het einde van de Tweede Wereldoorlog. En in Syrië – waar Poetin met succes intervenieerde om president Bashar al-Assad in het zadel te houden – lopen regeringsgezinden met oranje-zwarte lintjes rond. In het kader van de vriendschap tussen Rusland en China wordt van beide zijden ook de samenwerking tijdens de Tweede Wereldoorlog benadrukt.

Zo krijgen de goede betrekkingen met landen als China, Syrië en Servië ook een 'historisch' fundament van een 'gedeeld' verleden. Tegelijkertijd wordt op die manier de Russische visie op het verleden én de toekomst verder verspreid. Want wie het lint van Sint-Joris draagt, eert daarmee niet alleen de Russische inzet in de Tweede Wereldoorlog, maar onderschrijft ook – al dan niet bedoeld – de Russische daden in het heden. Sowieso kan de Russische staatstelevisie met beelden van oranje-zwarte lintjes of het onsterfelijke regiment in Belgrado aan het thuisfront tonen dat Rusland niet alleen staat in zijn strijd.

In Afrika kiest het Russische ministerie van Buitenlandse Zaken een ander thema om herinneringsdiplomatie mee te bedrijven. Daar wordt de steun vanuit Moskou tijdens de naoorlogse dekolonisatie benadrukt. Russische ambassades organiseren conferenties en betalen mee aan monumenten ter ere van de strijd tegen de koloniale overheersing. De groeiende Russische bemoeienis met Afrika – bijvoorbeeld in Mali – komt daarmee ook in een positief daglicht te staan, terwijl het tegenoverstelde geldt voor alle westerse inspanningen in de afgelopen jaren.

Hoewel het werk van Russische herinneringsdiplomaten grotendeels teniet is gedaan door de oorlog in Oekraïne, kreeg de Russische visie op het verleden de afgelopen jaren ook steeds meer voet aan de grond in het Westen. Het ministerie van Buitenlandse Zaken voedde dat met specifieke voorbeelden, zoals de inzet van Franse piloten aan het Oostfront of de levensgevaarlijke konvooien van Britse zeevaarders naar Arctische havens als Moermansk. Het was een boodschap die vooral bij rechtse politieke partijen en bewegingen in Europa aansloeg. In die kringen klonk dan ook vaak waardering voor de Russische inspanningen in de Tweede Wereldoorlog en begrip voor de rol die Rusland in het heden speelt op het wereldtoneel. Warme, al dan niet financiële banden met het Kremlin speelden ongetwijfeld mee.

Dat toont overigens ook aan dat de Russische herinneringsdiplomatie vooral aanslaat bij degenen die toch al een positief beeld van Rusland hebben of sympathie koesteren voor het Kremlin. Het is nog niet gelukt om breed draagvlak te verkrijgen, ook al biedt de polarisatie in veel westerse samenlevingen wel een voedingsbodem. Alle diplomatieke inspanningen op historisch vlak hebben – behalve wellicht in Afrika – nog geen nieuwe bondgenoten opgeleverd. En dat zal door de oorlog in Oekraïne en de confrontatiekoers met het Westen niet zo snel veranderen.

In Poetins ogen was én is Rusland een permanent belegerde vesting. De Russische geschiedenis is er een van oorlog en strijd. Glorieuze overwinningen vormen de enige manier om verliezen en vernederingen ongedaan te maken. Met de Grote Vaderlandse Oorlog als het ultieme Russische referentiekader heeft Poetin ook de ultieme conclusie getrokken uit zijn eigen geschiedverhaal. De helden in dat verhaal zijn sterke staatslieden die hebben voorkomen dat Rusland ten prooi viel aan interne onenigheid of buitenlandse vijanden. Daarom heeft Poetin net als zijn voorgangers als sterke leider gekozen voor een toekomst van oorlog en strijd. Zijn eigen interpretatie van het verleden maakt die conclusie onvermijdelijk.

De huidige nadruk in Rusland op de Grote Vaderlandse Oorlog doet denken aan de herinneringscultuur in de Sovjet-Unie rond de jaren zeventig. Vóór de recente bouwwoede stamden verreweg de meeste oorlogsmusea en oorlogsmonumenten uit die tijd. Leonid Breznjev (1906-1982) greep terug op de overwinning omdat er onder zijn leiding weinig grote successen te vieren waren. Onder Breznjev stagneerde de Sovjet-Unie en de Stalintijd lag ver genoeg achter hem om de Tweede Wereldoorlog te gebruiken om de nationale trots weer aan te wakkeren.

Maar Vladimir Poetin gaat verder en gebruikt de oorlog als lens om het verleden, het heden en de toekomst door te bekijken. Bovendien heeft hij Breznjevs herinneringscultuur vakkundig gemixt met de tsaristische drieslag van orthodoxie, autocratie en nationalisme. Rusland kent weer een symbiotische relatie tussen kerk en staat en die heeft een krijgszuchtig karakter.

In de persoon van patriarch Kirill vindt president Poetin de Russisch-Orthodoxe Kerk aan zijn zijde in een heilige oorlog tegen het cultureel en moreel verdorven Westen. Toen de kerkvorst in Patriot Park de Hoofdkathedraal van de Strijdkrachten van de Russische Federatie in gebruik nam, roemde hij de harmonie tussen de kracht van de Russische krijgsmacht en de spirituele macht van de kerk. Macht en staat zijn heiligverklaard. Met Gods wil zou de weg naar de toekomst geplaveid zijn met nieuwe overwinningen.

In Poetins ogen is er maar één historische waarheid en die mag door niets of niemand in gevaar worden gebracht. De Russische geschiedenis wordt immers door het Kremlin cruciaal geacht voor het voortbestaan van Rusland en is daarom – samen met de Russische normen en waarden – verankerd in de grondwet en de Nationale Veiligheidsstrategie. Zo houdt hij niet alleen de inwoners van Rusland, maar ook zichzelf gevangen in het verleden. Zelfs als Poetin niet in zijn eigen retoriek zou geloven, dan moet hij daar wél naar handelen om zijn geloofwaardigheid als sterke leider te behouden.

De gruwelen van de oorlog in Oekraïne laten zien waar dat toe leidt. Poetin gebruikt zijn visie op het verleden om die oorlog te rechtvaardigen, maar tegelijkertijd was die oorlog de enige logische conclusie van zijn eigen historische retoriek. Op de slepende herinneringsoorlog met Oekraïne volgde een echte oorlog. Die gaat namelijk niet alleen om de toekomst, maar nadrukkelijk ook om het verleden.

Want zelfs als er een einde aan de oorlog in Oekraïne komt, dan duurt de nieuwe Grote Vaderlandse Oorlog die Poetin uitvecht tegen het Westen nog voort. Hij kan en wil niet anders. In Moskou is de tijd stil blijven staan op 9 mei 1945 om 10.00 uur, en het lijkt erop dat dit op korte termijn niet zal veranderen.

'Onze collectieve herinnering bepaalt onze cultuur, onze geschiedenis en onze tegenwoordige tijd. En onze toekomst zal worden gevormd aan de hand van onze historische ervaringen,' zo sprak president Poetin in 2014. Wat hij er niet bij vertelde, was dat hij zelf die collectieve herinnering en die historische ervaringen heeft vormgegeven. Vroeger werd in de Sovjet-Unie nog weleens gegrapt dat het een land een zekere toekomst, maar een onvoorspelbaar verleden had. Die onvoorspelbaarheid heeft Vladimir Poetin vooralsnog vakkundig uitgebannen. De geschiedenis van Rusland is door hem in beton gegoten. En de toekomst? Rusland heeft geen beeld van de toekomst meer, maar alleen nog een cultus van het verleden.

2
Polen
De Onoverwonnenen

'Niemand had gedacht dat de oorlog en zijn nasleep voor Polen een halve eeuw zouden duren. Eerst valt Duitsland aan, daarna Sovjet-Rusland. We geven niet op, ook al zijn we in de steek gelaten,' zo bast een sonore stem met veel gevoel voor drama. Op een scherm verschijnen de woorden: 'Op 23 augustus 1939 sluiten Hitler en Stalin een geheime overeenkomst. Het doel? De vernietiging van Polen.' Het zijn de eerste woorden van de film *The Unconquered*, een bombastische computeranimatie die aan het slot van de rondgang door het Museum van de Tweede Wereldoorlog in de Poolse havenstad Gdańsk alles nog eens beknopt samenvat.

De bezoeker aan het museum heeft dan net een overweldigende ervaring achter de rug. De gruwelen van de oorlog worden aan de hand van talloze individuele verhalen verbeeld met een combinatie van zorgvuldig nagebouwde locaties, beeld en geluid, indrukwekkende symboliek en talloze objecten. Van propagandaposters tot een wagon die werd gebruikt voor vervoer naar de vernietigingskampen. En net als de inwoners van Polen in 1939 begint de bezoeker zijn tocht door de oorlog in een kleurrijke winkelstraat en eindigt die in een desolaat landschap tussen kapotgeschoten huizen.

Door de enorme omvang van de grotendeels ondergrondse tentoonstelling daalt het besef in van wat 'totale oorlog' voor mensen betekent. De eindfilm moet ervoor zorgen dat wie eenmaal weer buiten in het felle daglicht met zijn ogen knippert, doordrenkt is met het Poolse perspectief op de Tweede Wereldoorlog.

De geschiedenis van Polen in de Tweede Wereldoorlog is er een van gruwelijkheden. Op 1 september 1939 viel de Duitse Wehrmacht het land binnen, zestien dagen later gevolgd door het Rode Leger. In een paar weken tijd was het land geheel onder de voet gelopen en konden Hitler en Stalin het Poolse grondgebied opdelen, precies zoals ze hadden afgesproken in een geheime clausule bij het Molotov-Ribbentroppact, het niet-aanvalsverdrag dat ze in 1939 sloten.

Warschau werd tijdens de Duitse invasie van Polen zwaar gebombardeerd door de Duitse *Luftwaffe*. Sovjettroepen voerden na hun inval tienduizenden leden van de Poolse intelligentsia – burgers, geestelijken, officieren – af naar kampen in Siberië om het verzet tegen het communisme in de kiem te smoren. In de bossen bij Katyn, 20 kilometer ten westen van Smolensk, werden naar schatting 22.000 Polen geëxecuteerd.

Speciale Duitse Einsatzgruppen vermoordden in de eerste oorlogsmaanden ook tienduizenden Polen, onder wie veel Joden. Het gebied rond Warschau, Krakau en Lwów (het huidige Lviv in Oekraïne) werd omgevormd tot Generaal-Gouvernement, waar de Duitse bezetter zich van zijn meest barbaarse kant liet zien. Hier bouwden de nazi's in de loop van de oorlog hun vernietigingskampen. Tijdens de Tweede Wereldoorlog zijn vijf miljoen Polen omgekomen, onder wie drie miljoen Poolse Joden.

De bevolking onderging dit alles niet lijdzaam. Polen waagden op grote schaal hun leven voor hun Joodse medeburgers. Hele gezinnen werden geëxecuteerd omdat ze Joodse onderduikers hadden. Het Israëlische Holocaustherdenkingscentrum Yad Vashem heeft 6700 Polen erkend als 'Rechtvaardigen onder de Volkeren' voor het redden van Joden: geen enkel ander land telt zo veel van deze onderscheidingen. Met gevaar voor eigen leven opgestelde Poolse rapporten over de Holocaust werden overigens door de geallieerden willens en wetens genegeerd.

En ook op het slagveld weerden de Polen zich kranig. Gevluchte Poolse militairen vochten mee aan geallieerde zijde voor de bevrijding van Europa. Poolse piloten bemanden Britse Hurricane-jachtvliegtuigen in de Slag om Engeland. Poolse militairen wisten in 1944 in Italië een doorbraak te forceren in de slopende Slag om Monte Cassino. De Poolse 1e Pantserdivisie en 1e Onafhankelijke Parachutistenbrigade vochten om Nederland te bevrijden. En Poolse wiskundigen wisten de Duitse Enigma-codeermachine te kraken, wat de geallieerden een belangrijk voordeel opleverde in de strijd tegen de nazi's.

De Polen kwamen bovendien in eigen land met de moed der wanhoop in opstand tegen de Duitse bezetter. In april 1943 vochten de inwoners van het Joodse getto van Warschau zich dood en op 1 augustus 1944 probeerde het ondergrondse Poolse Binnenlandse Leger, *Armia Krajowa*, Warschau te bevrijden. Ook deze opstand werd genadeloos neergeslagen, waarna de nazi's de stad van de kaart wilden vegen. Aan het einde van de Tweede Wereldoorlog was 85 procent van Warschau verwoest.

Ondanks alle Poolse inspanningen kwamen Roosevelt en Churchill op de Conferentie van Jalta in februari 1945 met Stalin overeen dat Polen voortaan tot de invloedssfeer van de Sovjet-Unie zou behoren. Moskou beloofde de vorming van een nieuw, democratisch Polen te begeleiden, maar vestigde een communistische dictatuur. Als gevolg van dit 'geallieerde verraad' kwam de Volksrepubliek Polen tijdens de Koude Oorlog in het repressieve Oostblok terecht.

De dappere Polen raakten van de regen in de drup, maar verzetten zich ook tegen de communistische overheersing, en uiteindelijk met succes: in de jaren tachtig leidden massale protesten de val van het communisme in. In 1989 verdween het IJzeren Gordijn en herwonnen de Polen hun vrijheid. Een nieuwe grondwet maakte van Polen eindelijk een vrije democratie.

Of zoals de voice-over van *The Unconquered* besluit: 'De oorlog is voorbij. Wij winnen. Omdat we niet om vrijheid bedelen, maar ervoor vechten.' Het verhaal van Polen in de Tweede Wereldoorlog is een verhaal waarin de Polen zowel slachtoffers als helden zijn. Een heldenverhaal met de Polen als de martelaars van Europa, die zich met ware doodsverachting verzetten tegen de Duitse en Russische bezetters.

Tot zover het selectieve verhaal dat de huidige Poolse regering uitdraagt over de Tweede Wereldoorlog. Maar de voice-over heeft het mis. In Polen is de oorlog helemaal nog niet voorbij. De Poolse regering doet er alles aan om de herinnering aan de oorlog levend te houden en heeft daarbij een vastomlijnd beeld voor ogen: een verzameling heroïsche strijdverhalen waarin de Poolse moed en de uiteindelijke overwinning centraal staan. Ze vindt het bovendien de hoogste tijd dat de Polen eindelijk erkenning krijgen voor hun lijden en hun dappere verzet tegen de onderdrukkers. De meerderheid van de Polen is het hiermee eens en er bestaat dan ook een levendige belangstelling voor de Tweede Wereldoorlog. Die is in Polen alomtegenwoordig.

Dankzij ruimhartige overheidssubsidies zijn musea die het Poolse heldendom én slachtofferschap benadrukken de afgelopen twintig jaar als paddenstoelen uit de grond geschoten. Het Instituut voor Nationale Herinnering (*Instytut Pamięci Narodowej*, IPN) waakt erover dat ze het juiste verhaal vertellen.

Dat neemt niet weg dat er ook een heel ander verhaal te vertellen is over de Tweede Wereldoorlog in Polen. Het museum in Gdańsk was oorspronkelijk bedoeld om dat te doen. Het idee ontstond na de toetreding van Polen tot de Europese Unie in 2004. Historicus en initiatiefnemer Pawel Machcewicz wilde de ervaringen van Polen en daarmee van Midden- en Oost-Europa in de Tweede Wereldoorlog – anders dan die in West-Europa én daar veelal onbekend – 'een plaats geven in het historische geheugen van Europa en de rest van de wereld'. Machcewicz koos daarom als museumdirecteur bewust voor een breder perspectief en stelde het tragische lot van de Europese burgers centraal. En hij vond het bovendien hoog tijd om niet langer alleen het traditionele Poolse heldenverhaal te vertellen, maar ook de duistere kanten uit te lichten.

De plannen van Machcewicz werden met open armen ontvangen door de toenmalige conservatief-liberale en pro-Europese Poolse regering. In 2009 was alles rond en kregen de bouwplannen groen licht.

In acht jaar tijd verrees in de haven van Gdańsk het grootste oorlogsmuseum van Europa. Het indrukwekkende gebouw boort zich als een reusachtige rode granaatscherf de grond in op de plek waar de Tweede Wereldoorlog in Europa in de vroege ochtend 1 september 1939 begon met een beschieting door het Duitse slagschip *Schleswig-Holstein*.

In 2017 opende het museum zijn deuren. Machcewicz en zijn medewerkers schetsten in een internationaal geroemde tentoonstelling een beeld van de oorlog als verschrikkelijke tragedie waarin Polen én andere volkeren veel hebben geleden. Het lot van de Polen stond weliswaar centraal, maar in speciale zaaltjes was er minstens zoveel aandacht voor dat van andere Europeanen.

Bij een evenwichtig verhaal hoorden volgens Machcewicz ook zwarte bladzijden als het beruchte geval Jedwabne. In dit dorpje vermoordden katholieke Polen op 10 juli 1941 de gehele Joodse gemeenschap van minstens 340 zielen. Ze dreven hun Joodse buren met hooivorken een schuur in, sloten de deuren en staken de schuur in brand.

Jedwabne staat symbool voor het ongemakkelijke feit dat net als in zoveel andere Europese landen ook in Polen niet iedereen aan de goede kant stond. Het Museum van de Tweede Wereldoorlog werd ook geprezen omdat het een dappere poging deed om in alle openheid in het reine te komen met de tragische realiteit van de oorlog.

Maar ondertussen was er in Polen een andere politieke wind gaan waaien. In 2015 boekte de conservatief-nationalistische partij Recht en Rechtvaardigheid (*Prawo i Sprawiedliwość*, PiS) een dubbele politieke overwinning door zowel de parlementsverkiezingen als de presidentsverkiezingen te winnen. En PiS-politici, met de machtige partijleider Jaroslaw Kaczynski voorop, hadden van meet af aan felle kritiek geuit op het museum, dat in hun ogen 'anti-nationalistisch' en 'kosmopolitisch' was omdat het afbreuk deed aan het unieke Poolse verhaal van de Tweede Wereldoorlog, en daarmee ook aan de Poolse nationale identiteit. Machcewicz werd beschuldigd van landverraad.

Hij werd na 2015 dan ook op alle mogelijke manieren tegengewerkt. Toch slaagde hij erin het museum te openen zoals het oorspronkelijk was bedoeld. De vreugde was echter van korte duur: Machcewicz werd na twee weken op slinkse wijze aan de kant gezet en er kwam een nieuwe directeur, die de tentoonstelling in lijn met het regeringsplaatje bracht.

Er zijn sindsdien verschillende subtiele en minder subtiele wijzigingen in de expositie aangebracht. Zo werd een grafische weergave van het aantal slachtoffers van de Tweede Wereldoorlog aangepast, omdat het Poolse aantal van vijf miljoen karig afstak tegen de 27 miljoen slachtoffers die de Sovjet-Unie te betreuren had. En in de zalen over de Holocaust werden de reddingsacties van Polen nadrukkelijker in beeld gebracht. Ook kwam er uitgebreid aandacht voor de 'vervloekte soldaten', een kleine groep Poolse verzetsstrijders die tot in de jaren vijftig tegen de grote overmacht van het communistische regime streden.

Maar de meest in het oog springende verandering was een nieuwe film om de expositie af te sluiten. Oorspronkelijk werden beelden vertoond die de lijn van de tentoonstelling doortrokken naar schrijnende situaties tijdens oorlogen, conflicten en geweld in het heden. Beelden om de bezoeker tot nadenken aan te zetten, maar die volgens de nieuwe directeur te pacifistisch waren. Volgens hem moest het museum een Poolse bezoeker klaarstomen om de wapens op te pakken en het land te verdedigen.

Dat is de ondertoon van de door het IPN geproduceerde film *The Unconquered* over de Poolse lotgevallen tijdens de Tweede Wereldoorlog (en daarna). In de hoofdrol: het onverzettelijke Poolse volk dat zich als onschuldig slachtoffer van duistere buitenlandse machten moedig heeft geweerd. Het is de rol die de inwoners van Polen volgens PiS-partijleider Jaroslaw Kaczynski, de man die de macht feitelijk in handen heeft en het land sinds 2015 zonder belangrijke regeringspositie 'vanaf de achterbank' bestuurt, al eeuwenlang spelen. Ook nu nog.

MARTELAREN VAN EUROPA

Jaroslaw Kaczynski staat bekend als een liefhebber van de Poolse geschiedenis en zijn omvangrijke huisbibliotheek staat vol met geschiedenisboeken. Wie hem zou vragen om de geschiedenis van Polen in één zin samen te vatten, krijgt waarschijnlijk ongeveer het volgende antwoord: 'Vanaf de vroegste oorsprong katholiek is Polen altijd een christelijk bolwerk geweest dat Europa heeft verdedigd tegen de ongelovigen. In de breedste zin des woords.'

Het is een mythisch beeld van de Poolse geschiedenis, waar van alles op af te dingen valt. Maar het komt wel overeen met het beeld dat veel Polen van zichzelf hebben. Daarom had de Poolse paus Johannes Paulus II gelijk toen hij in 1979 tijdens zijn eerste bezoek aan de communistische Volksrepubliek Polen verklaarde dat het 'zonder Christus onmogelijk is om de geschiedenis van Polen te begrijpen'. Wie de Poolse geschiedenis bestudeert, kan niet om het katholieke geloof heen.

Volgens Poolse schoolboeken werd het fundament voor Polen in 966 gelegd. In dat jaar bekeerde vorst Mieszko I van de Slavische stam van de Polanen (letterlijk: de mensen van de vlakte) zich samen met zijn volgelingen tot het christendom. En zijn zoon Boleslaw I riep zichzelf vervolgens in 1024 uit tot de eerste koning van Polen. Hij heerste over een gebied dat ruwweg samenviel met het huidige Polen.

Zeshonderd jaar later reikte het Pools-Litouwse Gemenebest van de Oostzee tot de Zwarte Zee en van Krakau tot Smolensk en Kiev. Rond 1600 woonden bijna elf miljoen Polen, Litouwers, Wit-Russen en Oekraïners vreedzaam samen binnen de grenzen van een multi-etnisch rijk dat twee keer zo groot was als het huidige Frankrijk. Het Pools-Litouwse Gemenebest was tot stand gekomen door huwelijken, bondgenootschappen en – vooral – oorlogen. Eerst kwam er vanaf 1386 een personele unie doordat het huis der Jagiellonen in beide landen op de troon kwam. De koning van Polen en de grootvorst van Litouwen waren daarmee één en dezelfde persoon. Daarna smolten het koninkrijk Polen en het grootvorstendom Litouwen in 1569 met de Unie van Lublin formeel samen tot één staat.

De Polen en de Litouwers hadden al vanaf de dertiende eeuw handig gebruik gemaakt van de verwoesting van het Kievse Rijk door de Mongoolse Gouden Horde. De Polen lijfden toen het huidige Oekraïne in en de Litouwers het huidige Belarus. De Russische vorsten moesten dit afkalven van hun gebied tandenknarsend accepteren, want ze hadden hun handen vol aan de Mongolen. Onder de Jagiellonen leverden de Polen en de Litouwers gezamenlijk strijd tegen de Duitse Orde. Deze geestelijke ridderorde was ontstaan tijdens de Derde Kruistocht (1189-1192) en had zich daarna op uitnodiging van de toenmalige Poolse koning toegelegd op de kerstening van heidense stammen in het Oostzeegebied. De Orde was echter een staat in de staat geworden, met machtige burchten als slot Mariënburg bij Malbork. Maar de Jagielloonse dynastie wist in de veertiende en vijftiende eeuw de kruisridders stap voor stap te verdrijven uit Polen, Litouwen en Lijfland (ruwweg het huidige Estland en Letland) en hun gebied te annexeren.

Het Pools-Litouwse Gemenebest was nu een Europese grootmacht die het zijn buren knap lastig kon maken. Vanaf het einde van de vijftiende eeuw vlogen de Polen en de Russen elkaar vrijwel constant in de haren. Nadat de Russen het Mongoolse juk hadden afgeworpen, dwongen ze het Gemenebest geleidelijk aan gebied prijs te geven. Maar andersom boekten de Poolse legers ook successen. Ze profiteerden bijvoorbeeld handig van het machtsvacuüm dat in Rusland ontstond na de dood van tsaar Ivan de Verschrikkelijke, de periode die in Rusland bekendstaat als de Tijd der Troebelen. In 1610 wisten de Polen zelfs voor twee jaar Moskou te veroveren: een daad die de Russen hun buren nooit hebben vergeven.

De Polen zagen zichzelf als de verdedigers van het beschaafde westen tegen het barbaarse oosten. Zij waren de dappere bewakers van de grenzen van de christelijke wereld tegen het vanuit het zuiden oprukkende islamitische Ottomaanse Rijk en nomadische stammen uit het oosten.

De Gouden Horde had niet alleen de Russen het leven zuur gemaakt, maar was ook tot ver in Polen doorgedrongen. De Mongolen hakten in 1241 in de Slag bij Legnica een Pools-Duits leger in de pan, maar trokken zich daarna plotsklaps terug naar hun geboortegrond omdat er een nieuwe leider moest worden gekozen. Die aftocht werd in middeleeuws Europa gevierd als een goddelijk wonder, waaraan de vrome Polen naar eigen zeggen een belangrijke bijdrage hadden geleverd. Dat de Duitse Orde ook deelnam aan de strijd, werd in Poolse kronieken achterwege gelaten.

Naarmate de conflicten met de orthodox-christelijke Russen toenamen, werden zij door de Polen in het rijtje barbaarse volkeren uit het oosten geschaard. En toen het Pools-Litouwse Gemenebest het in de zeventiende eeuw ook aan de stok kreeg met de protestantse koninkrijken Brandenburg-Pruisen en Zweden, presenteerde het zich in de rest van Europa als katholieke frontstaat. Het was een rol waarom het door katholieke vorsten en de paus in Rome werd geprezen.

Maar het echte gloriemoment voor het Pools-Litouwse Gemenebest als *Antemurale Christianitatis* – bolwerk van het christendom – kwam in 1683 toen de Poolse koning Jan III Sobieski (1629-1696) op verzoek van de paus (en tegen betaling) met zijn roemruchte Poolse huzaren het Ottomaanse leger verdreef voor de poorten van het belegerde Wenen. Het was de ommekeer in de eeuwenlange strijd tegen het Ottomaanse Rijk. Vanaf het Beleg van Wenen werden de sultans definitief in het defensief gedrongen.

Maar ook het Pools-Litouwse Gemenebest was toen al over zijn hoogtepunt heen. In de strijd met de Russen en de Zweden om de macht in het Oostzeegebied – een reeks conflicten die later de Noordse Oorlogen is gaan heten – delfde het Gemenebest vanaf het midden van de zeventiende eeuw steeds vaker het onderspit.

In 1654 veroverden de Russen het grondgebied van het grootvorstendom Litouwen. En een jaar later werd bijna het gehele koninkrijk Polen onder de voet gelopen door Zweedse troepen. Poolse geschiedenisboeken spreken van 'de zondvloed'. In die donkere dagen werd de hechte band tussen de rooms-katholieke kerk en de Polen definitief beklonken.

Naast de steden Gdansk en Lwów bood ook het klooster van Jasna Góra bij de stad Czestochowa nog dapper weerstand. Het klooster was gebouwd als een formidabel fort, maar volgens de Polen wist het vooral stand te houden doordat het werd beschermd door de heilige icoon van de Zwarte Madonna, de *Matka Boska Czestochowska* of Goddelijke Moeder van Czestochowska. Terwijl de monniken in de kloosterkerk hun gebeden richtten tot de Heilige Maagd Maria, stuiterden de Zweedse kanonskogels zonder enige schade aan te richten van het dak. Althans, zo luidt de legende. Maar het klooster bleek daadwerkelijk een onneembare vesting. Na een maandenlange belegering dropen de Zweden beteuterd af.

Deze opsteker was voor de verdreven Poolse koning Jan II Casimir (1609-1672) reden om terug te keren uit ballingschap en in Lwów de Heilige Maagd Maria in een plechtige huwelijksceremonie tot 'Koningin van Polen' te kronen. Met de zegen van boven – plus een wapenstilstand met de Russen en een alliantie met de Oostenrijkers en de Denen – wisten de Polen de Zweden te verdrijven. Het huwelijk stond symbool voor het groeiende belang van het rooms-katholieke geloof voor de Poolse nationale identiteit. Een echte Pool was en is katholiek.

Ook na 1655 zou de rooms-katholieke kerk in barre tijden de voornaamste bewaarplaats van de Poolse taal en cultuur blijven. Daar was in de daaropvolgende eeuwen alle reden toe. In 1721 bleek dat de Russen in de Noordse Oorlogen over de langste adem beschikten. Tsaar Peter de Grote boekte een verpletterende overwinning op Zweden én het Pools-Litouwse Gemenebest, dat daarna in feite een vazalstaat werd van het Russische Rijk. De leidende rol van het eens zo machtige Pools-Litouwse Gemenebest was uitgespeeld.

Maar de echte genadeslag kwam aan het eind van de achttiende eeuw. De invloedssferen van het Russische Rijk, het Habsburgse Rijk en Pruisen dreigden elkaar te gaan overlappen na recente veroveringen. Aan de vergadertafel besloten ze hun grenzen netjes vast te leggen ten koste van het machteloze Pools-Litouwse Gemenebest. In drie zogeheten Poolse Delingen werd het in 1772, 1793 en 1795 stapsgewijs van de kaart van Europa geveegd. De grootmacht Polen bestond niet meer.

Uit de tijd van de Poolse Delingen stamt het huidige Poolse volkslied, de Dąbrowskimars. De eerste strofe luidt:

> Nog is Polen niet verloren
> Zolang wij leven.
> Wat de vreemde overmacht ons ontnomen heeft
> Zullen wij met de sabel terugnemen!

En daar maakten de Polen in de negentiende eeuw serieus werk van, maar het mocht niet baten: de opstanden in 1806, 1830, 1846 en 1863 werden allemaal met harde hand neergeslagen. Vooral in het aan Rusland toebedeelde grondgebied hadden de Polen het zwaar te verduren. Vanuit Moskou werd de ketting strakgetrokken. Iedere herinnering aan de glorierijke Poolse geschiedenis werd uitgewist: het hele staatsapparaat werd Russisch, Poolse cultuuruitingen werden verboden en in het onderwijs werd de Russische taal verplicht. Wie zich daar niet aan conformeerde, kon rekenen op verbanning naar Siberië.

In dat gure klimaat werd de rooms-katholieke kerk voor de Polen een baken in de duisternis. De eredienst en religieuze gebruiken – in het Pools – werden het cement van de Poolse gemeenschap. De kerk werd een ‘nationaal’ Pools instituut. Vooral de Zwarte Madonna bood de Polen troost. Het klooster van Jana Gora werd tijdens de Poolse Delingen het belangrijkste bedevaartsoord van Polen en is dat nu nog steeds. Jaarlijks trekken vrome Polen in drommen naar de Zwarte Madonna van Czestochowa. Nationalistische Polen beriepen zich gedurende de negentiende eeuw ook meer en meer op de voormalige status als *Antemurale Christianitatis*, maar deden er ook nog een schepje bovenop.

De romanticus Adam Mickiewicz wordt in Polen nog steeds beschouwd als de grootste Poolse dichter aller tijden. Zijn meesterwerk *Pan Tadeusz*, het nationale epos dat hij in 1834 schreef, is verplichte kost op Poolse scholen. In de negentiende eeuw was Mickiewicz' werk een inspiratiebron voor de Poolse opstanden. In zijn mystieke toneelstuk *Dziady* (Voorvadersavond, een Slavische feestdag vergelijkbaar met het uit de Verenigde Staten overgewaaide Halloween) schildert Mickiewicz Polen af als 'de Christus der naties': het lijden van de Polen zal uiteindelijk leiden tot de verlossing van alle onderdrukte volkeren, zoals Jezus Christus stierf aan het kruis voor de zonden van de mensheid. Het toneelstuk was bedoeld om de Polen na de mislukte opstand van 1831 een hart onder de riem te steken. Ook Polen was tijdens de Poolse Delingen gekruisigd door zijn buren, maar zou weer opstaan uit de dood.

Polska Chrystusem narodów, Polen als de Christus der naties, werd een gevleugelde uitdrukking. Het was een krachtig beeld. De Polen die zich door hun verzet tegen de drie grote rijken van Midden-Europa opwierpen als strijders voor de vrijheid van alle volkeren. Voor vrome katholieke Polen grensde het tegelijkertijd aan blasfemie. Toch beklijfde het. Het beeld van de Poolse delingen als lijdensweg met de Poolse natie in de rol van Christus werd onderdeel van het culturele én religieuze leven. Maar vandaag de dag vergeten veel Polen graag dat Mickiewicz meer een mysticus dan een katholiek was én dat de paus in Rome in 1831 de opstand waar Mickiewicz zijn metafoor aan ontleende met klem veroordeelde.

Na 123 jaar was de wederopstanding van Polen eindelijk een feit. Het land keerde in 1918 trots terug op de kaart van Europa als onafhankelijke staat. Tijdens de Eerste Wereldoorlog waren de drie grote rijken die het Pools-Litouwse Gemenebest in de achttiende eeuw hadden opgedeeld roemloos ten onder gegaan. Achtereenvolgens stortten het Russische Rijk, de Oostenrijks-Hongaarse dubbelmonarchie en het Duitse Keizerrijk in. De Poolse Vader des Vaderlands Józef Pilsudski (1867-1935) greep de kans om op 11 november 1918 de Tweede Poolse Republiek uit te roepen, de spirituele navolger van het Gemenebest. Daarmee werd de gedachte van Polen als Christus der naties nog sterker gevestigd. De mythe werd een verklaring voor de tragische loop van de Poolse geschiedenis.

Pilsudski zag de Polen als het uitverkoren volk dat een beschavingsmissie in het oosten – lees: Oekraïne en Belarus – diende te vervullen. Onder bezielende Poolse leiding zouden de volkeren die eens een thuis vonden in het Pools-Litouwse Gemenebest opnieuw een bolwerk van het christendom vormen, ditmaal tegen de goddeloze bolsjewieken in Rusland. Als gevolg van dit streven ruzieden de Polen met bijna alle buren over de grenzen van het herboren Polen: met Russen, Oekraïners en Wit-Russen in het oosten, met Litouwers in het noorden, met Duitsers in het westen en met Tsjechen en Slowaken in het zuiden.

De strijd met de Russen zou uiteindelijk het meest bedreigend blijken. Na aanvankelijke Poolse successen ging het Russische Rode Leger in juli 1920 massaal in de tegenaanval. Lenin hoopte met een overwinning op de Polen de weg vrij te maken voor een wereldrevolutie. De dagorder van de Russische generaal Toechatsjevski luidde: 'Over het lijk van Polen gloort de weg naar een wereldbrand. Op onze bajonetten zullen we geluk en vrede brengen aan de zwoegende mensheid. Op naar Vilnius, Minsk, Warschau! Mars!'

Zes weken lang rukten de Russische legers schijnbaar onverstoorbaar op, maar op 15 augustus wist Pilsudski ze met een riskante flankmanoeuvre te verdrijven voor de poorten van de Poolse hoofdstad Warschau. De Polen kropen door het oog van de naald. Pilsudski had goed gegokt, maar de slag stond al gauw bekend als het 'Wonder aan de Wisla'. Vrome Poolse soldaten beweerden bovendien dat Maria was verschenen aan de frontlinie.

Hulp uit het Westen hadden de Polen in ieder geval niet gehad. Enerzijds zagen de westerse grootmachten het onafhankelijke Polen als bolwerk tegen het communisme, maar anderzijds vonden ze ook dat de Polen hun problemen over zichzelf hadden afgeroepen. De Britse premier Lloyd George zei: 'De Polen hebben ruzie gezocht met al hun buren en zij zijn een gevaar voor de vrede in Europa.'

Pilsudski dreef Toechatsjevski ver terug Belarus in. Toen er op 18 maart 1921 met de Vrede van Riga een einde kwam aan de Pools-Russische Oorlog, lag de grens veel verder naar het oosten: steden als Brest in Belarus en Lviv werden Pools. Lenins poging om de revolutie verder Europa in te brengen was faliekant mislukt, maar zijn opvolger Stalin zou de volgende wereldoorlog gebruiken om dat alsnog te doen en Polen en passant op de kaart naar het westen te schuiven. Op de Conferentie van Jalta legden de andere Geallieerden Stalin geen strobreed in de weg. De communistische Volksrepubliek Polen werd een vazalstaat van de Sovjet-Unie.

De Tweede Wereldoorlog vormde voor Polen als Christus der naties een nieuwe lijdensweg. De Polen offerden zich in hun optiek opnieuw op om het christelijke Europa te verdedigen tegen het atheïstische fascisme en communisme. En ze bleven zich na 1945 tegen de communistische overheersing verzetten – in 1956 in Poznan, in 1970 in de Poolse kuststeden en in 1980 in Gdańsk –, ook al werden protesten met harde hand de kop ingedrukt door de autoriteiten.

De Rooms-Katholieke Kerk werd opnieuw een veilige vluchthaven voor de fel katholieke Polen en de uitverkiezing van kardinaal Karol Wojtyla, de aartsbisschop van Krakau, tot paus in 1978 was een belangrijke opsteker. Onder aanvoering van vakbondsleider Lech Walesa dreven de stakingen van de onafhankelijke Poolse vakbond *Solidarnosc* het regime in de jaren tachtig zo ver in de hoek, dat het zich genoodzaakt zag om van 1981 tot 1983 de staat van beleg in te stellen.

De weg door de duisternis voerde de dappere Polen uiteindelijk naar een wederopstanding. In de zomer van 1989 begon het IJzeren Gordijn bij Polen te scheuren. Het land liep voorop bij de omwentelingen die in Europa de val van het communisme inluidden. Polen herwon zijn onafhankelijkheid en maakte vanaf dat moment een democratische transitie door die uitmondde in de eerste vrije verkiezingen na de Tweede Wereldoorlog en het einde van de Volksrepubliek Polen.

De Derde Poolse Republiek was als een feniks uit de as herrezen. Volgens Jaroslaw Kaczynski is dat dus geheel en al te danken aan de inspanningen en opofferingen van de dappere katholieke Polen.

POLAK-KATOLIK

De huidige Poolse regering heeft de *Polak-Katolik* omarmd. Dat is een lastig te vertalen begrip. Het bestaat uit twee zelfstandige naamwoorden – 'Pool' en 'katholiek' – en het heeft een wezenlijk andere betekenis dan de alternatieven *polski katolik* (Poolse katholiek) of *katolicki Polak* (katholieke Pool). Polak-Katolik is met zijn koppelteken een uitdrukking van de onafscheidelijke band tussen twee elementen van de Poolse identiteit: 'Pool-zijn' en 'katholiek-zijn'. Polen en de Rooms-Katholieke Kerk zijn door de eeuwen heen zo nauw met elkaar verbonden geraakt en hun morele en spirituele wortels zijn zo met elkaar vergroeid, dat ze nauwelijks van elkaar te scheiden zijn.

Maar wie kijkt naar de gloriedagen van het Pools-Litouwse Gemenebest ziet een multi-etnisch rijk dat veel weg had van een moderne constitutionele monarchie. De Polen zelf betitelden het als een republiek met een koning aan het hoofd. En hoewel de Poolse koningen katholiek waren, werd het Gemenebest gekenmerkt door een grote religieuze tolerantie. Terwijl in de rest van Europa verschillende godsdienstoorlogen werden uitgevochten, leefden binnen de grenzen van het uitgestrekte Gemenebest verschillende religies gebroederlijk samen. Het maakte niet uit of je katholiek, protestant, orthodox, jood of moslim was. Zolang je belasting betaalde, was je welkom.

De helft van de inwoners van het Pools-Litouwse Gemenebest was dan ook niet katholiek. Hoe meer de Poolse etnische meerderheid – die ook het overgrote deel van de elite uitmaakte – zich vanaf de zeventiende eeuw profileerde als katholiek, hoe minder etnische minderheden zich thuis voelden in het Gemenebest. Onder druk van dreiging van buitenaf kwam de religieuze tolerantie steeds meer onder druk te staan. De eerste grondwet die de Polen – geïnspireerd door de Franse Revolutie – in 1791 vlak voor de derde Poolse Deling aannamen, stelde onomwonden: 'Het heilige rooms-katholieke geloof is en blijft de staatsgodsdienst van Polen.'

Na de Poolse Delingen adopteerden Poolse nationalisten het katholicisme: het idee van een katholiek Polen stamt uit de negentiende eeuw. Het koppelteken in Polak-Katolik kwam te staan voor het verschil tussen Polen die streefden naar een wederopstanding van het multi-etnische Pools-Litouwse Gemenebest en zij die streefden naar een etnisch Pools Polen. De term Polak-Katolik kreeg daarmee ook een sterk exclusief karakter. Het is een uiting van de ideologie dat iedere goede Pool een rechtgeaarde katholiek zou moeten zijn.

Wie kijkt naar de statistieken moet concluderen dat Polen inderdaad katholiek ís. In Polen wordt 99 procent van de kinderen gedoopt, 93 procent van de echtparen trouwt ook voor de kerk en afhankelijk van de vraagstelling kruist 90 tot 98 procent van de bevolking in enquêtes het hokje 'rooms-katholiek' aan.

Dat is vooral het gevolg van de gruwelen van de Tweede Wereldoorlog. Vóór de oorlog was twee derde van de inwoners van Polen katholiek, maar na de oorlog was dat heel anders. De Poolse intelligentsia en de Joodse bevolking waren bijna helemaal uitgeroeid. Andere etnische minderheden waren ontworteld door het geweld, door de nieuwe grenzen die Polen kreeg of door Stalins bijna achteloze verplaatsing van bevolkingsgroepen binnen de Sovjet-Unie en de Russische invloedssfeer. Wie binnen de grenzen van de Poolse staat overbleven waren de rooms-katholieke Polen. Polen is sinds de Tweede Wereldoorlog een etnisch vrijwel homogene natie.

Polen heeft officieel geen staatsgodsdienst. Maar dat neemt niet weg dat de huidige Poolse regering en de rooms-katholieke kerk er absoluut geen bezwaar tegen zouden hebben om het bewuste artikel van de Poolse grondwet van 1791 per direct in te voeren. In de meeste overheidskantoren hangen kruisbeelden en portretten van de Poolse paus Johannes Paulus II en het staat de kerk vrij om zich met onderwijs op scholen bezig te houden. Er zijn aantrekkelijke regelingen voor traditionele gezinnen en abortus is sinds 2021 onder bijna alle omstandigheden verboden.

Toch gaat de secularisatie niet aan Polen voorbij. Veel Polen zijn wel katholiek, maar beleven dat niet zo. Vooral jonge, hoger opgeleide Polen in de grote steden keren zich af van de conservatieve Rooms-Katholieke Kerk en zien in het westerse liberale gedachtegoed een aantrekkelijker toekomstperspectief. De toetreding tot de Europese Unie in 2004 werd dan ook met open armen ontvangen én bracht deze groep nieuwe kansen en meer welvaart.

Radicale conservatieve katholieke priesters zien ondertussen met lede ogen aan hoe 'het Westen' veel Polen weet te verlokken met vrijheden. Dat zou onderdeel zijn van een bewust complot van sinistere machten – de Poolse oppositie, 'Brussel', de islam, noem maar op – tegen het christelijk geloof en de traditionele normen en waarden die dat vertegenwoordigt. De kerk verzet zich met hand en tand tegen wat het samenvat als 'genderideologie': gelijke rechten voor de LHBTI-gemeenschap en alles wat daarmee samenhangt.

Het gevolg is een tweedeling in de Poolse samenleving, want bij een zeer aanzienlijk deel van de Poolse bevolking valt het conservatieve gedachtegoed juist in goede aarde. Veel Polen, vooral in plattelandsgemeenten, voelden zich immers in de steek gelaten. De democratische transitie en de economische hervormingen van de jaren negentig brachten niet de welvaart waar zij na de communistische tijd op hoopten. En dat gold ook voor het EU-lidmaatschap. Hoewel de Poolse economie als geheel de vruchten plukt van de interne markt en Europese subsidies, weet in de ogen van conservatieve Polen alleen de liberale 'elite' in de steden daarvan te profiteren, terwijl zij als 'de gewone man' achterblijven.

De opeenvolgende snelle omwentelingen brachten een gevoel van ontworteling. In de geglobaliseerde, sociaal-liberale, individualistische consumentenmaatschappij die hun land was geworden, verlangden conservatieve Polen naar gemeenschapszin. Die vonden ze in de Rooms-Katholieke Kerk en de conservatief-nationalistische normen en waarden waar die kerk voor stond. Sinds de oprichting door Jaroslaw Kaczynski en diens eeneiige tweelingbroer Lech in 2001 speelt de partij Recht en Rechtvaardigheid slim in op dat sentiment. PiS staat ook voor een sociaaleconomisch beleid dat specifiek gericht is op conservatieve katholieke Polen. Deze opstelling was het fundament onder de dubbele verkiezingsoverwinning van PiS in 2015. Het bracht de partij zowel het premierschap als het presidentschap.

Een jaar later was PiS-president Duda samen met andere partijprominenten aanwezig bij een religieuze ceremonie met een zwaar patriottistisch tintje, waarin Jezus Christus in een speciaal gebed door de Poolse bisschoppenconferentie werd opgeroepen om 'over ons vaderland te heersen'. Precies 1050 jaar na de bekering van koning Mieszko I tot het christendom en zo'n drieënhalve eeuw nadat Maria tot 'Koningin van Polen' werd gekroond, geldt nu Jezus als 'Koning van Polen'.

Samen met de Rooms-Katholieke Kerk presenteert de zittende Poolse regering het Poolse volk opnieuw als bolwerk van het christendom, ditmaal tegen de – al dan niet ingebeelde – onzedelijke en verdorven invloed van het westerse liberalisme. De Polen moeten koste wat kost vasthouden aan hun traditionele normen en waarden omdat zij de laatste verdedigers van het christendom in Europa zouden zijn.

Het idee is dat andere Europeanen vroeg of laat het licht zullen zien en – net als de vrome Polen – weer terugkeren naar hun christelijke wortels. Dat is de volgende wederopstanding die de Polen wordt voorgehouden. Opnieuw offeren de Polen zich op voor het zielenheil van de rest van Europa, zo wordt gepredikt door conservatieve priesters en politici. Ook in deze strijd zijn de Polen de martelaars van Europa.

Met dit verhaal spelen kerk en staat in op het diepe menselijke verlangen naar erkenning en respect. Ze adresseren een behoefte aan waardering en compensatie, zowel voor de reële problemen die grote delen van de Poolse bevolking ervaren als voor het ingebeelde en opgedrongen lijden. Traumatische collectieve herinneringen aan tijden waarin het voortbestaan van Polen en de Poolse natie aan een zijden draadje hing, worden zonder pardon uitgebuit. De onrechtvaardige Poolse Delingen, de mislukte Poolse opstanden in de negentiende eeuw, de gruwelen van de Tweede Wereldoorlog en de onderdrukking tijdens de Koude Oorlog worden stelselmatig benadrukt.

En tegelijkertijd worden gevoelens van trots en patriottisme aangewakkerd. Niet alleen door te wijzen op het groeiende belang van Polen in Europa en de rest van de wereld, maar ook door de heldendaden van het dappere Poolse volk in de geschiedenis van Europa te benadrukken. Dat gaat vergezeld van een belofte om te strijden voor brede erkenning van Poolse verdiensten uit het verleden. Want daar schort het in de ogen van de Poolse regering aan. In Europa is te weinig waardering voor de cruciale bijdragen die de Polen door de eeuwen heen hebben geleverd als bolwerk van het christendom en als martelaars van Europa.

Door onderdrukking en martelaarschap centraal te stellen worden de mindere kanten van de Poolse geschiedenis welbewust onder het tapijt geveegd. De Polen krijgen tegenwoordig een zorgvuldig opgeschoonde versie van hun verleden gepresenteerd. Een geschiedverhaal om trots op te zijn, en dat zijn de meeste Polen dan ook. Daarmee is die glorierijke geschiedenis – samen met een ruimhartig en conservatief sociaaleconomisch beleid – voor PiS de sleutel naar de steun van bredere lagen van de Poolse bevolking.

Geholpen door lesprogramma's met patriottische insteek voor het lager en voortgezet onderwijs en de vele vaderlandslievende musea spreekt het heldenverhaal van een dapper Pools volk dat zich verzet tegen vijanden van buitenaf ook veel Poolse jongeren aan. Vooral het beeld dat de Poolse regering schetst van de Tweede Wereldoorlog spreekt tot de verbeelding. In vrijwel iedere familie in het zwaar getroffen Polen zijn de herinneringen aan de oorlog nog springlevend en dat geldt ook voor de tijd van de Volksrepubliek Polen.

Toch was het niet allemaal rozengeur en maneschijn in het verleden van de Poolse natie. Zo klinkt de rol van Antemurale Christianitatis indrukwekkend, maar het is zeker niet zo dat de Polen honderden jaren alleen maar zichzelf en de rest van Europa hebben verdedigd. Het is waar dat de Polen vaak paraat stonden op de muren of in de bres sprongen. De Poolse huzaren die te hulp schoten bij het Beleg van Wenen in 1683 zijn daar het bekendste voorbeeld van. Maar het is ook waar dat ze uitvallen hebben gedaan of andermans muren hebben bestormd. Het is lastig om de Poolse soldaten die in 1612 werden verdreven uit het Kremlin – of die tweehonderd jaar later in de gelederen van Napoleons *Grande Armée* opnieuw Moskou binnentrokken – als louter verdedigers af te schilderen.

Bovendien leefden de katholieke Polen lang niet altijd volgens christelijke motto ‘heb uw naaste lief als uzelf’. Vooral tijdens de Tweede Poolse Republiek van na de Eerste Wereldoorlog was de tolerantie uit de hoogtijdagen van het Pools-Litouwse Gemenebest ver te zoeken. Poolse nationalisten – verenigd in de partij Nationale Democratie onder leiding van Roman Dmowski – waren van mening dat die in de achttiende eeuw het Gemenebest de kop had gekost. Alleen etnische katholieke Polen waren te vertrouwen. De Nationaal-Democraten streefden naar een Pools Polen. De Oekraïners en andere Slaven – ongeveer een kwart van de bevolking – zouden wellicht kunnen worden geassimileerd, maar Joden werden beschouwd als vreemdelingen.

De nieuwe staat Polen was samengesteld uit grondgebied van drie voormalige imperia: het Russische Rijk, de Oostenrijks-Hongaarse Dubbelmonarchie en het Duitse Rijk. Bijna overal in de nieuwe Poolse Republiek zaten grote aantallen Joden. Tien procent van de bevolking was Joods en vervulde de meeste vrije beroepen als arts, advocaat en ondernemer. Via belastingen vulden zij een derde van de

Poolse schatkist en bedrijven in Joodse handen waren verantwoordelijk voor ongeveer de helft van de buitenlandse handel.

Antisemitisme was door het grote aantal Joden in Polen prominent aanwezig in politiek en maatschappij. In de jaren dat de Poolse Vader des Vaderlands de scepter zwaaide hielden de Poolse nationalisten zich nog koest. Pilsudski droomde van de wederopstanding van het multinationale Pools-Litouwse Gemenebest en wilde minderheden niet 'poloniseren'. Maar na zijn dood in 1935 werd het land tot de Duitse inval bestuurd door een kolonelsregime, dat de oren liet hangen naar Dmowski's nationalisten. Een combinatie van katholicisme en nationalisme kwam hoog in het vaandel te staan. Pools werd als enige officiële taal verplicht gesteld en voor Joden was al dan niet vrijwillige emigratie naar Madagaskar voorzien.

In de herinneringsoorlogen put de Russische president Poetin gretig uit diplomatieke post die in die jaren heen en weer ging tussen Warschau en Berlijn om de Polen antisemitisme en een agressief buitenlands beleid aan te wrijven. Want hadden de Polen niet tijdens de jaren dertig een niet-aanvalsverdrag gesloten met nazi-Duitsland? En kregen zij tijdens de beruchte Conferentie van München in 1938 immers niet ook een stuk van Tsjechoslowakije toebedeeld? De geschiedenis van Polen biedt voer voor jij-bakken.

Ook Pilsudski had geen smetteloos blazoen. Hij torpedeerde zijn eigen droom van een nieuw Gemenebest door in de eerste jaren na de Eerste Wereldoorlog niet alleen ruzie te maken met de Russen over grondgebied, maar ook met alle andere buren. Zelfs met de Litouwers. Pilsudski vond dat de Litouwse hoofdstad Vilnius bij Polen hoorde. In 1920 liet Pilsudski een 'muiterij' in scène zetten waarbij de stad en de ommelanden zich onafhankelijk verklaarden als Republiek Midden-Litouwen. Twee jaar later koos de bevolking in een door de Poolse regering georganiseerd referendum voor aansluiting bij Polen. Deze gang van zaken vertoont grote overeenkomsten met de werkwijze die het Kremlin vanaf 2014 heeft gehanteerd op de Krim en in de zelfverklaarde Volksrepublieken Donetsk en Loehansk.

Pilsudski regeerde vanaf 1926 – net als Poetin – als sterke man over Polen. Ontevreden over het functioneren van de parlementaire democratie pleegde hij een militaire coup. Daarna was het Poolse parlement, de Sejm, slechts een wassen neus. Uiteindelijk regeerden Pilsudski en zijn opvolgers per decreet. Extremisme werd met harde hand de kop ingedrukt. Vooral Oekraïense nationalisten die in Oost-Galicië en Volhynië aanslagen pleegden moesten het daarbij ontgelden. Aan de grenzen van de Poolse staat mocht niet worden getornd. Ook niet door de minderheden die Pilsudski eerder hoopte te verenigen in een multinationale federatie onder Poolse leiding.

Dat komt allemaal niet aan de orde in de de prequel *The Unconquered – Trying Times* die het Instituut voor Nationale Herinnering (IPN) in 2018 maakte over Pilsudski's Tweede Poolse Republiek. Die vertelt hoe Polen – ondanks bittere gevechten op alle fronten – tóch terugkeerde op de kaart van Europa, hoe de Polen een moderne staat opbouwden en hoe het hun niet gegund was om daar lang van te genieten. Het klopt dat het verdeelde Polen onder zeer moeilijke omstandigheden werd verenigd. En ondanks alle tekortkomingen en problemen werd tijdens de Tweede Poolse Republiek de grondslag gelegd voor het moderne Polen.

De vader des vaderlands wordt door vrijwel alle Polen geadoreerd. Ieder jaar op 11 november vieren zij het uitroepen van de onafhankelijkheid en sinds 2012 gaat dat gepaard met een grootschalige Onafhankelijkheidsmars door het centrum van Warschau. In elke stad en ieder dorp is wel een Pilsudskistraat of -plein te vinden. Zijn graf in de crypte van de kathedraal op de Wawelberg in Krakau, traditioneel de laatste rustplaats van de Poolse koningen, wordt druk bezocht. In het kantoor van Jaroslaw Kaczynski is Pilsudski dan ook prominent aanwezig met een schilderij, een standbeeld én een buste van de man die in 1918 de onafhankelijkheid uitriep en Polen terug op de kaart zette.

Maar het beeld dat in de film van het IPN over de Tweede Poolse Republiek wordt neergezet is wel héél eenzijdig. Dat is een bewuste keuze. Kaczynski en de zijnen bedrijven 'geschiedenispolitiek' (*poli-*

tyka historyczna) en nemen dat zeer serieus. President Andrzej Duda verklaarde na zijn aantreden in 2015 dat die geschiedenispolitiek een van zijn belangrijkste taken is, 'want wanneer we als natie verzwakken, zullen we als staat verdwijnen'. Het IPN vervult daarom een centrale rol in de geschiedenispolitiek van PiS.

HET GEHEUGENMINISTERIE

Het door PiS gedomineerde Instituut voor Nationale Herinnering (*Instytut Pamięci Narodowej*, IPN) wordt door sommigen ook wel orwelliaans het 'Geheugenministerie' genoemd. Het waakt vandaag de dag in Polen over de juiste visie op het verleden. En het instituut zorgt ervoor dat die ruim baan krijgt met nieuwe monumenten, musea, schoolboeken, documentaires, films en heel veel media-aandacht.

Oorspronkelijk had het IPN een hele andere taakomschrijving. Het werd in 1998 na langdurig politiek touwtrekken opgericht om onderzoek te doen naar misdaden die tussen 1 september 1939 en 31 juli 1990 zijn begaan door de nazi's en communistische regimes tegen Poolse ingezetenen. Inmiddels is de tijdsspanne uitgebreid naar 8 november 1917, de datum van de Russische Oktoberrevolutie, zodat ook de daden van de bolsjewieken op Poolse bodem binnen het onderzoeksdomein vallen. Daarbij gaat het onder meer om misdaden tegen de vrede en de menselijkheid, en oorlogsmisdaden. Ontkenning daarvan is sinds 1998 strafbaar in Polen.

Het IPN nam daarmee de taken over van een tweetal eerdere onderzoekscommissies naar misdaden die in Polen zijn begaan door totalitaire regimes, inclusief de bevoegdheid om vervolging in te stellen en schadevergoedingen toe te kennen. De onafhankelijkheid van de nieuwe overheidsinstelling werd zorgvuldig gewaarborgd. Om het onderzoek goed uit te kunnen voeren, kreeg het IPN de archieven van de geheime diensten van de Volksrepubliek Polen onder zijn hoede. Daarin doet een speciale afdeling van het IPN – het zogeheten 'Doorlichtingsbureau' – ook onderzoek naar de dossiers van informanten uit de communistische tijd om die te onthullen of juist om iemands naam te zuiveren.

Daarnaast houdt het IPN zich bezig met onderzoek en onderwijs op een ongekende schaal. Het instituut is een bureaucratische moloch met een groot hoofdkantoor in Warschau en bijkantoren in elf andere steden. Die herbergen ook een 'Nationaal Onderwijsbureau' en een eigen uitgeverij. Er werken honderden medewerkers en die kunnen rekenen op een ruimhartige financiële bijdrage vanuit de overheid. Gemeten in middelen en mankracht vormt het IPN veruit de grootste historische instelling van het land. Academische instellingen hebben het nakijken.

Uit meer dan 88 kilometer aan archiefmateriaal – dat inmiddels de hele twintigste eeuw beslaat – zijn inmiddels honderden publicaties voortgevloeid en het IPN is hofleverancier voor lesmateriaal, tentoonstellingen, lezingen en trainingen voor leraren. Dat vloeit allemaal voort uit de opdracht aan het IPN om de Poolse bevolking te informeren over de misdaden die zijn begaan door de nazi's en het communistische regime, maar die taak wordt – zeker sinds PiS in 2015 aan de macht is gekomen – zeer breed geïnterpreteerd.

Het IPN speelt een dominante rol in het Poolse geschiedenislandschap en het werk van het instituut wordt heden ten dage vooral gekenmerkt door het bevorderen van vaderlandsliefde. In de publicaties en uitingen van het IPN staan twee dingen centraal: enerzijds het Poolse slachtofferschap tijdens de Tweede Wereldoorlog en daarna, anderzijds de strijd van de Polen tegen hun bezetters – nazi's en communisten – in hun streven naar onafhankelijkheid.

Daarmee opereert het IPN geheel in overeenstemming met de visie van regeringspartij PiS op de Poolse geschiedenis. Dat is ook niet heel gek, want de afgelopen jaren zijn er talloze PiS-aanhangers binnengeloodst bij het IPN. Zo werd de man die het Museum van de Tweede Wereldoorlog in Gdańsk in lijn met de ideeën van PiS heeft gebracht in 2021 benoemd tot directeur. Critici stellen zelfs dat Kaczynski en de zijnen het onafhankelijke instituut tot hun spreekbuis hebben gemaakt en gebruiken voor politieke doeleinden.

Het meest opmerkelijk in dit licht zijn de onthullingen door het IPN dat de in de jaren tachtig en negentig alom bejubelde oud-vakbondsleider en oud-president Lech Walesa in de jaren zeventig zes jaar lang als betaalde informant actief geweest was onder de codenaam 'Bolek' en als president had geprobeerd belastende documenten te laten vernietigen. Walesa werd in verlegenheid gebracht en sprak van vervalsingen. Volgens liberale Poolse media was sprake van een poging om de populaire oud-president zwart te maken.

Regeringspartij PiS claimt daarentegen eindelijk definitief af te rekenen met het duistere communistische verleden. Kaczynski en de zijnen zijn namelijk van mening dat de omwenteling in 1989 nooit helemaal is voltooid. In de onderhandelingen over de democratische transitie zouden de communisten het in achterkamertjes op een akkoordje hebben gegooid met de liberalen: in ruil voor de macht zouden ze niet worden vervolgd, terwijl de economische hervormingen juist kansen boden voor schaamteloze zelfverrijking. De 'man in de straat' werd de dupe van deze koehandel. Het is een samenzweringstheorie zonder historische basis, maar PiS gebruikt hem enthousiast en met succes om de liberale oppositie in Polen te belasteren.

De huidige Poolse regering zegt zich hard te maken voor het opruimen van alle overblijfselen van het communisme in de samenleving. De in Brussel en veel andere Europese hoofdsteden fel bekritiseerde hervormingen die de onafhankelijkheid van de rechterlijke macht in Polen hebben aangetast, worden in Warschau gepresenteerd als voltooiing van de democratische transitie en eindafrekening met het communistische verleden. En om dat te onderstrepen, wordt ook de publieke ruimte opgeschoond.

In 2017 is in Polen een wet aangenomen die gedenktekens verbiedt die totalitaire regimes 'symboliseren of verheerlijken'. De wet is gericht op straatnamen en monumenten uit de communistische tijd, veelal monumenten die herinneren aan de bevrijding van Polen door het Russische Rode Leger in de Tweede Wereldoorlog. Die gedenktekens passen natuurlijk niet in het plaatje dat de Poolse regering schetst van de geschiedenis van Polen vol strijd en heldendom, en moeten dus verdwijnen.

De wet past in de herinneringsoorlogen met Rusland en er klonk dan ook kritiek vanuit Moskou. Maar decommunisatie biedt Warschau niet alleen een kans om af te rekenen met erfvijand Rusland en de slachtofferrol van de Poolse natie te benadrukken. Het is ook een mogelijkheid om de liberale oppositie in een kwaad daglicht te stellen. Zo snijdt het mes voor de Poolse regering aan twee kanten.

Na de Russische inval in Oekraïne is de Poolse opruimwoede begrijpelijkerwijs in een stroomversnelling terechtgekomen. In heel het land gingen graafmachines Sovjetmonumenten te lijf. De wet uit 2017 maakt een uitzondering voor kunstobjecten en grafmonumenten voor gevallen soldaten, maar uit woede over de oorlog in Oekraïne wordt die uitzondering nu genegeerd. In het plaatsje Garncarsko gaf het gemeentebestuur opdracht om de obelisk omver te trekken die 'eeuwige glorie voor de helden die zijn gedood voor de eer en de onafhankelijkheid van het Sovjet-moederland' in het verschiet stelde. Sommige Polen namen het heft in eigen hand. In Koszalin reed iemand in het holst van de nacht op een oorlogskerkhof met een shovel een beeld van een Sovjetsoldaat, een klein meisje en een vredesduif omver.

De vandaal hoeft waarschijnlijk niet al te bang te zijn voor vervolging. De sloop van een monument voor het Russische Rode Leger in Chrzowice werd bijgewoond door de directeur van het IPN in hoogsteigen persoon. Hij verklaarde dat er 'in een vrij, onafhankelijk en democratisch Polen geen plaats is voor monumenten en gedenktekens met de rode ster in de openbare ruimte, net zomin als in de rest van het vrije Europa'. Ook op andere plekken in Midden- en Oost-Europa – met name in de voormalige Sovjetrepublieken Estland, Letland en Litouwen – zijn na de Russische invasie van Oekraïne Sovjetmonumenten ontmanteld.

De decommunisatie van de publieke ruimte valt in Polen natuurlijk onder verantwoordelijkheid van het IPN, meer in het bijzonder het 'Bureau voor de herdenking van de strijd en het martelaarschap'. Dat draagt niet alleen zorg voor het verwijderen van totalitaire gedenktekens, maar plaatst zelf ook nieuwe monumenten die – zoals de naam van het bureau al doet vermoeden – in lijn zijn met het vaderlandslievende geschiedverhaal.

Veelal gaat het om gedenktekens die in het teken staan van Poolse verzetsstrijders die tot in de jaren vijftig tegen het communistische regime streden. Nadat de nazi's waren verdreven legden zij de wapens niet neer, maar gingen ze de strijd aan met de communisten. Rond deze 'vervloekte soldaten' heeft de Poolse regering in nauwe samenwerking met het IPN inmiddels een hele cultus opgetuigd. Zij moeten Lech Walesa en liberale dissidenten vervangen als symbool van Pools verzet en opoffering tijdens de communistische overheersing.

De Poolse regering gaat ver in de pogingen om de geschiedenis bij te sturen. In de IPN-animatiefilm *The Light of Freedom* over de donkerste dagen van die overheersing – de in 1981 door de autoriteiten afgekondigde staat van beleg – wordt Walesa niet bij naam genoemd en is hij ternauwernood in één kort shot te herkennen aan zijn snor. De hoofdrol gaat naar het Poolse volk, met belangrijke bijrollen voor de Poolse paus Johannes Paulus II en de Zwarte Madonna van Czestochowa. Voor een goede verstaander is de boodschap overduidelijk: ook tijdens de staat van beleg en de omwenteling van 1989 waren de vrome katholieke Polen de martelaars van Europa. De in het Westen geroemde vakbond Solidarnosc was bijzaak.

Voor de Tweede Wereldoorlog – net als in Rusland ook in Polen de kern van de nationale geschiedenis – geldt dat het IPN die neerzet als een verzameling heroïsche strijdverhalen waarin de Poolse moed en de uiteindelijke overwinning centraal staan. Het Poolse verzetsleger *Armia Krajowa* en de jammerlijk mislukte Opstand van Warschau in 1944 nemen een prominente plaats in. Volgens de lezing van het IPN verzette het Poolse volk zich collectief tegen de Duitse en later ook tegen de communistische overheersing.

Maar Poolse academici zijn kritisch over de werkwijze van het IPN. Volgens hen reduceert het instituut de Poolse geschiedenis tot een simplistisch zwart-witbeeld, een selectief en eenzijdig verhaal van helden en schurken. Iedere nuance ontbreekt, terwijl de geschiedenis van de Tweede Wereldoorlog in Polen juist uiterst complex is en vele kleurschakeringen kent. Het is waar dat er veel voorbeelden zijn van Polen die zich dapper hebben verzet en hun leven hebben gewaagd om Joodse medeburgers te redden. Maar het is helaas ook waar dat er – net als in zoveel andere Europese landen – net zo veel voorbeelden zijn van Polen die samenwerkten met de bezetter en daar soms heel ver in gingen.

De trieste gebeurtenissen in Jedwabne, waar katholieke Polen op 10 juli 1941 hun Joodse buren in een schuur dreven en die in brand staken, stonden niet op zichzelf. Onderzoek heeft aangetoond dat Poolse boeren in andere dorpen gewapend met hooivorken, stokken en jachtgeweren achter Joden aan gingen om hen te vermoorden of over te dragen aan de Duitsers. Tijdens de Tweede Wereldoorlog doken ongeveer 250.000 Joden in Polen onder, maar slechts 35.000 van hen overleefden het. Volgens historici werden naar schatting 200.000 Poolse Joden direct of indirect vermoord door verraad van hun landgenoten.

Maar de Poolse regering wil dit niet horen. Ze noemt Jedwabne een uitzondering, ook al heeft president Aleksander Kwasniewski er in 2001 uitvoerig excuses voor aangeboden. Blijven hameren op Poolse medeplichtigheid is volgens PiS een onterechte 'pedagogie van schaamte'. Wie dat toch doet – zoals historicus Jan Grosz die Jedwabne aan het licht bracht – haalt zich de woede van PiS-aanhangers op de hals. Verhalen die afbreuk doen aan de heldendom en het martelaarschap van het Poolse volk zijn de regering immers een doorn in het oog. Die vindt dat de goede naam en eer van Polen en zijn inwoners moeten worden verdedigd.

Al jaren probeert de PiS-regering een juridische basis te creëren om onwelgevallige geluiden tegen te gaan. Het eerste conceptwetsvoorstel stond ook wel bekend als de 'Lex Grosz', naar de historicus. In

2018 dacht PiS de sleutel te hebben gevonden met een amendement op de wet die de instelling van het IPN regelde. Maar volgens velen ging de regering daarmee een stap te ver.

HOLOCAUSTWET

Op 26 januari 2018, één dag voor de jaarlijkse Internationale Herdenkingsdag van de Holocaust, nam het Poolse parlement een amendement op de wet op het Instituut voor Nationale Herinnering aan. Volgens het amendement was iedereen strafbaar die beweerde dat Polen op welke manier dan ook meewerkten aan nazimisdaden; op overtreding stonden boetes en zelfs gevangenisstraf.

Het amendement kreeg internationaal grote media-aandacht en kon rekenen op verontwaardigde reacties, in eigen land én daarbuiten. Historici en academici hekelden het feit dat afwijken van het selectieve verhaal dat de Poolse regering uitdraagt over de Tweede Wereldoorlog niet langer mogelijk is. De Israëlische en Amerikaanse regeringen uitten forse kritiek vanwege het 'ontkennen' van ook maar enige Poolse betrokkenheid bij nazimisdaden. Beide landen dreigden met diplomatieke tegenmaatregelen.

PiS-politici haastten zich te zeggen dat het geenszins de bedoeling was om de vrijheid van meningsuiting aan te tasten en ook de academische en artistieke vrijheid waren gewaarborgd. De soep werd volgens PiS niet zo heet gegeten als hij werd opgediend. Het amendement beoogde vooral een einde te maken aan het gebruik van de aanduiding 'Poolse vernietigingskampen'. De internationale berichtgeving over deze 'Holocaustwet' stond vooral in het teken de Poolse wens om te benadrukken dat het Duitse kampen waren.

In Polen ontspon zich een fel publiek debat. Regeringsgezinde media vielen historici en academici aan die zich kritisch uitlieten over het amendement. Zij werden beschuldigd van het aanwakkeren van anti-Poolse sentimenten en zouden onterecht een onderscheid willen maken tussen Pools en Joods lijden in de Tweede Wereldoorlog. Vooral

Grosz moest het ontgelden. De kritiek uit Tel Aviv en Washington werd geduid als Joods-Amerikaans complot. In de controverse wierp Israël zich op als de luidste criticus. Dat zorgde voor een golf van antisemitische commentaren in Poolse media. Media spraken van een Israëlische 'propagandaoorlog' en een 'lastercampagne' tegen Polen, een 'Joods-Amerikaans complot' met als doel 'Polen zoveel mogelijk te vernederen'. Op Poolse websites en social media deed men er nog een schepje bovenop, wat leidde tot zeer onfrisse commentaren.

Jaroslaw Kaczynski distantieerde zich van dit antisemitisme, maar vond Polen desondanks 'een soeverein land, en we hebben de plicht de strijd aan te binden met die grootschalige actie om Polen in een kwaad daglicht te stellen, Polen te beledigen en ons de schuld van anderen in de schoenen te schuiven'.

Toch leek de Poolse regering geschrokken van de kritiek uit Israël en de VS. President Duda ondertekende weliswaar het amendement – waarmee het van kracht werd – maar legde het ook voor aan het door PiS gecontroleerde Grondwettelijk Hof. De Senaatsvoorzitter kondigde vervolgens aan dat de wet niet zou worden toegepast totdat de toetsing door het Hof was afgerond. Maar uiteindelijk wachtte de regering dat moment niet af. Op 27 juni verrasten premier Morawiecki en zijn Israëlische collega Netanyahu vriend en vijand met een gezamenlijke Pools-Israëlische verklaring waarin zij het gebruik van 'Poolse vernietigingskampen' verwierpen, de inspanningen van Poolse helden eerden en Poolse collaborateurs veroordeelden.

Polen en Israël wezen 'alle acties die erop zijn gericht om Polen of de Poolse natie als geheel de schuld te geven van de wreedheden die zijn begaan door de nazi's en collaborateurs uit verschillende landen' af en stelden dat 'sommige mensen – ongeacht hun afkomst, religie of wereldbeeld – hun donkerste kanten hebben getoond' in de oorlog. Uitspraken over en onderzoek naar alle aspecten van de Holocaust moeten in alle vrijheid en openheid kunnen worden gedaan, 'zonder enige angst voor juridische obstakels', en 'geen enkele wet kan en zal dat veranderen'.

Dat had natuurlijk ook gevolgen voor de het amendement. De gewraakte artikelen over Poolse betrokkenheid bij nazimisdaden werden nog dezelfde dag aangepast: strafbaarstelling was van de baan. Dat gebeurde in een ongekend tempo. Binnen acht en een half uur was het wetsvoorstel behandeld door beide kamers van het parlement, ondertekend door de president en van kracht. Dit parlementaire snelheidsrecord onderstreepte nog maar eens hoe groot de macht van regeringspartij PiS is.

De Poolse regering had een tactische terugtrekking uitgevoerd, maar verkocht die als een diplomatieke overwinning. Immers, had Israël nu niet officieel verklaard dat de Poolse natie als geheel zich niet schuldig maakte aan antisemitisme? Dat werd in regeringskringen gezien als een krachtig argument in discussies over de Holocaust. Bovendien hadden Polen en Israël en hun gezamenlijke verklaring niet alleen 'alle vormen van antisemitisme' veroordeeld, maar ook 'antipolonisme' en andere negatieve nationale stereotypen afgewezen. Internationaal ging de storm weer liggen.

Eind goed, al goed? Niet helemaal. De gezamenlijke verklaring was in Israël al van meet af aan omstreden. En ondanks hun warme woorden vlogen Netanyahu en Morawiecki elkaar in februari 2019 alweer in de haren over Israëlische beschuldigingen van antisemitisme en collaboratie met de nazi's aan het adres van Polen. Vooral het citeren van de Israëlische oud-premier Yitzhak Shamir door de interim-minister van Buitenlandse Zaken was tegen het Poolse zere been. Shamir – in 1915 geboren als Yitzhak Jazernicki in Russisch Polen – zei ooit dat 'elke Pool antisemitisme met zijn moedermelk binnenkreeg'. De Poolse regering eiste hiervoor excuses, maar kreeg die niet.

Feit is dat het einde van de Tweede Wereldoorlog niet het einde van het antisemitisme in Polen betekende. Ook na de oorlog kwam het in Polen tot pogroms. Berucht is het voorbeeld van de stad Kielce, waar op 4 juli 1946 eenenveertig Joden omkwamen, maar er waren veel vergelijkbare kleinere uitbarstingen van antisemitisme in de Volksrepubliek Polen. Dat was voor de meeste Joden die de verschrikkingen van de oorlog hadden overleefd een aanmoediging om het land te verlaten.

Zo'n dertigduizend Joden bleven in Polen omdat ze geloofden in het communistische experiment. Maar in 1968 keerde communistisch partijleider Wladyslaw Gomulka zich in een nationalistische donderpreek tegen de 'vijfde colonne' binnen de eigen gelederen van de Poolse communistische partij: Joodse intellectuelen en 'stalinisten'. Zijn positie was onder druk komen te staan door wijdverbreide studentenprotesten in Polen. Die waren uitgebroken nadat de censuur de uitvoering van het negentiende-eeuwse toneelstuk *Dziady* van Adam Mickiewicz had verboden vanwege de anti-Russische toon. Die zou weleens kunnen worden opgevat als kritiek op de Sovjet-Unie. Net zoals in Praag en later in Parijs gingen studenten massaal de straat op.

Na Gomulka's 'antizionistische' toespraak werden overal Joden 'ontmaskerd' en ontslagen. Zo kreeg de partijleider weer greep op universiteiten, overheidsinstanties én de partij. En passant werden Joden ook in het bedrijfsleven buiten gewerkt. Ze kregen te horen dat ze maar beter konden emigreren als ze het er niet mee eens waren. Vrijwel alle Joden gaven gehoor aan dat advies. Bij hun emigratie naar Israël kregen ze een reisdocument dat expliciet vermeldde dat ze geen Pool meer waren. Er bleven maar een paar duizend Joden over in Polen. De relatie tussen Polen en Israël bleef daarom altijd moeizaam.

En dat gaat waarschijnlijk ook niet op korte termijn veranderen. De Poolse regering heeft in augustus 2021 bij wet een verjaringstermijn ingevoerd voor de restitutie van tijdens de Tweede Wereldoorlog en in de communistische tijd geconfisqueerde bezittingen. Die termijn is dusdanig strikt dat het in de praktijk voor nabestaanden van Holocaustslachtoffers onmogelijk is geworden om nog compensatie te krijgen. De Israëlische minister van Buitenlandse Zaken sprak van een 'immorele en antisemitische wet' en riep de Israëlische ambassadeur voor onbepaalde tijd terug uit Warschau. Polen en Israël zijn sindsdien niet meer *on speaking terms*, want ook de Poolse ambassadeur zit thuis.

Van de diplomatieke overwinning in de zomer van 2018 is zo nog maar weinig over. Sowieso stond Polen er door de Holocaustwet internationaal gekleurd op. De Poolse reputatie was toch al niet zo rooskleurig door de roofbouw op de rechtsstaat die de PiS-regering de afgelopen jaren heeft gepleegd, maar het was de Holocaustwet die wereldwijd pas echt voor ophef zorgde. In die zin tastte de Poolse regering zelf de Poolse goede naam aan met de wet. Dat averechtse effect was er ook voor de term 'Poolse vernietigingskampen'. Het gebruik daarvan nam op internet explosief toe na alle ophef over de wet. Mensen gingen juist massaal op zoek en stuitten vervolgens op berichten over antisemitische sentimenten in het Poolse publieke debat. Het Poolse imago in het buitenland werd er niet beter op.

Maar daar was het de Poolse regering per slot van rekening ook helemaal niet om te doen geweest. Het Poolse ministerie van Buitenlandse Zaken tekent al sinds 2008 systematisch en vaak succesvol bezwaar aan tegen het gebruik van de term 'Poolse vernietigingskampen'. Het IPN kreeg in 2016 al de opdracht om 'de verspreiding van kennis en publicaties, zowel in binnen- als buitenland, die historische informatie bevat die onjuist, schadelijk of lasterlijk is voor de Republiek Polen of de Poolse natie' te voorkomen. En als het gaat om het beschermen van de goede naam van de Poolse natie, dan heeft het Poolse strafrecht al bepalingen om dat tegen te gaan. Daar was het omstreden amendement helemaal niet voor nodig.

De Poolse regering wilde vooral in eigen land een punt maken. Het is voor iedereen duidelijk dat afwijken van de 'officiële' versie van het Poolse verleden ongewenst is, ook al is de omstreden 'Holocaustwet' grotendeels teruggedraaid. Bovendien zit er nog een addertje onder het gras. Dankzij de aanpassingen van het omstreden amendement zijn strafzaken weliswaar niet meer aan de orde, maar met civiele procedures hebben PiS-aanhangers nog steeds een middel in handen om onwelgevallige geluiden tegen te gaan. Daarbij is de uitzondering voor academische en kunstzinnige uitingen geschrapt.

Zo spande de stichting Bond Tegen Laster (*Reduta Dobrego Imie-*

nia) namens een nabestaande een geruchtmakende rechtszaak aan tegen de historici Barbara Engelking en Jan Grabowski. Zij beschrijven in hun boek *Nacht zonder einde* hoe de burgemeester van het dorp Malinowo een groep Joden overleverde aan de nazi's. In 2021 zijn Engelking en Grabowski na een aanvankelijke veroordeling in hoger beroep vrijgesproken, maar zij en andere kritische historici vormen het doelwit van door staatsmedia georganiseerde haatcampagnes en van aanvallen vanuit andere aan PiS gelieerde instellingen.

Voormalig directeur Pawel Machcewicz van het Museum van de Tweede Wereldoorlog in Gdańsk kan erover meepraten. En in 2015 kreeg Olga Tokarczuk, die later voor haar werk de Nobelprijs voor de Literatuur zou krijgen, doodsbedreigingen en werd ze bestempeld tot 'staatsvijand', omdat ze zich uitsprak over de verantwoordelijkheid van de Polen voor het lot van de Joodse bevolking in de Holocaust én de wijze waarop de Poolse autoriteiten vóór de Tweede Wereldoorlog hadden opgetreden tegen Oekraïense nationalisten in Galicië en Volhynië.

Bovendien heeft de Bond tegen Laster in civiele procedures ook meerdere successen geboekt in de rechtszaal. Zo moest de Poolse *Newsweek* publiekelijk excuses maken voor een artikel dat het werkkamp Zgoda – een dependance van het vernietigingskamp Auschwitz die in 1945 door het Poolse communistische regime werd heropend – bestempelde als een 'Pools concentratiekamp'. *Newsweek* moest erkennen dat Poolse concentratiekampen niet bestonden.

Een open en eerlijk debat over de geschiedenis is in Polen onmogelijk geworden. De Poolse regering ziet het verleden als een verzameling onbetwistbare waarheden. Er is geen ruimte voor andere interpretaties. Schoolboeken en musea moeten met een onvolledig, misvormd geschiedverhaal patriotten kweken, en wie afbreuk doet aan de fiere Poolse natie en haar geschiedenis kan rekenen op represailles.

Ondertussen is de officiële versie van het Poolse verleden alomtegenwoordig dankzij een vakkundig uitgevoerd geschiedenisbombardement met monumenten, musea, schoolboeken, films en documentaires. Polen wordt neergezet als een natie die door de eeuwen heen door verraderlijke vijanden is vernederd en verliezen heeft geleden, maar dankzij fervent patriottisme en een vurig verlangen naar vrijheid toch een trotse, onafhankelijke en vroom katholieke natie is geworden.

Er liggen echter nog steeds vijanden op de loer. Zij proberen volgens de Poolse regering de vrijheid van Polen opnieuw te beknotten en de Poolse normen en waarden aan te tasten. De Poolse natie is volgens Kaczynski ook nu nog een permanent belegerde vesting. De officiële versie van het Poolse verleden wordt gebruikt om angst- en vijandbeelden aan te wakkeren en daar vervolgens een politiek voordeel mee te behalen slaan. De geschiedenis dient als bindmiddel voor de samenleving én om politieke tegenstanders in binnen- en buitenland in een kwaad daglicht te stellen.

VIJANDEN VAN DE POOLSE NATIE

Terugkijkend op de tumultueuze geschiedenis van Polen zijn er volgens Kaczynski en de andere PiS-politici twee grote vijanden aan te wijzen: Rusland en Duitsland. En in beide gevallen gaat de vijandigheid al héél ver terug. Al in de zestiende eeuw kwamen de koningen van het Pools-Litouwse Gemenebest in aanvaring met de Russische tsaren; de Duitse Orde was al in de dertiende eeuw een doorn in het Poolse vlees geworden. Beide erfvijanden namen het Pools-Litouwse Gemenebest in de achttiende eeuw samen in de tang, een existentiële dreiging die in drie Poolse Delingen uitmondde in het van de kaart vegen van het gemenebest.

Het Molotov-Ribbentroppact veroorzaakte vervolgens een vierde deling van Polen, die gepaard ging met gruweldaden door de nazi's en de Sovjets. PiS houdt het Derde Rijk en de Sovjet-Unie volledig verantwoordelijk voor de verwoestingen en het verderf van de Tweede Wereldoorlog. De omstreden Holocaustwet maakte haarfijn duidelijk dat PiS het Poolse volk het liefste helemaal vrij zou pleiten. De Polen waren immers in de oorlog held en slachtoffer tegelijk.

Dat is ook de reden waarom de Poolse regering bij tijd en wijle weer begint over aanvullende Duitse herstelbetalingen, omdat Polen nooit voldoende gecompenseerd zou zijn voor het lijden tijdens de Duitse bezetting. Dat is een kwestie van makkelijk scoren voor het thuispubliek, want extra compensatie zal er nooit komen. Duitsland is van mening dat de kwestie is afgedaan met de Duitse eenwording in 1990 en wijst erop dat Polen in 1953 heeft afgezien van verdere herstelbetalingen. Volgens de Polen gebeurde dat echter onder druk van de Sovjet-Unie.

Sowieso zet PiS de communistische Volksrepubliek Polen liefst ook neer als een periode waarin 'niet-Polen' de dienst uitmaakten in het land en klakkeloos de bevelen van Moskou uitvoerden, ook al is de realiteit anders. De communistische regimes die in Midden- en Oost-Europa aan de macht kwamen als gevolg van Stalins 'revoluties van boven' kunnen niet simpelweg worden weggesneden uit de nationale geschiedenis. Het communisme kwam in 1945 niet plotsklaps uit de lucht vallen, maar borduurde voort op sociaaldemocratische bewegingen die aan het einde van de negentiende eeuw ontstonden.

Zelfs Jozef Pilsudski reed naar eigen zeggen mee op de 'rode tram' van de in 1892 opgerichte Poolse Socialistische Partij (PSP) en stapte pas uit bij 'de halte onafhankelijkheid'. De PSP vormde het fundament voor de communistische Poolse Verenigde Arbeiderspartij, die tot de zomer van 1989 de scepter zwaaide in Polen. Of PiS het nu wil of niet: de communisten hebben het huidige Polen wel mede gevormd door de boel stevig op te schudden. De communisten maakten korte metten met de macht van de adel en hebben het land gemoderniseerd. En dat geldt ook voor andere landen in de regio.

Het is waar dat de communistische regimes de bevolking onderdrukten om aan de macht te blijven. De belangrijkste nalatenschap is misschien wel het permanent in diskrediet brengen van de sociaaldemocratie waaruit het communisme als bastaardkind is voortgekomen. En daar maakt PiS dankbaar gebruik van. Niet voor niets wordt

Pilsudski vooral afgeschilderd als de Vader des Vaderlands en de man die in 1920 de communistische wereldrevolutie tegenhield voor de poorten van Warschau.

Poetins treurnis over het uiteenvallen van de Sovjet-Unie wordt in Warschau vooral geduid als een wens om de Russische invloedssfeer in Midden- en Oost-Europa nieuw leven in te blazen. De oorlog in Oekraïne heeft in Polen een zeldzame eensgezindheid teweeggebracht, waar vooral PiS de vruchten van plukt. Die partij vaart namelijk al jaren een fel anti-Russische koers. Het bloedbad van Katyn, de moord op naar schatting 22.000 Poolse officieren in 1939, speelt daarin een centrale rol.

Tot 1990 probeerde Moskou het bloedbad steevast in de schoenen van de nazi's te schuiven. Russische betrokkenheid werd glashard ontkend. Nadat Gorbatsjov de misdaad had toegegeven, was er sprake van voorzichtige toenadering. Wat begon met het vrijgeven van Russisch archiefmateriaal mondde op 7 april 2010 uit in de aanwezigheid van Poetin – toen premier – bij een herdenkingsplechtigheid met de Poolse premier Donald Tusk in Katyn. Volgens Poetin was de slachting 'niet te rechtvaardigen'. De Russische staatstelevisie zond 's avonds de film *Katyn* van de Poolse regisseur Andrzej Wada uit, en die laat geen misverstanden bestaan over de gruweldaden.

Drie dagen later gebeurde er een ramp die de Poolse geschiedenis een nieuwe wending zou geven. In dichte mist stortte een Tu-154M passagiersvliegtuig van de Poolse luchtmacht neer in de bossen bij Smolensk. Alle 96 inzittenden kwamen om het leven. Onder hen waren de Poolse president Lech Kaczynski en zijn vrouw Maria, en hoge overheidsfunctionarissen, waaronder de opperbevelhebbers van de Poolse strijdkrachten en de president van de Poolse Nationale Bank, hoge katholieke geestelijken en PiS-parlementariërs. Zij waren eveneens op weg naar een herdenkingsplechtigheid in Katyn, ditmaal met president Medvedev. De conservatieve president Kaczynski kon het niet verkroppen dat de liberale premier Tusk goede sier had kunnen maken met zijn ontmoeting met Poetin.

De vliegramp zond een schokgolf door Polen. De Poolse regering stelde samen met de Russische autoriteiten direct een onderzoek in naar de toedracht. Dat wees op menselijk falen. De piloten hadden ondanks te slechte weersomstandigheden toch de landing ingezet, mogelijk onder druk van enkele passagiers. Jaroslaw Kaczynski was echter een andere mening toegedaan. Volgens hem was zijn tweelingbroer het slachtoffer geworden van een Russisch moordcomplot, waaraan Tusk willens en wetens had meegewerkt. PiS beweert bij hoog en bij laag dat de Tu-154M is neergestort als gevolg van de ontploffing van een tweetal vooraf geplaatste explosieven. Hard bewijs is er echter niet.

De passagiers van de fatale vlucht kregen een martelaarsrol toebedeeld. Ondanks felle discussies werden Lech en zijn vrouw Maria na een staatsbegrafenis bijgezet naast het graf van Pilsudski op de Wawel. De complottheorie sloot naadloos aan op de geschiedenispolitiek van PiS. Hij bewees immers de onbetrouwbaarheid van liberale politici als Tusk. De Russische annexatie van de Krim in 2014 leek bovendien een bevestiging van de snode bedoelingen van het Kremlin. PiS profileerde zich als de enige partij die zich verzette tegen de vijanden die Polen ten gronde wilden richten. Zo legde de vliegramp in de bossen bij Smolensk het fundament van de dubbele verkiezingsoverwinning die PiS boekte in 2015.

Zowel in Warschau als in Moskou is de toon sindsdien weer verhard. Hoewel de officiële Russische lijn nog steeds is dat de geheime dienst NKVD verantwoordelijk was voor 'Katyn', worden daar nu door de FSB – de spirituele opvolger van de NKVD – en het Russische ministerie van Buitenlandse Zaken vraagtekens bij gezet. Russische media wijzen weer met beschuldigende vinger naar de nazi's. De Poolse president Duda wil het bloedbad daarom voor een internationaal strafhof brengen. Volgens hem bewijzen moordpartijen op burgers tijdens de oorlog in Oekraïne, zoals die in Boetsja, dat de geschiedenis zich herhaalt. Een uitspraak over Katyn moet duidelijk maken dat de Russen niet wegkomen met het verdraaien van de waarheid.

Rusland is overigens niet de enige vijand waarmee liberale politici volgens PiS samenspannen. Kaczynski zegt ervan overtuigd te zijn dat

Duitsland opnieuw een poging onderneemt om Polen te onderwerpen. Ditmaal niet met een verwoestende Blitzkrieg, maar met verstikkende bureaucratie. De PiS-partijleider doelt op de uitspraken van het Europese Hof van Justitie over de aantasting van de rechtsstaat in Polen en maatregelen die de Europese Commissie daarop heeft genomen, zoals inbreukprocedures en het korten van Europese subsidies die Polen ontvangt. Volgens Kaczynski vormt dat allemaal onderdeel van een Duits plan om de Europese Unie uit te bouwen tot een bureaucratisch Vierde Rijk. Als machtigste land binnen de EU zou Duitsland ernaar streven om de andere lidstaten te overheersen.

Hoewel Polen samen met Hongarije het afgelopen decennium de grootste netto-ontvanger van Europese subsidies was en het land die miljarden echt niet kan missen, schildert PiS 'Brussel' vooral af als een instrument om de Polen onder de knoet te houden en uit te buiten. Er is geen haar op het hoofd van Kaczynski die denkt aan een vertrek uit de Europese Unie, maar de combinatie van Berlijn en Brussel is naast Moskou een ideale vijand om de achterban angst aan te jagen en de pro-Europese liberale oppositie als landverraders te brandmerken.

Volgens PiS leveren zij Polen niet alleen over aan de Europese Unie, maar juichen zij het ook toe dat de Poolse samenleving vanuit Brussel wordt geïnfecteerd met verwerpelijke westerse denkbeelden. De onbedorven Polak-Katolik vormt het schild tegen deze (ingebeelde) verdorvenheid van het Westen en bemant het bolwerk van het christendom. PiS gaat voorop in de verdediging van traditionele Poolse normen en waarden.

Een vergelijkbare redeneertrant steekt achter de Poolse weigering om vluchtelingen uit andere landen toe te laten en op te vangen. Als het al geen terroristen waren, klaar om onschuldige burgers te doden, dan vormden ze wel een bedreiging voor de religie en manier van leven van de katholieke Polen, zo klonk het tijdens de migratiecrisis. Kaczynski suggereerde zelfs dat ze drager waren van virussen en bacteriën die gevaarlijk waren voor de Poolse bevolking. De poorten van het bolwerk van het christendom moesten worden gesloten.

Polen verzette zich met hand en tand tegen plannen van de Europese Commissie om vluchtelingen te herverdelen over de EU-lidstaten. Dat zou een doelbewuste poging zijn om de Poolse samenleving aan te tasten. Dankzij de verschrikkingen van de Tweede Wereldoorlog en de naoorlogse deportaties heeft het land een van de meest etnisch homogene samenlevingen van Europa. Regeringspartij PiS liet niet na dat te benadrukken en wakkerde met het oog op de stembus bewust xenofobie aan. Veel naastenliefde kwam er niet aan te pas in het bolwerk van het christendom.

Tijdens de Russische invasie van Oekraïne liet Polen zich echter van zijn beste kant zien door een warm welkom te bieden aan Oekraïners die de oorlog in hun land zijn ontvlucht. Na de inval heeft Polen ruimhartig miljoenen Oekraïense vluchtelingen opgevangen, verreweg de meeste van alle Europese landen. Dat is lovenswaardig maar tevens opmerkelijk. Sinds 2015 heeft PiS namelijk ook anti-Oekraïense sentimenten aangewakkerd. Ondanks het feit dat Polen en Oekraïne volgens hun eigen lezing van de geschiedenis in Rusland een gezamenlijke historische vijand hebben, startte Warschau tot verbijstering van Kiev een herinneringsoorlog met het buurland.

BURENRUZIE

De omstreden Poolse 'Holocaustwet' kreeg in 2018 wereldwijd media-aandacht. Een element bleef daarbij echter onderbelicht. Het amendement bevatte ook een Artikel 2 dat het IPN opdracht gaf om onderzoek te doen naar 'de misdaden die in de periode 1925-1950 waren begaan tegen Polen door Oekraïense nationalisten en leden van Oekraïense organisaties die samenwerkten met het Duitse Derde Rijk'.

Vanuit Kiev werd direct bezwaar gemaakt: de Polen speelden Poetin in de kaart door zich met dit kwalijke 'anti-Oekraïense gebaar' aan te sluiten bij de Russische kritiek op de handelswijze van Oekraïense nationalisten tijdens de Tweede Wereldoorlog. Voor Poetin vormen de 'banderisten' immers hét bewijs voor de nazisympathieën van alle Oekraïners.

Toch was het amendement ook geen totale verrassing voor Kiev. In 2016 nam het Poolse parlement ook al het oordeel van het IPN over dat er in Wolynië en Oost-Galicië een genocide plaatsvond op etnische Polen. In dezelfde resolutie werd 11 juli uitgeroepen tot 'Nationale herdenkingsdag voor slachtoffers van de genocide gepleegd door Oekraïense nationalisten op de burgers van de Tweede Poolse Republiek'.

Op 11 juli 1943 gingen op één dag honderd Poolse dorpen in vlammen op. Volgens Poolse onderzoekers zijn die dag ongeveer achtduizend Polen vermoord met geweren, messen, hooivorken, bijlen en wat er verder nog voorhanden was. Ze zouden tijdens de zondagse katholieke kerkdiensten zijn belaagd. In Polen geldt die dag daarom als de 'Bloedige Zondag van 1943'. Het IPN organiseert jaarlijks plechtige herdenkingsbijeenkomsten.

Het door Poetin verfoeide Oekraïense Opstandelingenleger (*Ukrayins'ka povstans'ka armiya*, UPA) was verantwoordelijk voor de Bloedige Zondag. Het UPA maakte aan de zijde van de nazi's niet alleen jacht op Joden, communisten en rivaliserende Oekraïense verzetsgroepen, maar ook op etnische Polen. De manschappen van het UPA hielden verschrikkelijk huis in Wolynië. Complete Poolse dorpen werden in brand gestoken, de inwoners werden op onbeschrijflijk gruwelijke wijze afgeslacht. Verkrachting, marteling en verminking waren aan de orde van de dag. Zieken, ouden van dagen, zwangere vrouwen, kinderen: niemand was veilig. Alle sporen van Poolse aanwezigheid werden grondig uitgewist. Katholieke kerken werden verwoest, gemeenschapshuizen platgebrand.

In 2016 draaide de met geld van de Poolse staatstelevisie gesponsorde film *Wolyn* (Volhynië) in de Poolse bioscopen, die de gruwelijkheden met veel bloederige details in beeld bracht. Oekraïners – 'banderisten' en gewone burgers – werden afgeschilderd als meedogenloze bruten, die de Poolse staat letterlijk en figuurlijk wilden begraven. Het was de bedoeling van het UPA om de Polen te verjagen en ervoor te zorgen dat ze nooit meer terug zouden keren.

Aanvankelijk kon het UPA in Volhynië ongestoord zijn gang gaan. Maar al gauw pakten de Polen de wapens op. Zelfverdedigingsgroepjes vochten terug en kregen daarbij steun van het Poolse ondergrondse verzetsleger Armia Krajowa. In januari 1944 werden die groepjes officieel samengevoegd tot de 27e Volhynische Infanteriedivisie, die de opdracht kreeg om de strijd aan te gaan met het UPA en de Duitse Wehrmacht. Vooral in Oost-Galicië namen de Poolse partizanen wraak op de slachting onder hun volksgenoten en gingen ook Oekraïense dorpjes in vlammen op. De nazi's keken tevreden toe hoe de Oekraïners en de Polen elkaar naar de keel vlogen.

Nadat de nazi's door het Russische Rode Leger waren verdreven, bond de Russische geheime dienst NKVD met grof geweld de strijd aan met het UPA in het westen van Oekraïne. Want net als de Poolse vervloekte soldaten van het Armia Krajowa vochten de opstandelingen van het UPA verder tegen de Russische bezetter en de communistische autoriteiten.

Volgens officiële Russische cijfers werden bijna 90.000 opstandelingen gedood en nog eens zoveel van hen gevangengenomen. Het werd een gure guerrillaoorlog, waarin beide kanten zich schuldig maakten aan gruweldaden. Het UPA kon in Wolynië en Oost-Galicië rekenen op de steun van de lokale bevolking. Daarom trad de NKVD daar ook hard tegen op. Om het UPA zijn bestaansmiddelen te ontnemen werden duizenden Oekraïners gedeporteerd naar afgelegen gebieden in de rest van de Sovjet-Unie.

In 1946 waren er nog slechts zo'n 10.000 UPA-strijders over. Zij vluchtten naar West-Galicië, om de strijd van daaruit voort te zetten. Dat gebied, dat een grote Oekraïense minderheid kende, was op de vredesconferentie in Potsdam toegewezen aan de Volksrepubliek Polen. Tot 1947 vielen er nog duizenden doden in het gebied, voornamelijk verzetsstrijders en medewerkers van de Poolse geheime dienst en de grenswacht. Opmerkelijk was de samenwerking tussen het UPA en het *Armia Krajowa*, die elkaar tijdens de Tweede Wereldoorlog nog te vuur en te zwaard hadden bestreden.

De Poolse autoriteiten namen echter wel wraak voor de gewelddadige etnische zuiveringen die het UPA had uitgevoerd in Wolynië. Met instemming van Moskou nam het communistische regime drastische maatregelen om voor eens en voor altijd af te rekenen met het UPA. In het voorjaar van 1947 werden in drie maanden tijd meer dan 141.000 etnische Oekraïners en verwante Bojken en Lemken uit West-Galicië gedeporteerd naar voormalig Duits gebied in het westen van Polen. Hun plek werd ingenomen door etnische Polen uit Oekraïne. Met 'Operatie Wisla' werd in één klap het draagvlak onder het UPA in Polen weggeslagen. Het was een keerpunt. Het UPA kon daarna ook in Oekraïne geen vuist meer maken. Midden jaren vijftig kon de Russische geheime diensten trots rapporteren dat de Oekraïense verzetsorganisatie opgerold was.

De deportatie paste perfect binnen het bredere beleid van Stalin. Nadat de kaart van Oost-Europa was hertekend, werden tussen 1944 en 1956 volgens officiële cijfers 488.000 Oekraïners en 789.000 Polen van huis en haard weggesleept en elders in de Sovjet-Unie of in de Volksrepubliek Polen geplant.

Uiteindelijk zorgde de strijd tussen Polen en Oekraïners voor veel slachtoffers. De schattingen lopen uiteen, maar waarschijnlijk zijn tussen 1943 en 1947 in totaal zo'n 50.000 Polen gedood. Het IPN gaat zelfs uit van 100.000 Poolse burgers die zouden zijn vermoord door Oekraïense nationalisten. Meer dan 200.000 Polen sloegen op de vlucht. Internationaal spreken historici niet van genocide, maar wel van een etnische zuivering. Zelf lieten de Polen zich ook niet onbetuigd. Tussen 1943 en 1947 vonden tussen de 10.000 en 20.000 Oekraïners de dood – zowel leden van het UPA als onschuldige burgers.

Tijdens de Koude Oorlog werd deze pijnlijke gedeelde geschiedenis met de communistische mantel der liefde bedekt en doodgezwegen.

Maar na de val van het IJzeren Gordijn kwam er ruimte voor gezamenlijk historisch onderzoek en toenadering tussen Oekraïne en Polen. In 2002 betuigde de toenmalige Poolse president Aleksander Kwasniewski spijt voor Operatie Wisla. Die stond in zijn ogen symbool voor de 'afschuwelijke daden begaan door de communistische autoriteiten tegen Poolse burgers van Oekraïense afkomst'. En met zijn toenmalige Oekraïense collega Leonid Koetsjma onthulde hij in 2003 een monument in Wolynië ter ere van de verzoening tussen beide landen.

Onder de PiS-regering werd de klok echter weer teruggedraaid met de genocide-resolutie en het amendement dat artikel 2 introduceerde. Omdat het bewuste artikel de tijdsperiode 1925-1950 aanhield en daarmee het Oekraïense nationalisme in zijn totaliteit in diskrediet bracht, strooide PiS daarmee nog eens zout in de wonde. Het was een wel heel opzichtige poging om – geheel conform de geschiedenispolitiek van PiS – het Poolse straatje volledig schoon te vegen en de Polen als slachtoffers en de Oekraïners als daders weg te zetten.

Vóór de Tweede Wereldoorlog hadden Poolse politie- en legereenheden Wolynië en Oost-Galicië namelijk met harde hand gepacificeerd. De Organisatie van Oekraïense Nationalisten (*Orhanizatsiya ukrayins'kykh natsionalistiv,* OUN) had onrust gestookt en aanslagen gepleegd op Poolse doelwitten. Grote aantallen Oekraïners verdwenen als terroristen en opstandelingen in de gevangenis. Ondanks protesten van de Volkenbond wilde de Poolse regering het gebied 'poloniseren': Poolse 'kolonisten' werden aangemoedigd zich daar te vestigen, terwijl Oekraïense scholen, bibliotheken en kerken werden gesloten. Als gevolg van het Poolse optreden radicaliseerden veel Oekraïners.

Het Poolse Grondwettelijk Hof oordeelde later dat artikel 2 ongrondwettelijk was, maar het kwaad was toen al geschied. De Pools-Oekraïense relaties waren sterk bekoeld. De Oekraïense regering erkent weliswaar dat er in Wolynië een slachting heeft plaatsgevonden, maar weigert te spreken van een genocide. De gebeurtenissen in de periode 1943-1947 worden gekwalificeerd als 'de tragedie van Wolynië'. Als er al sprake zou zijn geweest van genocide, dan hebben beide partijen zich daar in Oekraïense ogen schuldig aan gemaakt. Oekraïners en Polen waren beiden zowel dader als slachtoffer.

Het Oekraïense parlement veroordeelde de Poolse resolutie in 2016 direct als een 'eenzijdig politiek oordeel over historische gebeurtenissen'. De film *Wolyn* mocht in Oekraïne niet worden vertoond om onlusten te voorkomen. Het gezamenlijke onderzoek naar massagraven in Wolynië werd stopgezet. Ook de Poolse Holocaustwet kon rekenen op scherpe kritiek.

Na het terugdraaien van artikel 2 en het aantreden van de Oekraïense president Zelensky in 2019 zijn de gemoederen weer wat bedaard over het gezamenlijke Pools-Oekraïense verleden. Zelensky heeft ook toestemming gegeven om het openen van massagraven te hervatten.

Een jaar later werd een ander aspect van het gedeelde verleden in de schijnwerpers gezet. Op 28 juli 2020 richten de Poolse, Oekraïense en Litouwse ministers van Buitenlandse Zaken in de Poolse stad Lublin de zogeheten Lublindriehoek op, een regionale alliantie gericht op het versterken van de militaire, culturele, economische en politieke samenwerking. Lublin werd niet toevallig gekozen voor de ondertekening van de oprichtingsakte. Het was een directe verwijzing naar de Unie van Lublin, die in 1569 ten grondslag lag aan het Pools-Litouwse Gemenebest. Dat was een signaal aan het adres van Moskou. In de gloriedagen was het Gemenebest een geduchte tegenstander van het Russische tsaren.

Poetin is er – ondanks verwoede pogingen om het tegendeel te bereiken – door de invasie van Oekraïne in geslaagd de Polen en de Oekraïners weer nader tot elkaar te brengen. Polen en Litouwen hebben zich sindsdien ontpopt tot de felste pleitbezorgers van Oekraïne binnen de EU en de NAVO. Al eerder leverde Warschau op grote schaal militaire steun aan Oekraïne, en de Polen stonden met open armen klaar voor Oekraïners die op de vlucht waren geslagen voor het oorlogsgeweld in eigen land.

Het is helaas niet uitgesloten dat euforie zal omslaan in wrok en afgunst als grote aantallen Oekraïners niet kunnen terugkeren naar huis of elders kunnen worden opgenomen. Dat zou niet alleen grote sociaaleconomische gevolgen hebben, maar dan zou Polen voor het eerst sinds de Tweede Wereldoorlog weer een grote etnische minderheid binnen de landsgrenzen krijgen.

Een aanhoudende vluchtelingencrisis zou in Polen een zeer vruchtbare voedingsbodem zijn voor een nieuwe golf nationalisme. De huidige Poolse regering heeft op dit vlak bepaald geen goed trackrecord. Uiterlijk 11 november 2023 gaat Polen weer naar de stembus voor de parlementsverkiezingen. De geschiedenispolitiek heeft PiS in de afgelopen jaren electoraal geen windeieren gelegd, dus deze zal ongetwijfeld ook de komende jaren een prominente rol blijven spelen.

Of de gebeurtenissen in de periode 1943-1947 opnieuw in de geschiedenispolitiek zullen figureren, is niet te zeggen. Hoe dan ook zullen Kaczynski en de zijnen Polen blijven presenteren als een permanent belegerde vesting, dapper verdedigd door trotse katholieke Polen als martelaren van Europa. Ongeacht hoe de toekomst eruit gaat zien, de blik van PiS zal gericht zijn op het verleden. Daar ligt volgens de partij de sleutel van de macht. Dat besef is echter in Midden- en Oost-Europa niet alleen tot Warschau doorgedrongen.

BOEDAPEST EN TRIANON

Wie in de Hongaarse hoofdstad Boedapest recht tegenover de hoofdingang van het kolossale neogotische parlementsgebouw de Grondwetstraat inslaat, stuit vrijwel direct op het groots opgezette Monument van Nationale Cohesie. Vooral 's nachts, wanneer het dramatisch is uitgelicht, maakt het gedenkteken dat in de volksmond beter bekend staat als het Trianonmonument diepe indruk. Afdalend langs de honderd meter lange helling naar een in een gespleten blok graniet verscholen eeuwige vlam, zijn op de granieten muren de namen te lezen van de

12.537 gemeenten die in 1913 deel uitmaakten van het Koninkrijk Hongarije.

Met die namen is iets bijzonders aan de hand. Ze zijn in het Hongaars uitgebeiteld en wie ze gaat vertalen, ontdekt dat veel gemeenten nu niet meer in Hongarije liggen. Zo zijn bijvoorbeeld de Kroatische hoofdstad Zagreb, de Slowaakse hoofdstad Bratislava en de Roemeense tweede stad van het land Cluj-Napoca opgenomen. Het monument herdenkt het in 1920 gesloten Verdrag van Trianon, waarmee Hongarije twee derde van zijn grondgebied verloor en drie miljoen Hongaren in de buurlanden kwamen te wonen.

In de rest van Europa is iedereen dat alweer bijna vergeten, maar in Hongarije is 'de schande van Trianon' nog springlevend. Het monument in Boedapest is in 2020 onthuld ter ere van de honderdste gedenkdag van wat voor Hongaarse nationalisten het grootste trauma in de recente geschiedenis van Hongarije is. 'Trianon' vormt de kern van de geschiedenispolitiek van de Hongaarse premier Viktor Orbán en zijn Fidesz-partij. Die politiek is een belangrijke reden waarom Orbán sinds 2010 onafgebroken aan de macht is en keer op keer eclatante verkiezingsoverwinningen boekt.

Het Verdrag van Trianon is een van de vredesverdragen die na de Eerste Wereldoorlog werden opgelegd aan de verliezers. Daar hoorde het in de laatste oorlogsdagen onafhankelijk geworden Koninkrijk Hongarije ook bij als een van de twee rechtmatige erfgenamen van de Oostenrijks-Hongaarse dubbelmonarchie waar het land vóór 1918 toe had behoord. Hongaarse pleidooien dat zij tegen hun wil door de Oostenrijkers waren meegesleurd in het krijgsgewoel bleken aan dovemansoren gericht.

Fidesz zet het Trianonverdrag neer als dieptepunt in de duizendjarige geschiedenis van Hongarije. Die begint in het jaar 1000 met de kroning van Stefan de Heilige tot de eerste koning van Hongarije. Als grondlegger van het christelijke Hongarije wordt hij sinds 1083 als heilige vereerd. De Hongaren zagen zich – net als de Polen en de Russen – als dappere verdedigers van de grenzen van de christelijke wereld. Hoewel het voortbestaan van het koninkrijk na een nederlaag tegen de Gouden Horde in de Slag bij Mohi in 1241 aan een zijden draadje hing, wist het zich toch te handhaven en maakte het onder sterke koningen als Sigismund en Matthias Corvinus in de vijftiende eeuw een bloeiperiode door.

In 1526 viel in de Slag bij Mohács toch het doek voor het middeleeuwse koninkrijk Hongarije. Het werd onder de voet gelopen door het vanuit het zuiden oprukkende Ottomaanse Rijk. De Ottomanen zouden pas na hun nederlaag in de Slag bij Wenen in 1683 vertrekken. Toen lijfden echter de Oostenrijkse Habsburgers alle gebieden in die voorheen tot het koninkrijk Hongarije hadden behoord. Net als in veel andere landen ontstond in de negentiende eeuw in Hongarije een nationale beweging. Verschillende opstanden, waaronder eentje in het revolutiejaar 1848, mislukten. In 1867 sloot de Oostenrijkse keizer een compromis: het koninkrijk Hongarije stond voortaan binnen de dubbelmonarchie op gelijke voet met het keizerrijk Oostenrijk. Na de oorlog volgde het zijn eigen weg.

Regent Miklos Horthy regeerde van 1920 tot 1944 over het geamputeerde rompstaatje Hongarije. Zijn autoritaire regeerperiode stond geheel in het teken van het terugwinnen van het verloren grondgebied en dat was ook een belangrijke drijfveer om aansluiting te zoeken bij Hitler en Mussolini. Als bondgenoot van nazi-Duitsland behoorde Hongarije opnieuw tot de verliezers. De grenzen van Trianon stonden vanaf dat moment definitief vast.

De communistische Volksrepubliek Hongarije kwam achter het IJzeren Gordijn terecht. In 1956 werd de Hongaarse Opstand tegen het door de Sovjet-Unie gesteunde stalinistische regime bloedig onderdrukt; pas in 1989 hervonden de Hongaren hun vrijheid en werd het land een democratie.

Orbán heeft de twee derde meerderheid in het parlement waar Fidesz sinds 2010 over kan beschikken gebruikt om Hongarije om te vormen naar een 'illiberale staat'. Dat was volgens Fidesz nodig om – net als in Polen – definitief af te rekenen met het communistische verleden en de restanten daarvan in de samenleving. In de praktijk heeft het de partij vooral een stevige greep op de rechterlijke macht, Europese subsidies en het medialandschap opgeleverd. En op de geschiedenis.

Fidesz schetst een beeld van de Hongaren als een dapper doch eenzaam christelijk volk, dat altijd onder vuur heeft gelegen van buitenlandse machten. De lijst van nationale rampen is lang: van Mohi tot Trianon. Net als in Rusland is de juiste interpretatie van het verleden in Hongarije verankerd in de grondwet. Orbán was Poetin daarmee zelfs bijna tien jaar voor. De preambule van de in 2011 door het parlement gejaagde grondwet bestaat uit twee pagina's gedragen tekst over traditionele Hongaarse normen en waarden: trots op koning Stefan de Heilige als grondlegger van Hongarije en alle strijd die de voorvaderen hebben geleverd, het gezin als hoeksteen van de samenleving en het christelijk geloof als fundament van de Hongaarse natie.

En net als de Polen worden ook de Hongaren vrijgepleit van de zwarte bladzijden uit hun geschiedenis. De Hongaarse grondwet stelt dat de Hongaren aan het begin van de Duitse bezetting op 19 maart 1944 hun zelfbeschikkingsrecht verloren en dat pas op 2 mei 1990 terugkregen met de eerste vrije verkiezingen na de 'tirannieke heerschappij' van de communisten tijdens de Volksrepubliek Hongarije. De nazi's en de communisten worden verantwoordelijk gehouden voor een – eveneens in de grondwet opgenomen – lange lijst van misdaden die tussen die twee data zijn begaan, zoals de Jodenvervolging en het neerslaan van de Hongaarse Opstand in 1956.

De Hongaren vervullen in hun geschiedverhaal zo vooral de rol van onschuldig slachtoffer. Ze kunnen weemoedig terugkijken op de hoogtijdagen van het koninkrijk Hongarije van Stefan de Heilige en zijn opvolgers. De periode tussen 1867 en de Eerste Wereldoorlog, toen keizer Frans Jozef de scepter zwaaide over Oostenrijk-Hongarije, geldt ook als een glorietijd. En zelfs de autoritaire Horthy wordt in een positief daglicht geplaatst. Misstanden als het onderdrukken van minderheden tijdens de dubbelmonarchie of het uitleveren van Joden aan de nazi's door het Horthy-regime worden vakkundig onder het tapijt geveegd. Hongaren moeten immers ook trots kunnen ontlenen aan hun verleden.

Jaroslaw Kaczynski is jaloers: een grondwetswijziging heeft hij nog niet voor elkaar gekregen. Orbán kan op zijn beurt dan weer niet beschikken over een Geheugenministerie met dezelfde grote bevoegdheden als het IPN en een juridisch fundament om onwelgevallige geluiden over de Hongaarse geschiedenis te smoren. Maar dat hoeft ook niet. Fidesz' visie op het verleden is alomtegenwoordig dankzij een reeks door de overheid ingestelde historische instellingen en commissies, met publiek geld gefinancierde documentaires, nieuwe geschiedenisboeken, aangepaste lesprogramma's, fraaie museumtentoonstellingen en het (her)oprichten van monumenten en standbeelden.

Zo onthulde Orbán in 2019 om de hoek bij het Trianonmonument het herbouwde Monument van de Nationale Martelaren. Het oorspronkelijke monument was door Horthy in 1934 onthuld ter nagedachtenis aan de bijna 600 slachtoffers van de 'rode terreur' tijdens de 133 dagen dat de communistische Hongaarse Radenrepubliek in 1919 bestond. Het was na de Tweede Wereldoorlog door de communistische autoriteiten gesloopt.

De herbouw van het monument stuitte – net als veel andere door Fidesz opgerichte gedenktekens – op felle kritiek. Niet alleen omdat de tussen 2.000 en 5.000 doden als gevolg van de 'witte terreur' die Horthy ontketende om de Radenrepubliek uit te wissen onvermeld bleven, maar ook omdat tot 2019 op die plek een standbeeld van Imre Nagy stond. Hij was in 1956 de leider van de Hongaarse Opstand.

Die werd door het Kremlin keihard neergeslagen. In Boedapest waren Hongaarse demonstranten kansloos tegen Russische tanks: 2.500 Hongaren werden gedood, 200.000 Hongaren ontvluchtten hun land en in de maanden na de neergeslagen opstand werden talloze Hongaren gearresteerd. De Russen rekenden ook af met Nagy en de andere leiders van de opstand. Zij werden na een showproces geëxecuteerd. Nagy werd oneerbiedig in een naamloos graf begraven.

Toen het IJzeren Gordijn in 1989 bij Hongarije begon te rafelen en de vreedzame transitie van een communistische eenpartijstaat naar een meerpartijenstelsel werd ingezet, was de herbegrafenis van Nagy het eerste grote publieke evenement waarop Hongaren luid en duidelijk hun stem konden laten horen. Een jonge Viktor Orbán was een van de sprekers tijdens de live op radio en televisie uitgezonden ceremonie. Hij hield een vlammend betoog, waarin hij het gedachtegoed van Nagy omarmde en het Sovjetleger opriep te vertrekken. Als jonge liberale democraat was Orbán van mening dat de Sovjet-Unie Hongarije moest laten gaan, zodat het land aansluiting kon zoeken bij het welvarende westen van Europa.

De toespraak was het begin van de lange politieke carrière van Viktor Orbán. Maar drie decennia later heeft hij Nagy letterlijk en figuurlijk aan de kant gezet. Zijn standbeeld werd naar een nabijgelegen plein getakeld. De Hongaarse Opstand is volgens Orbán en de zijnen niet langer een van de sleutelmomenten in de geschiedenis van het moderne Hongarije. Trianon is sinds het interbellum weer terug van weggeweest. Fidesz gebruikt de Hongaarse geschiedenis om een nationalistische, antidemocratische, anti-intellectuele en xenofobe stemming te creëren om de eigen machtspositie te verstevigen.

Het beeld dat Fidesz schetst van de Hongaarse geschiedenis vormt de kern van het conservatief-nationalistisch programma van de partij. Zoals de verkiezingsuitslagen keer op keer uitwijzen, kan dat rekenen op instemming van een groot deel van de Hongaren, zeker bij de christelijke middenklasse en op het platteland. Net als Polen kent ook Hongarije een tweedeling en net als PiS zet Fidesz zich af tegen de kosmopolitische liberale intelligentsia in de grote steden. Hoewel de oppositie bestaat uit partijen van zeer divers politiek pluimage, spreken Orbán en de zijnen steevast van de 'linkse' oppositie. Dat refereert zowel aan de verfoeilijke westerse liberale waarden die zij zou willen opdringen aan conservatieve Hongaren, als aan de volgens de grondwet misdadige communistische overheersing.

Paradoxaal genoeg is Hongarije pas sinds het gehate Verdrag van Trianon een etnisch homogene natiestaat. In een toespraak ter ere van honderd jaar Trianon zei Orbán in 2020 dat de 'linkse' oppositie samenspant met duistere internationale machten die het 'doodvonnis' definitief willen voltrekken en het conservatief-nationalistische Hongarije te gronde willen richten. Het is een constant terugkerend thema in zijn toespraken.

De grote boeman in het buitenland is de Europese Unie – door Fidesz steevast aangeduid als 'Brussel' – die Hongarije met wet- en regelgeving kort probeert te houden en ongewenste liberale ideeën opdringt. Fidesz is naar eigen zeggen het enige betrouwbare schild en Orbán profileert zichzelf als de aanvoerder van een conservatieve christelijke tegenbeweging. Net als Kaczynski houdt hij de Hongaren een terugkeer naar een op christelijke leest geschoeid Europa voor.

In Hongarije zelf is de wederopstanding volgens Orbán begonnen in 2010, toen Fidesz aan de macht kwam. Wat hem betreft bepaalt de partij niet alleen hoe het Hongaarse verleden eruitziet, maar ook de toekomst van het land. In 2016 verklaarde hij in een interview dat hij nog twintig jaar politiek actief zal blijven, maar dat het aan de kiezer is in welke rol dat zal zijn. De illiberale staat Hongarije is inmiddels zo ingericht dat Orbán aan verkiezingsuitslagen niet hoeft te twijfelen. En anders kan Fidesz de Hongaren altijd nog Trianon als een zwaard van Damocles boven het hoofd houden.

PATRIOTTISME VAN MORGEN

Kaczynski en de zijnen zijn nog niet zo zeker van de toekomst als Orbán dat is. Maar het verleden wordt in Polen wel in steen gehouwen. Op de Citadel van Warschau – een in opdracht van de Russische tsaar Nicolaas I gebouwde dwangburcht waar ook Pilsudski ooit gevangen werd gehouden – wordt sinds 2018 met man en macht gewerkt aan de bouw van een nieuw Pools Historisch Museum. Het is een gigantisch gebouw dat een oppervlakte van 45.000 vierkante meter beslaat. De permanente tentoonstelling van het museum wordt de grootste historische tentoonstelling van Polen.

Hij vertelt het verhaal van de meer dan duizendjarige geschiedenis van de Poolse staat en natie met behulp van originele objecten, diorama's en multimedia. Het vrijheidsstreven van het Poolse volk en de vorming van de Poolse identiteit staan centraal: van koning Mieszko I tot nu, met uitgebreide aandacht voor hoogtepunten als het Pools-Litouwse Gemenebest en de Tweede Poolse Republiek, en dieptepunten als de Poolse Delingen, de Tweede Wereldoorlog en de communistische onderdrukking.

De toonzetting van de tentoonstelling zal geen verrassing zijn. Onder het mom van 'het patriottisme van morgen' ondersteunt het Pools Historisch Museum in oprichting al jaren lokale stichtingen en verenigingen, bibliotheken en regionale musea bij het 'koesteren en promoten van lokaal erfgoed, geschiedenis en cultuur'. Het museum verzorgt al lessen, stadswandelingen en kleine tentoonstellingen voor schoolklassen van alle leeftijden, van kleuters tot eindexamenleerlingen. Voor de allerjongsten zijn er heldere antwoorden op vragen als 'Wat is onafhankelijkheid?' en 'Wat zijn onze nationale symbolen?' Oudere kinderen leren over Katyn, het *Armia Krajowa* en het ontstaan van de Tweede Poolse Republiek. Onder PiS is 'patriottisch onderwijs' de standaard geworden, vooral op scholen op het conservatieve Poolse platteland. Schoolboeken prediken het historische evangelie volgens Kaczynski.

Het nieuwe Pools Historisch Museum krijgt natuurlijk ruime parkeergelegenheid voor alle schoolbussen die afreizen naar de hoofdstad. Want net als de talloze andere Poolse musea die de afgelopen jaren zijn geopend, kan het nieuwe historisch museum ongetwijfeld rekenen op grote bezoekersaantallen. Het museum vormt de voorlopige bekroning van de museumrage die het land sinds 2004 in zijn greep houdt. In dat jaar opende in Warschau het Museum van de Opstand, exact op de dag dat het *Armia Krajowa* in 1944 de strijd aanging met de nazi's.

De gelikte multimediatentoonstelling bracht de geschiedenis tot leven, maakte direct diepe indruk op bezoekers en werd de maatstaf voor alle nieuwe Poolse musea. De drijvende kracht achter de bouw van het Museum voor de Opstand was Lech Kaczynski, toen nog burgemeester van Warschau. Hij vond dat er te weinig aandacht was voor de Poolse heldenmoed en het Poolse slachtofferschap in de Tweede Wereldoorlog. Buiten Polen was iedereen de Opstand van Warschau in 1944 vergeten, terwijl de opstand in het Joodse getto van de stad in 1943 wereldwijde bekendheid genoot.

Trots op de nationale geschiedenis vormde het daarna het fundament van de geschiedenispolitiek die PiS uiteindelijk in 2015 ferm in het zadel van de macht hielp. Daarom is de partij ook zo gebrand op het uitbannen van andere visies op het verleden. De manier waarop het Museum van de Tweede Wereldoorlog in Gdańsk onder handen is genomen, is bepaald niet uniek. Bij talloze musea en culturele instellingen werden partijvrienden benoemd, veelal met een achtergrond bij het IPN. Zo ook het gelauwerde POLIN, het museum voor de geschiedenis van de Poolse Joden, dat voorbeelden toonde van hedendaags antisemitisme. Dat paste niet in het historische plaatje van PiS.

Het interessante is dat de Europese Unie in zekere zin aan de wieg staat van de Poolse museumrage. De verwerking van de traumatische twintigste eeuw begon voor landen in Midden- en Oost-Europa pas na 1989. Daarvoor werden zij ook waar het de geschiedenis betrof geacht om in de pas te lopen met de Sovjet-Unie. Landen als Polen, Hongarije en de Baltische staten hervonden hun eigen nationale geschiedenis. In de jaren negentig liep dat synchroon met de weg naar het EU-lidmaatschap. Bij de 'terugkeer naar Europa' rees ook de vraag hoe de in oost en west totaal verschillende beleving van de Tweede Wereldoorlog en de Koude Oorlog te verenigen was.

De nationale musea die tussen 1989 en de EU-toetreding in 2004 de deuren openden waren niet alleen bedoeld om de eigen geschiedenis terug te claimen en af te zetten tegen die van Rusland, maar ook om West-Europa duidelijk te maken dat de bevolking van Midden- en Oost-Europa slachtoffer was van onderdrukking door de nazi's en de Sovjets. De nieuwe lidstaten werden geacht de motto's 'nooit meer oorlog' en 'nooit meer Auschwitz' te omarmen, maar vonden dat dan ook hun eigen slachtofferschap moest worden benoemd.

Met herinneringswetgeving reikte de Europese Unie hun een middel aan om dat te doen. De eerste herinneringswetten stammen namelijk niet uit Polen, maar uit Duitsland en Frankrijk. Dat laatste land liep vanaf 1990 voorop bij het vastleggen van officiële 'standpunten' ten aanzien van de eigen geschiedenis met herinneringswetten. Zo is het ontkennen van de Holocaust strafbaar. Dat geldt ook voor andere genocides die zijn erkend door internationale tribunalen en – tot grote ergernis van de Turkse regering – de Armeense Genocide. Volgens de Franse wet gelden slavernij in het algemeen en de trans-Atlantische slavenhandel in het bijzonder ook als misdaad tegen de menselijkheid.

Het Franse herinneringswettenproject liep in 2005 spaak toen er een wet werd aangenomen die het verplicht stelde om in het geschiedenisonderwijs ook aandacht te besteden aan de positieve elementen van het Franse kolonialisme. Dat was voor veel Fransen een brug te ver en de Grondwettelijke Raad oordeelde dat de wet ongrondwettelijk was. De toenmalige president Jacques Chirac verklaarde dat geschiedschrijving een taak was voor historici en niet voor juristen.

De Franse wetten vormden wel inspiratie voor de Europese Unie. In 2008 heeft de Europese Unie in een kaderbesluit de andere lidstaten opgeroepen het Franse voorbeeld te volgen en het uit racistische of xenofobe motieven publiekelijk vergoelijken, ontkennen of verregaand bagatelliseren van door internationale tribunalen erkende gevallen van genocide, misdaden tegen de menselijkheid en oorlogsmisdaden strafbaar te stellen. Vrijwel alle lidstaten hebben daar gehoor aan gegeven.

In Midden- en Oost-Europa vormde het kaderbesluit samen met de veroordeling van alle misdrijven tegen de menselijkheid en de grootschalige schendingen door alle totalitaire en autoritaire communistische regimes door het Europees Parlement in 2009, de juridische gereedschapskist voor tal van herinneringswetten die het eigen slachtofferschap benadrukken en soms ook – zoals in het geval van Polen, Hongarije en de Baltische staten – de eigen bevolking vrijpleiten. Het wrange is dat zelfs de Russische herinneringswetten op Europese leest zijn geschoeid.

In Brussel had men niet kunnen bevroeden dat conservatief-nationalistische politici herinneringswetten zouden gebruiken om een juridisch slot op de deur van hun zorgvuldig geconstrueerde echokamer van musea, onderwijs en media te monteren. In tegenstelling tot in Rusland staat de deur in Polen en Hongarije gelukkig nog op een kiertje. Mondjesmaat dringen ook nog andere geluiden binnen. Hoewel het hun absoluut niet makkelijk wordt gemaakt, zijn er in beide landen nog dappere historici die niet bang zijn om het officiële nationale geschiedverhaal aan de kaak te stellen.

Net als in Rusland is het in Hongarije erg moeilijk om buiten de academische wereld om, kritiek voor het voetlicht te brengen. In Polen echter wordt volop gedemonstreerd tegen het conservatief-nationalistische beleid van PiS. Als er iets is dat de Poolse geschiedenis bewijst, dan is het dat de Polen zeer ervaren zijn in het verzet tegen politieke regimes die het verleden herschrijven om hun greep op de macht te verstevigen. Het gigantische nieuwe Pools Historisch Museum viert het vrijheidsstreven van de Polen. De ironie wil dat het wordt gebouwd op de plek van een dwangburcht. Zou dat Kaczynski als geschiedenisliefhebber zijn ontgaan?

3
Turkije
De nieuwe sultan

Ondanks de extreme hitte op vrijdag 24 juli 2020 verzamelde zich vanaf de vroege ochtend een grote mensenmassa in de straten en pleinen rond de monumentale Hagia Sophia-moskee. Sommige mensen droegen geïmproviseerde hoofddeksels tegen de brandende zon en mondmaskers tegen het coronavirus. Maar allemaal waren ze vastbesloten de hitte te trotseren om de aanstaande gebeurtenis niet te missen.

Het waren voor de verandering geen toeristen die in lange rijen stonden te wachten om het indrukwekkende werelderfgoed te mogen bewonderen. Die stonden op deze bijzondere dag juist voor een dichte deur. Een grote politiemacht versperde de toegang en keek toe hoe de duizenden mensen die in de verzengende hitte samendromden gebedskleedjes uitrolden. Al snel was ieder vrij plekje bedekt, ook op het aangrenzende Hippodroom naast de grote Blauwe Moskee, waar ooit Romeinse wagenrennen werden gehouden. Alles was klaar voor het islamitische vrijdaggebed.

Rond het middaguur arriveerde de hoofdgast bij de Hagia Sophia. De Turkse president Recep Tayyip Erdogan mocht samen met een select gezelschap van andere hoogwaardigheidsbekleders plaatsnemen in de weldadige koelte onder de gigantische koepel van de moskee. Daar luisterde hij samen met de andere gelovigen naar de dienst, die ook live werd uitgezonden op de Turkse tv. De imam predikte met zijn handen gevouwen op het gevest van een zwaard dat symbool stond voor de herovering van de Hagia Sophia voor Turkije en de rest van de islamitische wereld. Het was de eerste keer in 86 jaar dat de Hagia Sophia weer werd gebruikt als moskee.

Een langgekoesterde wens van Erdogan en zijn voor het overgrote deel uit soennitische moslims bestaande conservatieve achterban ging eindelijk in vervulling. In 2023 is hij twintig jaar aan de macht in Turkije en het vrijdaggebed in de Hagia Sophia was bij voorbaat al een voorlopige bekroning van die lange regeerperiode.

De Hagia Sophia werd oorspronkelijk in de zesde eeuw na Christus gebouwd als basiliek in wat toen nog Constantinopel heette, de hoofdstad van het orthodox-christelijke Byzantijnse Rijk. Bijna duizend jaar lang was het de grootste kerk ter wereld tot er op 29 mei 1453 met de val van Constantinopel een einde kwam aan het Byzantijnse Rijk. Sultan Mehmet II de Veroveraar maakte de stad tot hoofdstad van zijn islamitische Ottomaanse Rijk. Hij liet ook vier minaretten neerzetten bij de Hagia Sophia: voortaan was de kerk een moskee. De door moslims aanstootgevend geachte christelijke mozaïeken werden verborgen achter een dikke laag wit pleisterwerk.

Maar de oprichter van de huidige Republiek Turkije, Mustafa Kemal Atatürk, wilde breken met alle tradities van het vermolmde Ottomaanse Rijk en kneedde het moderne Turkije met een reeks radicale hervormingen tot een streng seculiere staat. Van de Hagia Sophia maakte Atatürk in 1934 een museum. De christelijke mozaïeken werden weer tevoorschijn gehaald en de hele wereld kon voortaan de schitterende fusie tussen christelijke en islamitische religieuze kunst en architectuur komen bewonderen. Jaarlijks maakten vier miljoen mensen gebruik van die mogelijkheid.

Het universele karakter is uniek. Internationaal kwam er daarom forse kritiek los op Erdogans besluit om de Hagia Sophia weer in gebruik te nemen als moskee. De paus in Rome toonde zich zelfs 'zeer gekwetst' over deze beslissing. Want vooral in christelijke kringen werd gevreesd voor de gevolgen voor het eeuwenoude erfgoed. Die vrees werd bovendien gedeeld door de UNESCO, de internationale organisatie die de werelderfgoedlijst beheert.

Maar die kritiek verstomde grotendeels toen de soep uiteindelijk niet zo heet gegeten werd. Toeristen kunnen de Hagia Sophia nog steeds bezoeken, tenzij één van de vijf dagelijkse gebedsdiensten aan de gang is. Dan worden de mozaïeken tijdelijk verborgen achter witte gordijnen. Wel wordt er nog gesteggeld over het turquoise groene tapijt dat permanent is uitgerold over de in geometrische patronen gelegde marmeren vloer. En over de schade die gelovigen berokkenen aan het kwetsbare monument, onder meer door stukjes af te breken van de Keizersdeur. Want nu de Hagia Sophia een nog grotere aantrekkingskracht uitoefent op islamitische toeristen, trekt de moskee meer bezoekers dan ooit tevoren.

Het opnieuw in gebruik nemen van de Hagia Sophia als moskee heeft een grote symbolische waarde voor Erdogan: met zijn besluit afficheerde hij zich als aanvoerder van de soennitische islamitische wereld. De Turkse president spiegelt zich zo nadrukkelijk aan de Ottomaanse sultans, en om dat te benadrukken bracht hij in 2020 na afloop van het vrijdaggebed in de Hagia Sophia een bezoek aan de graftombe van Mehmet de Veroveraar in de door die roemruchte sultan gebouwde Fatih-moskee.

Mehmet II is een van de grote helden van Erdogan. In 2009 opende hij een nieuw museum over de val van Constantinopel bij de Muur van Theodosius, die weliswaar de Ottomanen in 1453 niet tegen wist te houden maar wel nog steeds grotendeels overeind staat. En in 2012 toonde de president zich bij een speciale voorpremière zeer enthousiast over de spektakelfilm *Fetih 1453* (Verovering 1453), die daarna een megasucces zou worden in de Turkse bioscopen. Dankzij deze film kwam de verovering in het middelpunt van de belangstelling te staan, en Erdogans Partij voor Rechtvaardigheid en Ontwikkeling (*Adalet ve Kalkınma Partisi* of kortweg AK-partij) organiseert sindsdien jaarlijks herdenkingen in Istanboel.

Die waren eerst redelijk bescheiden, met mannen met martiale snorren die Ottomaanse marsmuziek speelden in een voetbalstadion, maar zijn sinds 2017 uitgegroeid tot grootschalige manifestaties met gigantische 3D-videoprojecties op gebouwen, begeleid met drones, lasers en vuurwerk. Op 29 mei 2022 woonden zelfs een half miljoen mensen een show bij waarin de Hagia Sophia het stralend middelpunt was.

Zij luisterden ook naar een donderende toespraak van Erdogan, die de Turken opriep om in het belang van de Turkse natie als één man achter hun leider te gaan staan. ‘Onze voorouders hebben het Byzantijnse Rijk begraven. Laten we hopen dat wij – door keihard te werken aan onze visie voor 2053 – uiteindelijk in staat zijn om de Byzantijnen die vandaag de dag tegen ons samenspannen naar de vuilnisbelt van de geschiedenis te verwijzen,’ aldus de Turkse president.

De Turkse militaire activiteiten in Libië, Syrië, Irak en de Oostelijke Middellandse Zee waren volgens hem nadrukkelijk bedoeld om de hedendaagse ‘Byzantijnen’ een halt toe te roepen en op te komen voor de belangen van onderdrukte soennitische broedervolkeren. Erdogan herinnerde er ook fijntjes aan dat Mehmet de Veroveraar zijn legerscharen niet alleen naar een overwinning in Constantinopel had geleid, maar ook het hedendaagse Griekenland had veroverd en de grenzen van het Ottomaanse Rijk had uitgebreid tot aan de poorten van Belgrado.

Mede dankzij dit soort toespraken en het autoritaire karakter van zijn regering wordt Erdogan ook wel ‘de nieuwe sultan’ genoemd. In 2014 nam hij zijn intrek in zijn gigantische nieuwe Ak Saray (Witte Paleis) bij de Turkse hoofdstad Ankara. Dat meer dan duizend kamers tellende presidentieel paleis is met tunnels, commandobunkers en een laboratorium om voedsel te testen voorbereid op elk mogelijk risico.

Erdogan is vastberaden de macht niet meer uit handen te geven. Sinds zijn conservatief-nationalistische AK-partij in 2002 de parlementsverkiezingen won, hebben Erdogan en de zijnen hun greep op Turkije steeds verder verstevigd. Onder het mom van hervormingen zijn de grondwet, de rechtstaat en het medialandschap stevig onder handen genomen. Massale demonstraties die in 2013 begonnen als een lokale protestactie tegen bouwplannen van Erdogan in het Gezipark in Istanboel en uitgroeiden tot een landelijke protestgolf tegen zijn autoritaire beleid, werden hardhandig neergeslagen.

Na de mislukte militaire staatsgreep tegen president Erdogan op 15 juli 2016 zijn er talloze nieuwe wetten aangenomen om critici en tegenstanders de mond te snoeren. Tegelijkertijd is Turkije met een grondwetswijziging overgestapt op een presidentieel stelsel. Net zoals ten tijde van de sultans van het Ottomaanse Rijk ligt de macht weer in het paleis. En daarmee is de weg vrij voor Erdogan om zijn toekomstvisie voor Turkije te realiseren, waarvoor de nieuwe sultan teruggrijpt op het roemrijke Turkse verleden.

Erdogans beleid wordt vaak samengevat onder de noemer 'neo-ottomanisme': het herstel van de verloren grandeur van het Ottomaanse Rijk, dat in 1918 aan het einde van de Eerste Wereldoorlog ten onder ging. Dat neo-ottomanisme zou ten grondslag liggen aan het assertieve Turkse buitenlands beleid en talloze megaprojecten in eigen land. Bovendien zouden Erdogan en zijn conservatieve AK-partij het door Atatürk gelegde moderne en seculiere fundament van de Republiek Turkije ondermijnen ten faveure van een terugkeer naar de religieuze identiteit van het Ottomaanse Rijk. Het opnieuw in gebruik nemen van de Hagia Sophia als moskee past perfect in dat plaatje.

Maar Erdogans blik op het Turkse verleden is veel breder dan de zeshonderd jaar van het Ottomaanse Rijk. In 2015 ontving hij de president van de Palestijnse Autoriteit, Mahmoud Abbas, op zijn Witte Paleis. Erdogan en Abbas schudden elkaar de hand te midden van zestien leden van Erdogans presidentiële garde die voor de gelegenheid waren uitgedost als authentieke Turkse krijgers uit vergane tijden. Abbas keek wat bedremmeld op de officiële foto's van de ontvangst. Die oogstten hoongelach op social media. In de potsierlijke collectie werden tussen de slecht nagemaakte maliënkolders ook nepsnorren en iets wat leek op een badjas ontwaard. Het gezelschap kreeg de spottende bijnaam 'De Broeders van de Douchecabine'.

Voor Erdogan was het echter een serieuze zaak. Het staatspersbureau maakte later bekend dat de verschillende historische kostuums de '16 Grote Turkse Rijken' uit de wereldgeschiedenis vertegenwoordigden: van de Hunnen en de Seltsjoeken tot de Gouden Horde en het Ottomaanse Rijk. In het officiële presidentiële zegel omcirkelen zestien sterretjes een zon die de Republiek Turkije symboliseert als stralend middelpunt. Erdogan ziet zijn land en dus ook zichzelf als de vertegenwoordiger van alle 250 miljoen Turkstaligen ter wereld. Daarom laat hij de geschiedenis van het hedendaagse Turkije liever beginnen in 1071.

VAN MANZIKERT TOT DUMLUPINAR

Op een zaterdag in de zomer van 2017 gebeurde er iets bijzonders. De iets meer dan twintigduizend zielen tellende lokale gemeenschap van Malazgirt kreeg voor het eerst hoog bezoek uit Ankara. Niemand minder dan president Erdogan reisde op 26 augustus af naar het slaperige plaatsje dat niet ver van de uiterste oostgrens van Turkije ligt. Op een stoffige vlakte nabij het dorp waren een groot podium en traditionele nomadische joerts neergezet. Acteurs in middeleeuwse maliënkolders speelden voor een groot publiek van hoogwaardigheidsbekleders een veldslag na: Erdogan kwam met veel bombarie de 946e verjaardag van de Slag bij Manzikert herdenken.

In 1071 stond Malazgirt namelijk beter bekend als Manzikert en het lag in het uiterste oosten van het Byzantijnse Rijk. Op 26 augustus van dat jaar bracht een Seltsjoekenleger onder leiding van sultan Alp Arslan het Byzantijnse Rijk daar en gevoelige nederlaag toe door een leger onder aanvoering van de Byzantijnse keizer Romanus IV te verslaan.

Hoewel het daarna nog bijna vierhonderd jaar zou duren totdat Mehmet de Veroveraar de Byzantijnse hoofdstad Constantinopel zou veroveren, ging het vanaf de Slag bij Manzikert wel snel bergafwaarts met het Byzantijnse Rijk. De overwinning van Alp Arslan maakte de weg vrij voor de verovering en islamisering van Anatolië door de Seltsjoeken en hun opvolgers, de Ottomanen. Anatolië is de kern van het huidige Turkije.

Toen 946 jaar later het stof na de nagespeelde veldslag weer was neergedaald hield Erdogan een toespraak in Malazgirt. Omringd door zijn presidentiële garde in de historische kostuums van de 16 Grote Turkse Rijken verklaarde de Turkse president: 'Met deze overwinning gaf Alp Arslan ons volk een nieuw thuisland en een nieuwe toekomst.' Voor Turkse nationalisten als Erdogan vormt de Slag bij Manzikert daarom het mythische beginpunt van de hedendaagse Turkse natie. Voor 2017 werd de veldslag niet herdacht, maar sindsdien is het festijn in Malazgirt een jaarlijks terugkerend fenomeen op Erdogans agenda.

De geschiedenis van de Turken begint overigens nog verder terug in de tijd met de 'oer-Turken', de Ogoezen. Dat was een van de grootste Turkse – ook wel Turkmeense – volkeren in Centraal-Azië met wortels in het Altaj-gebergte waar Mongolië, China, Kazachstan en Rusland bij elkaar komen. Van daaruit zwermden deze nomaden uit over de steppen. In verschillende constellaties wisten ze grote gebieden in hun greep te houden. Het Rijk der Göktürken (552-745) was een federatie van nomadische Turkse stammen waarvan het imperium in Centraal-Azië op het hoogtepunt strekte van de Chinese Grote Muur tot aan de Zwarte Zee.

De Seltsjoeken waren afstammelingen van de Ogoezen. Zij trokken in de tiende eeuw op uitnodiging van de Arabische Abbasidendynastie naar het Midden-Oosten. De Seltsjoeken waren tot de islam bekeerd en de Abbasiden dachten dat zij door de nieuwe samenwerking hun tanende macht konden behouden. Maar het tegendeel was het geval. De Seltsjoeken namen de macht over en stichtten het Groot-Seltsjoekenrijk (1038-1157), dat van Anatolië tot in Kirgizië reikte. De centrale rol binnen de islamitische wereld ging over van Arabische in Turkse handen. Het waren ook de Seltsjoeken die de strijd aangingen met de Europese kruisvaarders die tussen 1091 en 1291 uiteindelijk tevergeefs probeerden voet aan de grond te krijgen in het Heilige Land.

Door de Seltsjoeken en Alp Arslan op het schild te hijsen en de Slag bij Manzikert tot de kiem van het moderne Turkije te bestempelen, slaat Erdogan meerdere vliegen in één klap. In de eerste plaats benadrukt hij met de Seltsjoeken de historische band tussen Turkije en de andere Turkstalige landen in de wereld. Erdogan gaat er prat op dat de 250 miljoen Turkstaligen wonen in een gebied dat 12 miljoen vierkante kilometer beslaat, terwijl de Volksrepubliek China 9 miljoen vierkante kilometer meet. Turkije is in Erdogans ogen de natuurlijke leider van de in 2009 opgerichte Organisatie van Turkse Staten. De andere leden zijn Azerbeidzjan, Kazachstan, Oezbekistan en Kirgizië. Erdogans liefde voor de 16 Grote Turkse Rijken uit het verleden gaat ver. Zelfs in Mongolië zijn borden met de Turkse halve maan te vinden bij door Turkije gesubsidieerde infrastructuurprojecten.

Daarnaast hebben de Seltsjoeken de islam naar Anatolië gebracht en met zijn herdenkingen van de Slag bij Manzikert probeert Erdogan zijn rol als pleitbezorger van de internationale soennitisch islamitische gemeenschap nog wat dikker aan te zetten. Daarop voortbordurend is er voor Erdogan nog een belangrijkere reden om de herinnering aan de Seltsjoeken nieuw leven in te blazen. Zij vormen de ideale link tussen het seculiere Turkse etnische nationalisme van de 16 Grote Turkse Rijken waarop Atatürk de Republiek Turkije heeft gegrondvest en de nostalgie van Erdogan en zijn achterban naar de hoogtijdagen van het islamitische Ottomaanse Rijk.

Na verwoestende Mongoolse invasies in de dertiende eeuw namen de Ottomanen het stokje over van de Seltsjoeken. Het Ottomaanse Rijk begon in 1299 als een van de kleine Turkse vorstendommen in Anatolië die oprezen uit de as van het Groot-Seltsjoekenrijk. Osman I was de stamvader van de Ottomaanse dynastie die uiteindelijk tot 1922 zou heersen over een wereldrijk dat zijn naam droeg, want hij en zijn opvolgers wisten vanuit Anatolië een enorm gebied in Europa, Noord-Afrika en het Midden-Oosten te veroveren.

De Ottomaanse veroveringen reikten in alle windrichtingen. Machtige sultans als Mehmet II de Veroveraar, Selim I de Geharde en

Süleyman I de Prachtlievende breidden het Ottomaanse Rijk steeds verder uit, totdat het op het hoogtepunt strekte van de poorten van Wenen tot de Golf van Aden en van Algiers tot de Perzische Golf. Ottomaanse kapiteins als Oruc Reis en diens broer Hayreddin Barbarossa maakten de dienst uit op de Middellandse Zee.

Vooral in de zestiende en zeventiende eeuw maakte het Ottomaanse Rijk een grote bloeiperiode door, zowel politiek en economisch als cultureel. De Ottomaanse sultans konden als kalief het leiderschap van de islamitische wereld claimen en wierpen zich op als beschermer van alle moslims. Dankzij een vroege vorm van religieuze tolerantie en een subtiel samenspel tussen de centrale macht van de sultan in Istanboel en de regionale macht van de lokale elites heerste er relatieve rust. De *Pax Ottomana* bracht vrede en stabiliteit binnen de grenzen van een multi-etnisch rijk. De hoogstaande Ottomaanse cultuur en wetenschap en de oriëntaalse pracht en praal van het hof van de sultans spraken overal tot de verbeelding, ook in het Westen.

Het Ottomaanse Rijk was een wereldmacht. De sultan in Istanboel was eeuwenlang een geduchte concurrent voor andere machthebbers in Europa, Rusland en het Midden-Oosten. Vooral op de Balkan en rond de Zwarte Zee werden talloze oorlogen uitgevochten. Tot tweemaal toe – in 1529 en 1683 – mislukte een belegering van Wenen, maar het Ottomaanse Rijk boezemde in Europa grote angst in. Voordat het Russische Rijk die rol in de negentiende eeuw overnam, was 'de Turk' de grote vijand uit het Oosten. Meer dan vierhonderd jaar lang was niet de tsaar maar de sultan de grote boeman.

De hoogtijdagen van het Ottomaanse Rijk vormen een hoofdstuk in de Turkse geschiedenis waar veel Turken – inclusief hun president – met weemoed aan terugdenken, want de nasleep van het mislukte Beleg van Wenen in 1683 luidde een lange periode van verval in. Het Ottomaanse Rijk moest gaandeweg steeds meer terrein prijsgeven aan de Europese grootmachten.

De Ottomaanse sultans in Istanboel moesten met lede ogen toezien hoe ze relatief steeds verder achteropraakten bij hun tegenstrevers in

Europa. Economisch en militair kon het Ottomaanse Rijk de andere grootmachten niet bijbenen en schuchtere pogingen om te moderniseren en te hervormen mochten niet baten. En langzaam maar zeker schoven de grenzen van het rijk over de Balkan terug naar Anatolië.

In de negentiende eeuw ging het vervolgens helemaal hard en gold het rijk als 'de zieke man van Europa'. Daarbij hielp het in heel Europa ontwakende nationalisme niet. Beginnend met Griekenland in 1821 verklaarden steeds meer volkeren zich onafhankelijk. De Europese grootmachten wakkerden met name op de Balkan het onafhankelijkheidsstreven aan in de hoop hun eigen invloedssferen uit te kunnen breiden ten koste van het Ottomaanse Rijk. Na de Balkanoorlogen van 1912-1913 vertoonde 'Europees Turkije' grote overeenkomsten met de huidige grens tussen Turkije en de Europese Unie.

Een naarstige zoektocht naar bondgenoten in Europa viel de keuze uiteindelijk aan de vooravond van de Eerste Wereldoorlog op het Duitse Keizerrijk. Dat bleek een ongelukkige keuze. Weliswaar hielden de Ottomanen stand aan het front in Macedonië en werden grote Britse offensieven bij Gallipoli en Al Koet – bedoeld om de weg naar de Zwarte Zee vrij te maken en Irak te veroveren – aanvankelijk gestuit, maar na 1916 ging het toch bergafwaarts. Uiteindelijk trokken de Ottomanen samen met de Duitsers, Oostenrijkers, Hongaren en Bulgaren bij de wapenstilstand van 1918 aan het kortste eind.

De Eerste Wereldoorlog bleek het roemloze einde voor het eens oppermachtige Ottomaanse Rijk. Op de Vredesconferentie van Parijs werd het definitief ontmanteld. In het Verdrag van Sèvres werd driftig geschoven met de grenzen in het Midden-Oosten en Anatolië. De Britten en de Fransen namen de voormalige Arabische provincies over – het hedendaagse Irak, Syrië, Libanon en Israël. Italië kregen grote delen van de Noord-Afrikaanse en Zuid-Anatolische kust. Griekenland mocht geheel Europees Turkije en een groot aantal eilanden in de Egeïsche Zee annexeren, en een groot gebied bezetten rond de havenstad Smyrna (het huidige Izmir) aan de Turkse westkust. Daarnaast voorzag het verdrag in een onafhankelijke Armeense en een autonome Koerdische staat in Oost-Anatolië.

De handtekening van de Ottomaanse delegatie onder het verdrag was op het moment van ondertekenen echter nog maar weinig waard. Aangevoerd door legerleider Mustafa Kemal, die ook al een belangrijke rol had gespeeld in de Slag om Gallipoli, was een militaire nationalistische verzetsbeweging vanuit Ankara in het hart van Anatolië de strijd aangegaan met de Europese bezetters en de sultan.

Wat later de Turkse Onafhankelijkheidsoorlog is gaan heten verliep voor de Turken heel voorspoedig. Zij wisten uiteindelijk alle buitenlandse machten te verdrijven. Op 30 augustus 1922 werd bij Dumlupinar, halverwege Ankara en Smyrna, de beslissende slag tegen de Grieken gewonnen. Die dag wordt in Turkije nog steeds gevierd als Overwinningsdag. Met het Verdrag van Lausanne kwam er in juli 1923 een einde aan de oorlog en werden de huidige Turkse grenzen vastgesteld. Op 29 oktober van dat jaar stichtte Mustafa Kemal de Republiek Turkije.

Mustafa Kemal kreeg van zijn landgenoten de eretitel Atatürk, Vader der Turken. Hij werd de gevierde eerste president van de nieuwe republiek. Atatürk en zijn opvolgers wilden een radicale breuk met het verleden bewerkstelligen. Het Ottomaanse tijdperk was in hun ogen een duistere tijd van islamitische achterlijkheid en Turkse inferioriteit. Volgens Atatürk liet het Ottomaanse Rijk een achterhaalde oosterse erfenis na, die onverenigbaar was met de westerse toekomst van de moderne seculiere Turkse staat. Want dat was de toekomst die Atatürk voor ogen had. Dat was namelijk volgens hem de enige manier om overheersing door Europese mogendheden te ontlopen en een eigen beleid te kunnen voeren. Turkije moest grondig moderniseren en een etnisch Turkse en strikt seculiere staat worden.

Volgens Atatürk vormden alle burgers binnen de Turkse grenzen één ondeelbare natie. De Turkse identiteit kwam centraal te staan met de 16 Grote Turkse Rijken als historisch fundament. In een radicaal hervormingsprogramma werden alle banden met het Ottomaanse Rijk zonder pardon doorgesneden. Het sultanaat en het kalifaat werden afgeschaft. De staat controleerde voortaan middels het Directoraat voor Religieuze Zaken, beter bekend als Diyanet, alle religieuze instellingen; veel traditionele kleding werd verboden, de fez en de hoofddoek in het bijzonder. Het Arabisch moest plaatsmaken voor het Turks als officiële taal, met het Latijnse alfabet als het officiële schrift. De hoofdstad verhuisde van Istanboel naar Ankara, ver in het Anatolische binnenland.

Daar ligt de Vader der Turken sinds 1938 begraven in het enorme mausoleum Anitkabir. Het zogeheten kemalisme bleef na zijn dood de politieke leidraad voor zijn opvolgers. Tot 1997 zorgde het Turkse leger er met een reeks van staatsgrepen voor dat Turkije een seculiere koers bleef varen. Daarna hield het leger zich voortaan afzijdig en kon het meerpartijenstelsel opbloeien, inclusief partijen met een religieuze grondslag. Via die weg kwamen Erdogan en zijn AK-partij in 2002 aan de macht. Zij grepen weer terug op de islamitische wortels van Turkije. Het Ottomaanse Rijk was niet langer een onderschoven kindje.

OTTOMANIA

Mensen in conservatieve islamitische kringen in Turkije voelden zich al langer niet thuis in eigen land door de hervormingen van Atatürk en het extreme secularisme dat vervat is in het kemalisme. Er is een duidelijke scheidslijn tussen seculiere 'verwesterde' Turken in Istanboel en de kustgebieden, waaronder ook veel uit Europa teruggekeerde Turken, en conservatieve gelovige Turken die in de binnenlanden van Anatolië wonen.

Erdogan heeft zich over die laatste groep mensen ontfermd: onder zijn bestuur heeft Turkije een draai van 180 graden gemaakt. Atatürks hervormingen zijn voor een belangrijk deel teruggedraaid. En Erdogan en de AK-partij hebben de culturele erfenis van het Ottomaanse Rijk juist omarmd. De Turkse regering bevordert actief een heropleving van Ottomaanse tradities en cultuur, inclusief de religieuze aspecten.

Erdogan en de zijnen haken daarmee handig in op een hernieuwde belangstelling voor de Ottomaanse cultuur in de Turkse samenleving. De liefde voor het Ottomaanse Rijk heeft een hoge vlucht genomen sinds de AK-partij in 2002 aan de macht is gekomen. Het Ottomaanse verleden staat weer in het middelpunt van de belangstelling. Dat is niet alleen veroorzaakt door Erdogans omarming van het Ottomaanse Rijk, maar het vloeit – onbedoeld – ook voort uit het sociaaleconomisch beleid dat de AK-partij heeft gevoerd.

Tijdens de eerste jaren van zijn bewind had Erdogan de economische wind mee. De Turkse economie realiseerde enorme groeicijfers. Dat gaf Erdogan armslag voor grootschalige investeringen om de levensstandaard van de Turken flink op te krikken. In steden in het Anatolische achterland, waar het grootste deel van de achterban van de AK-partij woont, verrezen nieuwe ziekenhuizen, universiteiten en voetbalstadions.

Vooral Erdogans eigen achterban plukte de vruchten van zijn beleid en groeide uit tot een welvarende conservatieve islamitische middenklasse. Die kocht niet alleen auto's en koelkasten, maar gaf zijn geld ook uit aan dingen als meubels, kleding en restaurantbezoekjes. Op zoek naar een eigen stijl kwam men algauw terecht bij de Ottomaanse culturele nalatenschap. De Ottomaanse stijl viel enorm in de smaak en werd de nieuwe mode. Dat maakte het Ottomaanse Rijk commercieel zeer interessant. De nieuwe Turkse middenklasse had immers flink geld te besteden.

Het resultaat is een ware 'Ottomania'. Het Ottomaanse Rijk is weer terug van weggeweest, en overal waar je kijkt: in kleding, cuisine, architectuur, meubels, muziek, romans, tv-series en films. Ottomaanse ontwerpen hebben hun weg gevonden naar de muren van huizen en kantoren, juwelen en zelfs visitekaartjes. Wie door de straten van Istanboel loopt, ziet overal ijsverkopers in traditionele kleurrijke geborduurde giletjes met een ooit door Atatürk verboden fez op het hoofd grappen uithalen met volgens oud recept gemaakt plakkerig *dondurma*-ijs. Zelfs de Amerikaanse Burger King had jaren geleden een reclame waarin een janitsaar, een lid van het elitekorps van het Ottomaanse leger, van onder een pontificale snor het 'Sultan Menu' aanprees, terwijl op de achtergrond Ottomaanse legermuziek klonk.

Turkse kijkers smullen ook van een onophoudelijke stroom films en televisieseries die over hen wordt uitgestort. Het succes van de bioscoopkraker *Fetih 1453* was bepaald geen uitzondering. Vooral soapseries die zich afspelen in het Ottomaanse Rijk kunnen rekenen op grote populariteit. De van 2011 tot 2014 lopende hitserie *Muhteşem Yüzyıl* (De Prachtige Eeuw) over het hof van sultan Suleiman de Prachtlievende, die van 1520 tot 1566 de scepter zwaaide over het Ottomaanse Rijk, heeft inmiddels talloze succesvolle navolgers gekregen.

'Ottomania' appelleert aan gevoelens van nostalgie, zeker bij de conservatieve islamitische achterban van Erdogan. Wanneer een traditionele *mehter* – de militaire kapel is overigens een Ottomaanse uitvinding – op straten en pleinen oude marsmuziek speelt, dan raakt dat een gevoelige snaar bij veel Turken. De klanken uit de Ottomaanse tijd brengen een gevoel van eenheid, door terug te verwijzen naar een gezamenlijk en groots verleden.

Dat gevoel bevordert Erdogen graag en op het succes ervan speelt hij sluw in door dat verleden verder te verheerlijken en tegelijkertijd de ondergang van het Ottomaanse Rijk te betreuren. Hij benadrukt het 'afzakken' van Turkije tot een middelgrote natiestaat en de daarmee gepaard gaande 'vernedering' in de negentiende en twintigste eeuw door 'schandvlekken' als het Verdrag van Sèvres. Volgens Erdogan zijn de Turken diep gekwetst door deze traumatische geschiedenis.

Daar zit een kern van waarheid in. De demografie van het huidige Turkije vloeit voort uit de ondergang van het Ottomaanse Rijk. Driekwart van de bevolking is Turks. Veel van deze Turken stammen af van vluchtelingen die tijdens het verval van het Ottomaanse Rijk een veilig heenkomen zochten in wat nu Turkije is. De Russisch-Turkse Oorlog (1877-1878), de Balkanoorlogen (1912-1913), de Eerste Wereldoorlog (1914-1918) en de Turkse Onafhankelijkheidsoorlog (1919-1922) brachten de Turken nederlagen en deportaties. Zij werden van huis en haard verdreven door de Europese grootmachten en dat heeft bij veel families diepe sporen nagelaten die nog steeds zichtbaar zijn.

In de tweede helft van de twintigste eeuw wisten als gevolg van oorlogen en onderdrukking Bulgaarse Pomaken, Bosniakken en Albanezen vanaf de Balkan, Oezbeken, Turkmenen en Tataren uit de Sovjet-Unie en zelfs Oeigoeren uit China de weg naar Turkije te vinden. Het resultaat is een Turkse gemeenschap die bestaat uit uiteenlopende etnische en religieuze groepen. Wat hen samenbindt is een existentiële angst voor het uiteenvallen van de Turkse staat en een herhaling van een persoonlijke familiegeschiedenis die vaak is getekend door geweld en een gedwongen vlucht van huis en haard.

Voor Erdogan is die existentiële angst dé reden om te pleiten voor een sterke staat, geleid door een sterke man. De gloriedagen van het Ottomaanse Rijk vormen voor hem het grote voorbeeld voor het moderne Turkije. De machtige sultans zwaaiden de scepter over een alom gevreesde grootmacht en hun invloed reikte tot ver in Europa, Afrika en het Midden-Oosten. Zij waren de onbetwiste aanvoerders van de islamitische wereld. Dat is de spiegel die Erdogan de Turken voorhoudt en dat is zijn doel voor de toekomst.

Na de Turkse onafhankelijkheid in 1923 liep Turkije decennialang achter. Tot 1954 torste het land de last van de oorlogsschulden van de Eerste Wereldoorlog met zich mee. Daarna maakte Turkije een economische inhaalslag, waarbij het land vooral onder Erdogan aan het begin van de eenentwintigste eeuw snel bergop ging en relatief weinig last had van de wereldwijde economische crisis in 2008.

In de eerste volkstelling, vier jaar na de Turkse onafhankelijkheid gehouden, telde Turkije slechts 13 miljoen inwoners, maar nu zijn dat er inmiddels meer dan 84 miljoen. Er wonen meer mensen in Turkije dan in Duitsland. In 1923 was 79 procent van de Turken nog analfabeet, maar dankzij de inspanningen van de kemalisten zijn er bijna geen analfabeten meer over. Mede daardoor heeft Turkije zich kunnen ontwikkelen tot een modern en ontwikkeld land.

Nu moet het trotse, herboren Turkije volgens Erdogan weer net als in de Ottomaanse tijd voorop gaan lopen en zijn leidende rol als regionale grootmacht herpakken. De grenzen van de Turkse invloedssfeer die de Turkse president daarbij op het oog heeft, vertonen grote overeenkomsten met de grenzen van het Ottomaanse Rijk. Als politieke ideologie gaat het neo-ottomanisme uit van een grotere politieke betrokkenheid met regio's die voorheen deel uitmaakten van het rijk.

Ankara gaat zelfs een stapje verder en werpt zich op als belangenbehartiger van alle etnische Turken – ook de Turkse broedervolkeren in het Midden-Oosten en Centraal-Azië en de Turkse immigrantengemeenschappen in West-Europa. En de Turkse regering ziet zichzelf als voorvechter van soennitische belangen, net zoals de Ottomaanse sultans dat ooit waren tot de opheffing van het kalifaat door Atatürk in 1924.

Het neo-ottomanisme is ook ingegeven door het feit dat de toetredingsonderhandelingen met de Europese Unie niets hebben opgeleverd. Veel Turken zijn van mening dat de EU Turkije onterecht in de kou heeft laten staan. Na het NAVO-lidmaatschap in 1952 sloot het land al in 1963 een associatieverdrag. In 1996 trad Turkije vervolgens toe tot de Europese douane-unie, maar sindsdien is er weinig gebeurd.

De zich sinds 2005 eindeloos voortslepende toetredingsonderhandelingen hebben in Turkije een bittere nasmaak achtergelaten. Erdogan heeft daar overigens niet zoveel last van: het EU-lidmaatschap was decennialang een voorgehouden wortel voor meer democratisering en liberalisering. Nu het lidmaatschap achter de horizon is verdwenen, hoeft Erdogan zich niets meer aan te trekken van Europese kritiek op zijn autoritaire trekjes en de afbraak van de Turkse democratie.

Sterker nog, Erdogan heeft het toetredingsperspectief eerst handig gebruikt om zijn greep op het Turkse politieke landschap te vergroten. Zo was het de EU die aandrong op het breken van de politieke macht van het Turkse leger, dat zich als bewaker van de Turkse democratie zag en sinds 1923 niet had geaarzeld om coups te plegen. Maar nadat Erdogan zich met een aantal showprocessen van die taak had gekweten, had hij zelf alle touwtjes in handen. Vervolgens keerde de Turkse president zich af van Europa en richtte hij zijn aandacht op het herstel van de glorie van het Ottomaanse Rijk. Dat was een nieuwe rol voor Turkije die veel beter paste bij Erdogans grote conservatieve islamitische achterban en zijn omarming van het Ottomaanse culturele erfgoed.

Toen Turkije op weg was op het pad naar het lidmaatschap van de Europese Unie, werd het multi-etnische karakter en de religieuze tolerantie van Ottomaanse Rijk benadrukt. Bij het EU-lidmaatschap paste een beeld van Turkije als brug tussen Oost en West, een toonbeeld van tolerantie. Maar die tijd is voorbij. De geschiedenis van het Ottomaanse Rijk wordt nu – van Manzikert tot Dumlupinar en verder – nadrukkelijk als een Turks verhaal afgeschilderd in films, tentoonstellingen en herdenkingen. Bovendien past een krijgshaftig beeld van het Turkse verleden nu beter.

Daarom kon *Muhteşem Yüzyıl* ook rekenen op stevige kritiek van Erdogan. In de serie over het hof van sultan Suleiman de Prachtlievende ging vooral veel aandacht uit naar de sappige intriges in de hofhouding en de harem, inclusief het verhaal van Suleimans slavin Roxelana, die zich op wist te werken tot zijn favoriet.

Erdogan herkende zich niet in dit beeld van de sultan. In een open brief aan de makers schreef hij: 'Wij kennen deze Suleiman niet. Onze Suleiman bracht dertig jaar van zijn leven door op de rug van een paard, in tegenstelling tot het leven van verwennerij en weelde dat wordt verbeeld in de serie. Ik heb de regisseurs en de eigenaar van de betreffende tv-zender publiekelijk veroordeeld en de overheid hierover ingelicht. Het is nu aan de rechterlijke macht om de juiste beslissing te nemen.'

In de daaropvolgende seizoenen toonde *Muhteşem Yüzyıl* minder intriges aan het hof en meer scènes op het slagveld. Latere successeries als *Dirilis: Ertugrul* (Ertugrul: Opkomst) en *Kuruluş: Osman* (Osman: Vestiging) over de 'bevrijding' van Anatolië door Osman I en diens vader Ertugrul, en *Mehmed: Bir Cihan Fatih* (Mehmed: Wereldveroveraar) over de roemruchte veroveraar van Constantinopel, volgden gedwee het voorgeschreven stramien. Ottomania is in Turkije niet langer alleen een kwestie van nostalgie, maar heeft ook een sterk politiek tintje.

ERDOGANS FAVORIETE SULTAN

In bijna alle overheidsgebouwen in Turkije hangen tegenwoordig portretten van Ottomaanse sultans. De prominentste plek in de portrettengalerij is vaak gereserveerd voor sultan Abdülhamit II. Dat lijkt op het eerste gezicht opmerkelijk, want hij regeerde van 1876 tot 1909, in de nadagen van het Ottomaanse Rijk dat toen werd gezien als de zieke man van Europa. Het eens zo machtige rijk speelde in de Europese politiek geen rol van betekenis meer en was in de negentiende eeuw op alle mogelijke manieren achteropgeraakt bij de Europese mogendheden. Stukje bij beetje was gebied verloren gegaan op de Balkan. Pogingen om met een periode van hervormingen – het Tanzimaat – die achterstand in te halen hadden niets uitgehaald.

Toen Abdülhamit II in 1876 de troon besteeg toonde hij zich in eerste instantie ook een hervormer. Hij voerde de eerste Ottomaanse grondwet in, waarmee het rijk een op westerse leest geschoeide constitutionele monarchie werd. Maar het mocht niet baten: in de tiende Russische-Turkse Oorlog (1877-1878) leed het Ottomaanse Rijk weer een smadelijke nederlaag en moest het bijna al het grondgebied in Europa prijsgeven. De sultan gooide het roer radicaal om. Het kersverse Turkse parlement werd naar huis gestuurd. Abdülhamit II voerde voortaan een autocratisch bewind. Hij was ervan overtuigd dat hij zijn verkruimelende rijk alleen met harde hand bij elkaar kon houden.

Westers gedachtegoed wees Abdülhamit II resoluut van de hand als een bedreiging voor de eenheid. De sultan greep juist terug op de lange Ottomaanse geschiedenis en omarmde pan-islamisme als verbindend element.

In oerconservatieve Turkse kringen wordt Abdülhamit II daarom vereerd als 'de Verheven Sultan', de laatste islamitische Ottomaanse heerser die zich verzette tegen het Westen. Hij zag het terugdraaien van de verwestersing en het bevorderen van de islamitische eenheid binnen (en buiten) de grenzen van zijn rijk als de sleutels tot een Ottomaanse wederopstanding. Van buitenaf werd het rijk bedreigd door samenspannende Europese grootmachten en van binnenuit door fanatieke nationalistische minderheden en volgens de sultan was zijn koers de ideale manier om deze dreigingen het hoofd te bieden.

Dat betekende overigens niet dat Abdülhamit II modernisering volledig afwees. Onder zijn heerschappij werd de onder het Tanzimaat ingezette versterking van de centrale overheid verder doorgezet. Duizenden ambtenaren zorgden ervoor dat de macht vanuit Istanboel tot in de verste uithoeken reikte. Samen met de bouw van scholen en het uitrollen van spoorwegen, telegraaflijnen en een uitgebreid spionagenetwerk zorgde dit ervoor dat de sultan zijn rijk stevig in zijn greep kon houden. De aanleg van de bijna 1500 kilometer lange Hidjazspoorweg van Damascus naar Medina was bovendien een prestigeproject dat het leven van pelgrims naar Mekka aanzienlijk makkelijker maakte.

Abdülhamit II regeerde als een despoot. Zijn rijk was een politiestaat. Politieke activisten en kritische journalisten werden gevangengezet of verbannen. Kranten en tijdschriften werden zwaar gecensureerd. Zo was het verboden om grote neuzen te tekenen in spotprenten omdat de sultan zelf een fors exemplaar had. Burgers keken altijd even over hun schouder voordat ze spraken, bang voor de alomtegenwoordige spionnen. De hardvochtige sultan werd het doelwit van aanslagen en trok zich paranoïde terug achter de muren van het in zijn opdracht gebouwde Yildizpaleis in Istanboel.

In 1909 werd hij afgezet en verbannen na een staatsgreep door de Jonge Turken, een groep officieren die de constitutionele monarchie wilde herstellen. Ook Atatürk was lid van de Jonge Turken en zij vormden later de harde kern van de nationalistische militaire verzetsbeweging die tijdens de Turkse Onafhankelijkheidsoorlog aan de wieg stond van de Republiek Turkije.

De Verheven Sultan is dus niet bepaald een lichtend voorbeeld. Toch heeft president Erdogan hem een van 'de belangrijkste, meest visionaire en strategisch denkende sultans' genoemd. Op door de Turkse regering georganiseerde conferenties en in regeringsgezinde media wordt Abdülhamit II geroemd als kompas in 'de donkerste dagen' van de Turkse geschiedenis. De sultan wordt neergezet als een van de belangrijkste voorgangers van Erdogan.

Sterker nog, sinds de mislukte staatsgreep op 15 juli 2016, waarbij een deel van de Turkse strijdkrachten claimde de grondwettelijke orde en de democratie in Turkije te willen herstellen, laat Erdogan geen kans onbenut om de overeenkomsten tussen hem en Abdülhamit II te benadrukken. Zo steekt hij zijn liefde voor de sinds februari 2017 door de Turkse staatsomroep TRT uitgezonden serie *Payitaht: Abdulhamid* (*Abdulhamit: de hoofdstad*; voor het internationale publiek vertaald als *De Laatste Sultan*) niet onder stoelen of banken. Daarin wordt Abdülhamit II afgeschilderd als een vaderfiguur die onvermoeibaar streed om volk, vaderland en – vooral – de islam te verdedigen tegen een schier eindeloze reeks vijanden van binnenuit en buitenaf. 'Vandaag de dag worden precies dezelfde spelletjes gespeeld,' aldus Erdogan in een interview. 'De intriges van het Westen tegen ons zijn hetzelfde, alleen het tijdperk en de spelers zijn anders.'

En Erdogans critici kunnen zich – om heel andere redenen – prima vinden in de vergelijking tussen de huidige president en de autoritaire Abdülhamit II. Zij wijzen erop dat Erdogan is veranderd van een hervormingsgezinde politicus die streefde naar het EU-lidmaatschap en verdere integratie met het Westen naar een per decreet regerende autocraat die zich afkeert van het Westen en het leiderschap van de islamitische wereld ambieert.

Niet langer geremd door de eisen die zijn verbonden aan een EU-lidmaatschap, heeft Erdogan met een grondwetswijziging in 2017 alle macht naar zich toe getrokken. Volgens hem heeft Turkije simpelweg het Amerikaanse en Franse model gekopieerd, maar critici wijzen erop dat belangrijke *checks and balances* ontbreken in het Turkse presidentiële stelsel. De resulterende alleenheerschappij van Erdogan heeft meer weg van Poetins 'soevereine democratie', waarbij een sterke man de lakens uitdeelt en de bevolking in verkiezingen kan aangeven het daarmee eens te zijn.

Volgens Erdogan zelf was de grondwetswijziging de enige manier om rust en stabiliteit te brengen en de veiligheid van Turkije te waarborgen na de couppoging in 2016. De Turkse regering heeft die aangegrepen om een grootschalige zuiveringsactie door te voeren. In de nasleep van de staatsgreep zijn bijna 80.000 mensen gearresteerd, minstens 160.000 mensen hun baan kwijtgeraakt en meer dan honderd mediakanalen en een gelijk aantal onderwijsinstellingen gesloten. Tegenstanders van de Turkse regering werden allemaal beschuldigd van banden met de invloedrijke geestelijke Fethullah Gülen.

Erdogan en Gülen werkten aanvankelijk samen om het conservatieve islamitische gedachtegoed voet aan de grond te geven en de macht van het leger op de politiek te breken. De AKP liftte mee op het netwerk dat de Gülenbeweging al sinds de jaren zeventig had opgebouwd en dat tot in de hoogste posities in de samenleving en het staatsapparaat reikte. Maar nadat de AKP de macht eenmaal stevig in handen had, kwam het tot een breuk tussen Erdogan en de in de Verenigde Staten woonachtige Gülen. De Gülenbeweging werd door de Turkse regering bestempeld tot terreurorganisatie en het ooit zo machtige netwerk werd stap voor stap ontmanteld door ontslagen en arrestaties.

De mislukte staatsgreep was volgens Erdogan een wanhoopspoging van Gülen-aanhangers om het tij te keren, maar hij greep die op zijn beurt aan om de Gülenbeweging de definitieve nekslag toe te brengen. In het leger, de politie, de rechterlijke macht, het ambtenarenapparaat, de academische wereld en de media zijn geen tegenstanders van Erdogan meer te vinden, waardoor hij nog steviger in het zadel is komen te zitten. Volgens de nieuwe grondwet kan hij probleemloos president blijven tot 2029.

De Turkse regering gebruikte de chaotische gebeurtenissen op 15 juli 2016 ook op een hele andere manier. Terwijl de tanks door de straten van Ankara en Istanboel rolden en gevechtsvliegtuigen diverse overheidsgebouwen bombardeerden, gingen de aanhangers van Erdogan massaal de straat op na een oproep van de president, ondanks een door de coupplegers ingesteld straatverbod. Beelden van Erdogan-aanhangers die de militaire blokkade op de Bosporusbrug in Istanboel bestormden gingen de hele wereld over. Nerveuze militairen schoten met scherp op burgers die slechts gewapend waren met Turkse vlaggen.

De massale volksopstand luidde het einde in van de toch al amateuristische uitgevoerde staatsgreep. Hij is door Erdogan en de AK-partij opgeblazen tot mythische proporties. Het was volgens de Turkse regering kantje boord geweest. De 179 burgers die omkwamen tijdens de couppoging worden herdacht als 'de Martelaars van 15 juli'. De Bosporusbrug is omgedoopt tot 'De brug van de Martelaars van 15 juli', en ook veel andere straten en gebouwen kregen nieuwe namen die herinneren aan de mislukte staatsgreep (vaak ook omdat hun oude naam iets te maken zou hebben met Gülen). Op 15 juli hebben alle Turken vrij om de Dag van Democratie en Nationale Eenheid te herdenken. Geen moment wordt onbenut gelaten om het dappere verzet van het eensgezinde Turkse volk te benadrukken.

En de couppoging wordt dus door Erdogan neergezet als het resultaat van westerse intriges tegen Turkije. Hij suggereert dat de coupplegers werden aangestuurd door een 'hogere macht'. Telkens wordt benoemd dat de Verenigde Staten nog steeds weigeren om te voldoen aan een verzoek om Gülen uit te leveren aan Turkije. Sterker nog, vandaag de dag presenteren regeringsgezinde media alles wat Erdogan niet aanstaat als een westerse poging om het Turkse volk te knechten, of het nu een populaire oppositiepoliticus of de kelderende koers van de Turkse lira is. Erdogan moet het dus opnemen tegen dezelfde schier eindeloze reeks vijanden van binnenuit en buitenaf als zijn favoriete sultan, de illustere Abdülhamit II.

Erdogan toont de hele Turkse geschiedenis door de lens van een westerse samenzwering tegen de Turkse natie. Een goed voorbeeld is de Slag bij Çanakkale, zoals de Slag bij Gallipoli in Turkije beter bekendstaat. Bijna direct aan het begin van die veldslag bracht het Ottomaanse leger op 18 maart 1915 een vloot van achttien Britse en Franse slagschepen tot zinken die hoopte door de Dardanellen op te stomen naar Istanboel. Een landingspoging kwam daarna niet veel verder dan de stranden, en na een jaar gaven de geallieerden de strijd op. Atatürk riep 18 maart daarom uit tot Overwinningsdag en die staat in Turkije nog steeds als nationale feestdag op de kalender.

De overwinning bij Çanakkale wordt nu samen met de Belegering van Al Koet, waar 8.000 Britse militairen zich in april 1916 na een beleg van vijf maanden overgaven, gepresenteerd als de laatste overwinningen van het islamitische Ottomaanse Rijk op het seculiere Westen. Bij het Martelarenmonument op het voormalige slagveld ter ere van de 250.000 Ottomaanse soldaten die vochten bij Çanakkale opende in 2012 een nieuw multimediamuseum de deuren. Daar wordt de overwinning bij Çanakkale gekoppeld aan de successen van de huidige Turkse regering. De AK-partij organiseert gratis busreisjes naar Çanakkale en op 18 maart wonen jaarlijks duizenden mensen een herdenkingsplechtigheid bij het monument bij, vaak in gezelschap van Erdogan.

Het in 2018 opgerichte Communicatiedirectoraat van president Erdogan heeft de uit de Eerste Wereldoorlog stammende slogan '*Çanakkale Geçilmez*' (Çanakkale is ondoordringbaar) gekaapt en projecteert die op heel Turkije. In een YouTube-filmpje met de titel 'Turkije is ondoordringbaar' wordt een directe lijn getrokken van Çanakkale in 1915 naar de Bosporusbrug in 2016 en verder de toekomst van Turkije in. De boodschap? Als het Turkse volk verenigd is, kan het iedere vijand uit het Westen weerstaan en is het in staat tot grootse dingen.

Wie met die boodschap in het achterhoofd de razend populaire soapseries bekijkt, kan ook een telkens terugkerend thema ontwaren. Van *Dirilis: Ertugrul* tot *Payitaht: Abdulhamid*, altijd wordt de strijdbijl opgepakt tegen verdorven christelijke koningen of geniepige westerse agenten die het Turkse volk dwarsbomen. En altijd wordt er een glansrijke overwinning geboekt. Al blijft dat in *Payitaht* beperkt tot een veelbesproken, klinkende oorvijg van Abdulhamit II voor de Britse ambassadeur wanneer hij ontdekt dat die betrokken is bij – jawel – een complot tegen de Verheven Sultan.

Erdogan ziet zichzelf als vertegenwoordiger van een duizend jaar oude traditie, die begint met de Slag bij Manzikert in 1071. Zijn roemrijke voorgangers stelden allen de Turkse zaak voorop en zegevierden in hun strijd tegen de talloze belagers van de trotse Turkse natie. De Turkse geschiedenis wordt gereduceerd tot een reeks triomfen in de strijd tegen het Byzantijnse Rijk en de kruisvaarders in de middeleeuwen, de Geallieerden in de Eerste Wereldoorlog en de westerse samenzweerders in het heden. Zelfs Abdulhamit II boekte op zijn eigen manier een overwinning op het Westen.

Voor zwarte bladzijden is geen plaats in Erdogans geschiedenisboek. Dat de Jonge Turken streefden naar een etnisch zuiver Turkije en tijdens de Eerste Wereldoorlog en de Turkse Onafhankelijkheidsoorlog met geweld christelijke Grieken en Armeniërs uit Anatolië verdreven, wordt verzwegen. De honderdduizenden dodelijke slachtoffers als gevolg van dat geweld worden onder het spreekwoordelijke tapijt geveegd.

De overwinning in de Slag bij Dumlupinar op 30 augustus 1922 wordt in Turkije jaarlijks gevierd als de Dag van de Overwinning. Maar dat was pas het begin van Atatürks 'Grote Offensief' dat uiteindelijk eindigde in Smyrna aan de Turkse westkust, de meest Europese stad van het Ottomaanse Rijk. Daar werd het Griekse leger letterlijk en figuurlijk de zee in gedreven. Na de verovering van Smyrna door het Turkse leger brak er om nog altijd niet opgehelderde redenen brand uit in de Griekse en Armeense wijken van de stad. Daarbij kwamen duizenden mensen om het leven. Duizenden anderen vluchtten in het kielzog van het Griekse leger weg uit Anatolië.

Internationaal het meest bekend is de Armeense Genocide, die op 24 april 1915 begon met de arrestatie van zo'n 250 Armeense leiders en intellectuelen in Istanboel. In de maanden daarna werden honderdduizenden Armeniërs vermoord, voor het merendeel mannen. Vrouwen, kinderen, ouderen en zieken werden massaal op dodenmarsen door de Syrische woestijn gestuurd. Ook van hen kwam een groot deel om. In totaal lieten waarschijnlijk anderhalf miljoen Armeniërs het leven.

Maar Turkse regeringen hebben sinds de oprichting van de Republiek Turkije in 1923 altijd glashard ontkend dat er sprake was van een systematische poging het Armeense volk te vernietigen. Het geweld tegen de Armeniërs moet volgens Ankara worden gezien in de context van de chaos van de Eerste Wereldoorlog, waarin ook veel Turken omkwamen. Ook Erdogan volgt deze lijn en zegt simpelweg dat het onmogelijk is dat de trotse geschiedenis van het Turkse volk een 'schandvlek' zoals een genocide heeft.

Bij internationale kritiek gaat de Turkse regering direct in de tegenaanval. Toen paus Fransiscus de moordpartijen in 2015 'de eerste genocide van de twintigste eeuw' noemde en opriep tot verzoening tussen Turken en Armeniërs, werd hij door de Turkse regering beticht van een 'kruisvaardersmentaliteit'. Landen die de Armeense Genocide officieel erkennen, zoals in 2021 de Verenigde Staten deden, kunnen rekenen op een sneer uit Ankara en bekoelde relaties.

Bovendien wijst Ankara de afgelopen jaren vaak op het falen van de internationale gemeenschap om de genocide op Bosnische moslims in Srebrenica in 1995 te stoppen. De voice-over bij een stemmig YouTube-filmpje over de massamoord in Bosnië en Herzegovina van Erdogans Communicatiedirectoraat stelt bijtend: 'Hun hypocrisie onthulde de ware aard van de beschavingsventers. De wereld was blind, stom en doof.' Volgens Erdogan moet het Westen eerst in de spiegel kijken voordat met de beschuldigende vinger naar Turkije wordt gewezen.

De Turkse reactie op internationale kritiek past natuurlijk naadloos in het door Erdogan opgeroepen beeld van een westerse samenzwering tegen het Turkse volk. Het Westen wil Turkije zwartmaken door het land van alles aan te wrijven. En dat terwijl het Westen vanuit Turks perspectief naar de recente geschiedenis kijkend ook geen schone handen heeft. Daar zit een kern van waarheid in. De Europese machten hebben in de negentiende eeuw het Ottomaanse Rijk onttakeld. Tijdens de Koude Oorlog wist het Turkse leger zich tijdens de vele staatsgrepen verzekerd van ruggensteun vanuit de Verenigde Staten, dat Turkije niet kwijt wilde raken als NAVO-bondgenoot. Erdogans selectieve geschiedverhaal ontleent kracht aan dit soort voorbeelden.

Daarom is er de Turkse regering alles aan gelegen om het eigen beeld van de Turkse geschiedenis in stand te houden. Wie in Turkije de aandacht op zwarte bladzijden als de Armeense Genocide vestigt, krijgt te maken met de Turkse herinneringswet. Artikel 301 van het Turkse wetboek van strafrecht stelt tot twee jaar gevangenisstraf in het vooruitzicht voor iedereen die de Turkse natie of de staat en haar instellingen en organisaties publiekelijk belastert.

Dat artikel werd na de invoering in 2005 vooral gebruikt om spraakmakende intellectuelen als Nobelprijswinnaar Orhan Pamuk met een rechtszaak aan de schandpaal te nagelen vanwege uitspraken waarmee zij de Armeense Genocide erkennen. Tot een daadwerkelijke veroordeling kwam het in die jaren niet, al werd de journalist Hrant Dink wel vermoord door Turkse nationalisten nadat er een rechtszaak tegen hem was gestart op basis van artikel 301.

Daarna raakte het artikel vanwege een kritische uitspraak van het Europees Hof voor de Rechten van de Mens in onbruik. Het hof oordeelde dat artikel 301 te vaag en te breed was. Desondanks is het gewraakte artikel sinds de mislukte staatsgreep in 2016 weer volop in gebruik. Samen met artikelen 216 en 299, die straffen in het vooruitzicht stellen voor respectievelijk haatzaaien en belediging van de president, vormt het een efficiënt middel om kritische stemmen tot zwijgen te brengen. Kritische journalisten, mensenrechtenorganisaties en zelfs mensen die kritiek uitten op social media hebben dat inmiddels aan den lijve kunnen ondervinden. Met een nieuwe wet die het verspreiden van desinformatie strafbaar maakt zijn de duimschroeven in oktober 2022 nog verder aangedraaid. Critici zien de wet – die slechts vage en brede criteria geeft – als pure censuur.

De vrijheid van meningsuiting staat in Turkije zwaar onder druk. De politiestaat van Abdülhamit II is terug van weggeweest. En in navolging van zijn grote voorbeeld heeft Erdogan zich teruggetrokken achter de muren van zijn gigantische Ak Saray-paleis. Net als de Verheven Sultan heeft de autocratische president zich afgekeerd van het Westen. Erdogan ziet Turkije graag als aanvoerder van de islamitische wereld, of in ieder geval het soennitische deel daarvan. Zoals ook de Ottomaanse sultans de titel van kalief – de wereldlijke leider van het islamitische geloof – hadden gedragen, totdat de streng seculiere Atatürk in 1924 het islamitische kalifaat afschafte. Op z'n minst moet Turkije volgens Erdogan weer een bepalende rol spelen in de gebieden tot waar het Ottomaanse Rijk ooit strekte.

TERUGKEER OP DE BALKAN

In 2013 bracht Erdogan – toen nog premier, een jaar later werd hij president – een staatsbezoek aan Kosovo. Op het centrale plein van Prizren, de tweede stad van het land, hield hij een van zijn gloedvolle toespraken. 'Turkije is Kosovo en Kosovo is Turkije!' riep Erdogan uit. 'We delen een gezamenlijke geschiedenis, een gezamenlijke cultuur en een gezamenlijke beschaving. We hebben hier eeuwenlang samen als broeders gewoond en dat zullen we blijven doen.' Volgens Erdogan streefde de Turkse regering naar vrede en stabiliteit op de Balkan. 'Met degenen die dat ook willen bouwen we samen aan een betere toekomst. Niet alleen hier in Kosovo, maar in Bosnië, Macedonië en de hele regio.' Turkije had 'de historische ervaring en de politieke wil' die nodig was om dat voor elkaar te krijgen.

Een eeuw na het einde van de laatste Balkanoorlog in 1913 was Turkije weer helemaal terug op de Balkan. Honderden jaren Ottomaanse overheersing heeft daar politieke en culturele sporen nagelaten. Landen als Noord-Macedonië werden langer bestuurd vanuit Istanboel dan sommige oostelijke provincies van Turkije. In die periode wortelde de islam op de Balkan. In Kosovo is maar liefst negentig procent van de inwoners moslim en in Noord-Macedonië en Bosnië en Herzegovina is dat ongeveer de helft.

Erdogan probeert de banden met de moslims op de Balkan weer aan te halen. Hij geeft openlijk toe dat hij 're-ottomanisering' nastreeft en dat doet hij vooral door moslimgemeenschappen op de Balkan economisch te ondersteunen. Dat is overigens geen volledig nieuwe ontwikkeling. Dankzij de oude banden was het de 'Turkse' versie van de islam die na de communistische tijd opnieuw werd geïntroduceerd op de Balkan en niet het Saoedische salafisme. Tijdens het gewelddadige uiteenvallen van Joegoslavië in de jaren negentig trokken achtereenvolgende Turkse regeringen zich het lot van geloofsgenoten op de Balkan aan. Ankara maakte zich tijdens het uiteenvallen van Joegoslavië – ook in NAVO-verband – hard voor de Bosnische moslims en de onafhankelijkheid van Kosovo.

De wederopbouw na de verwoestende oorlogen op de Balkan bood een uitgelezen kans voor forse investeringen in de regio door Turkse bedrijven en de Turkse overheid. Tot in de kleinste dorpjes in Bosnië en Herzogovina zijn filialen van Turkse banken terug te vinden en in de Bosnische hoofdstad Sarajevo – in 1461 gesticht door de Ottomanen en in de jaren negentig in puin geschoten – is een grote Turkse universiteit gevestigd. Turkije is uitgegroeid tot een belangrijke economische partner.

Erdogan borduurt daar nu op voort en giet er een Ottomaans sausje overheen. Het in 2007 door hem in het leven geroepen Yunus Emre Instituut voor het promoten van Turkse taal, geschiedenis en cultuur – genoemd naar een beroemde dertiende-eeuwse dichter – is wereldwijd actief, maar heeft vooral veel vestigingen op de Balkan waar nog steeds veel Turkse dialecten klinken. Grote Turkse steden hebben armlastige gemeenten op de Balkan geadopteerd en bekostigen enigszins paternalistische zaken als straatlantaarns en parkbankjes. De Turkse regering investeert bovendien gigantische hoeveelheden geld in het restaureren van Ottomaans erfgoed, zoals moskeeën en hamams (traditionele Turkse badhuizen), in Bosnië en Herzegovina, Albanië, Kosovo en Noord-Macedonië.

Die restauratieprojecten werken twee kanten op. Enerzijds vormt het gerestaureerde Ottomaanse erfgoed een populaire bestemming voor Turken die de trotse Ottomaanse geschiedenis waar ze thuis zoveel over horen met eigen ogen willen aanschouwen. Turkse toeristen drommen in de zomermaanden in groten getale naar Sarajevo en de beroemde 'Oude Brug' van Mostar, een meesterwerk van Ottomaanse architectuur die in 1993 werd verwoest maar sinds 2004 weer in oude glorie is hersteld.

Anderzijds helpen ze om pro-Turkse sentimenten onder de moslimbevolking op de Balkan te bevorderen. Dankzij dit fraaie staaltje herinneringsdiplomatie straalt de glorie van het Ottomaanse Rijk ook op hen af. Turkse soapseries als *Muhteşem Yüzyıl* zijn dan ook razend populair onder de voormalige onderdanen van de sultan op de Balkan en zijn inmiddels een goedlopend exportproduct. Alleen *Payitaht: Abdulhamid* doet het buiten de Turkse landsgrenzen slecht, omdat kijkers de mix van samenzweringstheorieën, antiwesterse sentimenten en een onderliggende antidemocratische boodschap niet pruimen. Erdogans geld is dus populair op de Balkan, maar zijn autoritaire trekjes bepaald niet.

Maar over het algemeen heeft de combinatie van economische steun en herinneringsdiplomatie het door Erdogan gewenste effect: de blik van moslimgemeenschappen op de Balkan is steeds vaker op Turkije gericht. Dat komt ook doordat veel mensen teleurgesteld zijn door het gebrek aan perspectief dat de Europese Unie biedt aan de zes Balkanlanden die het lidmaatschap ambiëren. De laatste jaren is niet alleen het Turkse EU-lidmaatschap buiten beeld geraakt, maar zijn er ook steeds nieuwe hordes opgeworpen voor Bosnië en Herzegovina,

Servië, Kosovo, Albanië, Noord-Macedonië en Montenegro. Zij proberen nu al meer dan twintig jaar lid te worden van de EU, maar die houdt de deur vooralsnog dicht; ook al wordt vaak benadrukt dat het zestal 'dezelfde geschiedenis en dezelfde waarden' deelt met de rest van Europa.

Juist voor islamitische bevolkingsgroepen op de Balkan vormen warme banden met Turkije een goed alternatief. Voor Erdogan zijn die banden dan weer een uitgelezen kans om het geopolitieke gewicht van Turkije te vergroten en aan het thuisfront te bewijzen dat hij daadwerkelijk in staat is om de verloren grandeur van het Ottomaanse Rijk te doen herleven. Vandaar de talloze bezoeken aan de regio sinds 2003 en de enorme sommen geld die vanuit Ankara naar de Balkan zijn gevloeid.

De Turkse terugkeer op de Balkan wordt zeker niet door iedereen met open armen ontvangen. Daarbij speelt het gedeelde Ottomaanse verleden een belangrijke rol. Sinds het ontluiken van het nationalisme en de onafhankelijkheidsstrijd in de negentiende eeuw kijken christelijke bevolkingsgroepen terug op de Ottomaanse overheersing als een tijd van verovering, onderdrukking, islamitische overmacht, wreedheid en de bron van de economische en politieke achterstand in de regio.

Zeker in landen met sluimerende etnische conflicten tussen christelijke en islamitische bevolkingsgroepen wordt de Turkse terugkeer met argusogen bekeken. De wortels van die conflicten liggen in de Ottomaanse tijd. Tijdens het uiteenvallen van het Ottomaanse Rijk in aanloop naar de Eerste Wereldoorlog werd de Balkan stukje bij beetje opgedeeld. Als gevolg daarvan werden er ineens grenzen getrokken door een gebied waar verschillende bevolkingsgroepen en religieuze denominaties eeuwenlang kriskras door elkaar hadden geleefd. Tijdens de relatieve religieuze tolerantie gedurende de hoogtijdagen van het Ottomaanse Rijk was dit nooit een probleem geweest, maar door de nieuwe grenzen ontstond er rancune en onmin op de Balkan.

Joegoslavië leek – eerst als koninkrijk en later als federatie – de oplossing voor tal van netelige etnische kwesties, maar bleek een tikkende tijdbom die in de jaren negentig op verschrikkelijke wijze tot ontploffing kwam. Etnische zuiveringen en grootschalig geweld veroorzaakten ontzaglijk veel leed. De wonden van de jaren negentig zijn nog altijd niet geheeld. En ondanks die traumatische verschrikkingen zijn nog steeds niet alle grensconflicten op de Balkan de wereld uit geholpen.

Dromen van Macedonische nationalisten over een 'Verenigd Macedonië' met delen van Griekenland, Bulgarije, Albanië en Kosovo zorgden voor een langlopend conflict met Griekenland. De Grieken en Macedoniërs ruzieden dertig jaar lang over wie historisch Macedonië en de grootste Macedoniër aller tijden – Alexander de Grote – mocht claimen. Pas in 2018 kwam het onder auspiciën van de VN tot een akkoord, waarbij de Macedoniërs plechtig moesten beloven dat ze de Griekse geschiedenis – en het grondgebied – met rust zouden laten en hun land voortaan Noord-Macedonië zouden noemen.

De ruzie tussen Noord-Macedonië en het andere buurland Bulgarije loopt nog steeds. In een omkering van Macedonische claims op Bulgaars grondgebied zijn Bulgaarse nationalisten van mening dat Macedoniërs eigenlijk gewoon Bulgaren zijn en dat de Macedonische taal en impliciet ook Noord-Macedonië helemaal geen bestaansrecht hebben. Van de weeromstuit doen Macedonische nationalisten er alles aan om te bewijzen dat ze géén Bulgaren zijn. In deze slepende ruzie speelt de onafhankelijkheidsstrijd tegen het Ottomaanse Rijk een centrale rol. Het is tekenend dat de fanatiekste nationalistische politieke partijen in Bulgarije en Noord-Macedonië zich allebei hebben vernoemd naar de verzetsorganisatie VMRO, die rond 1900 tegen de Ottomaanse overheersing vocht.

Fanatieke Albanese nationalisten zouden het liefst een Groot-Albanië zien dat ook Kosovo en delen van Servië, Montenegro, Noord-Macedonië en Griekenland omvat en baseren zich daarbij op de 'Albanese' provincies van het Ottomaanse Rijk. De van oorsprong Kosovaarse popster Dua Lipa veroorzaakte in 2020 nog een rel toen zij een kaart van Groot-Albanië op social media verspreidde. Vooral in Servië raakte Dua Lipa een gevoelige snaar en ook Erdogans uitroep in 2013 dat Turkije Kosovo is en Kosovo Turkije leidde tot felle protesten uit de Servische hoofdstad Belgrado. De Serviërs zien Kosovo als de bakermat van de Servische natie en dat buiten Servische politici genadeloos uit, ongeacht de consequenties. Servië is misschien wel het schoolvoorbeeld van de wijze waarop nationalisten op de Balkan gebruik maken van het Ottomaanse verleden om angstbeelden op te roepen en tot welke verschrikkelijke gevolgen die sentimenten kunnen leiden.

VIDOVDAN IN SERVIË

'*Znate li da je danas Vidovdan?*' vroeg de Servische oud-president Slobodan Milošević aan zijn bewakers toen hij op 28 juni 2001 in Belgrado geboeid naar een helikopter werd gebracht die hem zou afleveren bij het Joegoslaviëtribunaal in Den Haag: 'Weet je dat het vandaag Sint-Vitusdag is?' 28 juni is niet alleen de dag van de heilige Vitus die de martelaarsdood stierf voor het christelijk geloof, maar ook de dag waarop de Slag bij Kosovo Polje werd uitgevochten, ofwel de Slag op het Merelveld in het huidige Kosovo.

Op 28 juni 1389 (volgens de gregoriaanse kalender) ging een christelijk leger onder aanvoering van de Servische vorst Lazar Hrebeljanović op het Merelveld de strijd aan met het Ottomaanse leger van sultan Murat I. Beide zijden leden ontzaglijk grote verliezen. Ook de twee aanvoerders lieten het leven op het slagveld. De uitslag is volgens historici onduidelijk en niet van doorslaggevend belang voor het verdere verloop van de geschiedenis, maar de veldslag speelt een centrale rol in de Servische nationale identiteit.

Sinds 1899 is 'Vidovdan' een nationale feestdag en wie kijkt naar de Servische geschiedenis ziet ook een beladen dag, bij uitstek geschikt voor 'statements'. Op een zonnige 28 juni 1914 vermoordde de Servische activist Gavrilo Princip in Sarajevo de Oostenrijkse aartshertog Franz Ferdinand. In 1921 proclameerde de Servische koning Alexander I de eerste grondwet van het verenigde Joegoslavië. Milošević verliet op Vidovdan het politieke toneel waar hij op 28 juni 1989 op was geklommen. Toen hield hij als kersverse president van de Joegoslavische deelrepubliek Servië voor een publiek van een miljoen mensen een vlammende toespraak op het Merelveld ter ere van de zeshonderdste gedenkdag van de noodlottige veldslag.

Volgens Servische schoolboeken markeert de Slag op het Merelveld het einde van de glorietijd van het middeleeuwse koninkrijk Servië – dat niet alleen het huidige Servië en Kosovo omvatte, maar ook Noord-Macedonië en delen van Bulgarije en Griekenland – en het begin van 'vijf eeuwen onder het Turkse juk'.

In werkelijkheid was Servië na de dood van vorst Stefan Uroš v 'de Zwakke' in 1371 al een aflopende zaak. Lazar Hrebeljanović en andere Servische krijgsheren ruzieden om de macht in het oude koninkrijk. De verovering door de Ottomanen verliep ook veel geleidelijker dan de mythe wil: in 1459 pas kwam Smederovo als laatste Servische bolwerk in handen van de sultan. Evenmin duurde de terugkeer van Servië op de kaart van Europa zo lang als wordt gesuggereerd. Na twee opstanden begin negentiende eeuw verkreeg het als vorstendom een grote mate van autonomie binnen het Ottomaanse Rijk. Het Congres van Berlijn in 1878, waarop na afloop van de Russisch-Turkse oorlog tal van internationale afspraken gemaakt werden, bracht Servië erkenning als onafhankelijk koninkrijk.

Kosovo werd pas tijdens de Eerste Balkanoorlog in 1912 op de Turken veroverd. Die oorlog werd in Servië gezien als een bevrijdingsoorlog. Sommige Servische soldaten meenden tijdens hun opmars zelfs te worden vergezeld door geestverschijningen van middeleeuwse ridders. De boodschap: de heilige grond van het Merelveld was heroverd.

De invloedrijke Servisch-Orthodoxe Kerk speelde een belangrijke rol in de aanwijzing van Kosovo als bakermat van de Servische beschaving. Onderdeel hiervan was de heiligverklaring van vorst Lazar. De kerk ging na de Slag op het Merelveld vrijwel direct aan de slag om het sneuvelen hem een martelaarstintje te geven.

Volgens de kerk had de vorst na zijn laatste maaltijd een visioen gekregen, waarin de profeet Elijah hem de keuze voorlegde tussen een hemels of een aards koninkrijk. Met zijn keuze voor de eerste optie had Lazar in het hiernamaals een plek voor de Serviërs veiliggesteld. Zijn dood op het slagveld lag met andere woorden vooraf vast, en zo kreeg de militaire nederlaag de kracht van een morele overwinning. Dit sloeg aan. Rond de Slag op het Merelveld ontstonden tal van epische verhalen en liederen met christelijke motieven, inclusief archetypes als de verraderlijke Judas: een Servische edelman die op een cruciaal moment van het slagveld vertrokken zou zijn waardoor Lazar verloor.

Voor de Servisch-Orthodoxe Kerk speelde – en speelt – mee dat de belangrijkste religieuze gebouwen dicht bij het Merelveld stonden, ook omdat de eerste patriarch voor een klooster in deze omgeving had gekozen. Nog steeds spreken Servische nationalisten over Kosovo als 'het Servische Jeruzalem'. Hedendaagse stokebranden trekken zelfs vergelijkingen tussen het lot van de 'ontheemde' Serviërs wie het bezit van hun heilige grond in Kosovo wordt afgenomen, en dat van de Joodse diaspora voordat Joden in de staat Israël een thuisland vonden.

Met de mythes rond de Slag bij Kosovo Polje hadden Servische nationalisten in de negentiende eeuw een panklaar verhaal om aan de achterban te serveren. Deze sage over een verloren 'gouden tijd' die weer zou terugkeren na de wederopstanding van een onafhankelijk Servië bleek zeer goed bruikbaar toen zij net als andere intellectuelen in Europa op zoek gingen naar de wortels van hun nationale identiteit. Bovendien boden de mythes een draaglijker verklaring voor de ondergang van het middeleeuwse koninkrijk dan de onderlinge twisten tussen Lazar en de andere vorsten.

Bijkomend voordeel was het internationale aanzien dat de Serviërs met dit verleden hoopten te verdienen. De Slag bood een kans om zich neer te zetten als christelijk bolwerk tegen barbaren uit het Oosten, net als Polen en Hongaren deden op grond van hun verleden. Servische nationalisten profileren zich nog altijd nadrukkelijk als christelijke Europeanen en zetten zich af tegen de overwegend islamitische etnisch Albanese meerderheid in Kosovo.

Geen wonder dat Milošević op dit aambeeld hamerde op Vidovdan 1989 tijdens zijn rede bij het Merelveld, het slotstuk van een tournee van relieken van Lazar langs Servische kloosters in heel Joegoslavië: 'Zes eeuwen geleden verdedigde Servië niet alleen zichzelf bij Kosovo Polje, maar ook Europa,' beweerde hij.

Milošević profileerde zich echter vooral als een nieuwe Lazar die de rechten van de Serviërs tegen andere etnische groepen zou verdedigen. Hij wakkerde hiermee een kwaadaardig nationalisme aan. 'Zes eeuwen later zijn we weer verwikkeld in gevechten en ruzies. Het zijn geen gewapende gevechten, al kunnen die nog niet worden uitgesloten,' klonk het omineus uit zijn mond. Het was de opmaat voor het uiterst gewelddadige uiteenvallen van Joegoslavië in de jaren negentig.

Directe aanleiding voor Milošević' ophitsende toespraak was de roep van etnische Albanezen om meer autonomie voor de provincie Kosovo. Als onderdeel van Servië had Kosovo weliswaar op papier verregaande bestuurlijke zelfstandigheid binnen de federatie Joegoslavië, maar in de praktijk maakten de Serviërs de dienst uit en kregen zij bijvoorbeeld alle baantjes in de publieke sector. Een nog lossere band met Kosovo was voor Servische nationalisten echter onverteerbaar. Milošević trok Kosovo's autonome status in 1989 abrupt in, wat paradoxaal genoeg de belangrijkste reden voor de Albanezen aldaar werd om te streven naar volledige onafhankelijkheid. Radicale Albanese nationalisten zochten zelfs aansluiting bij een Groot-Albanië.

Serviërs en Albanezen lagen op ramkoers. Na een periode van guerrilla-achtige schermutselingen en aanslagen brak in 1998 een regelrechte oorlog uit tussen het Servische leger en het Bevrijdingsleger van Kosovo. De Serviërs hadden het toen in het Westen al compleet verbruid. Hun grootschalig geweld en etnische zuiveringen tijdens het uiteenvallen van Joegoslavië waren voor de internationale gemeenschap reden geweest tot ingrijpen, en dat gebeurde opnieuw toen de burgerbevolking van Kosovo de dupe werd van de strijd. De NAVO voerde 78 dagen lang luchtaanvallen uit op doelen in Servië. De VN-Veiligheidsraad plaatste Kosovo in 1999 onder internationaal bestuur en er kwam een NAVO-troepenmacht om humanitaire hulp te verlenen en de vrede te handhaven.

In 2008 riep de Republiek Kosovo de onafhankelijkheid uit. Het land kent inmiddels een etnisch-Albanese meerderheid van meer dan 90 procent en een Servische minderheid van ongeveer 5 procent. Kosovo is als staat erkend door 97 van de 193 VN-lidstaten, maar de Servische regering blijft spreken van een afvallige provincie. Gesprekken met de Kosovaarse regering onder auspiciën van de Europese Unie over het normaliseren van de relaties – een voorwaarde voor het door beide landen felbegeerde EU-lidmaatschap – verlopen erg moeizaam. De onderlinge spanningen lopen met enige regelmaat op.

Vooral in Servië wordt het vuurtje door de regerende conservatief-nationalistische *Servische Progressieve Partij (Srpska napredna stranka*, SNS) van president Aleksandar Vučić opgestookt. Hoewel ook Vučić streeft naar een toekomstig EU-lidmaatschap, grijpt hij voor zijn politieke retoriek terug naar het verleden. Net als zijn grote held Vladimir Poetin – met wie de Servische regering warme banden onderhoudt – schildert hij Servië af als onterechte verliezer, die wordt belaagd vanuit het Oosten en – vooral – het Westen. Daarbij maakt hij dankbaar gebruik van historische gebeurtenissen als de Slag op het Merelveld en de NAVO-bombardementen in 1999. In beide gevallen werd de dappere Serviërs hun leidende rol op de Balkan ontnomen, eerst die van hun middeleeuwse koninkrijk en daarna die van dominante bevolkingsgroep in het verenigde Joegoslavië.

Poetin koestert op zijn beurt warme gevoelens voor de Serviërs als Slavisch broedervolk. Hij volgt daarbij de koers die Erdogan op de Balkan vaart. Met goedkope gascontracten en met Russisch geld betaalde monumenten om de eeuwenoude onderlinge banden te vieren, slaat de Russische president twee vliegen in één klap: het is een belangrijke zet in het geopolitieke schaakspel om invloed, die tegelijkertijd onrust stookt in de achtertuin van de Europese Unie.

Samen met Servische politici hamert Poetin erop dat er – dankzij een Russische en Chinese veto's – geen mandaat van de VN-Veiligheidsraad was voor het NAVO-ingrijpen in Kosovo. Volgens Poetin heeft het Westen zich in strijd met internationaal recht bemoeid met interne Servische aangelegenheden. In dezelfde lijn is Westerse kritiek op Russisch ingrijpen in Georgië, Moldavië, Kazachstan en – natuurlijk – Oekraïne dus ook hypocriet, aldus de Russische president. Kosovo is een zeer belangrijk gereedschap in Poetins propaganda-arsenaal.

Servische nationalisten kijken ondertussen bewonderend naar Moskou en de wijze waarop Poetin zich beroept op het recht op zelfverdediging om de grenzen van Rusland te hertekenen. Daarbij kijken ze verder dan alleen naar Kosovo. In Bosnië en Herzegovina koestert de nationalistische leider Milorad Dodik ambities om het deel waar de Serviërs domineren, de *Republika Srpska*, los te weken uit de in 1995 opgerichte federatie. Die maakt hij kenbaar met bestuurlijke tegenwerking, radicale leuzen en militair vertoon. Oorlogsmisdadigers worden geëerd als helden.

Vanuit het Kremlin klinken aanmoedigende geluiden. In de rest van Bosnië en Herzegovina baart het Servische nationalistische tromgeroffel grote zorgen. De nachtmerrie van de Joegoslavië-oorlogen ligt nog heel vers in het geheugen. Dodik lijkt ondertussen op te willen gaan voor een herhaling. Daarmee zou hij een doos van Pandora openen, want de geschiedenis van de Balkan zit vol voer voor conflicten. De droom van een wederopstanding van een Groot-Servië is de zoveelste in een rijtje van onvervulde territoriale wensen na het uiteenvallen van het Ottomaanse Rijk. Erdogan heeft er zelf ook nog wel een paar.

HET NATIONAAL PACT

Sinds het najaar van 2016 duiken in Turkse regeringsgezinde media om de zoveel tijd kaarten op waarin Turkije een stuk groter wordt afgebeeld dan het in werkelijkheid is. Op deze 'verbeterde' kaarten zit de Turkse jas nét wat ruimer en snoept Turkije – afhankelijk van het enthousiasme van de kaartenmaker – delen af van Griekenland, Bulgarije, Georgië en Armenië. Vooral de Turkse zuidgrens springt direct in het oog. Die loopt op de kaarten ten zuiden van Aleppo en Kirkoek, waardoor deze steden in het noorden van Syrië en Irak op Turkse bodem komen te liggen, net als Mosoel en Erbil. Het resultaat van al deze gebiedsuitbreidingen is een indrukwekkend Groot-Turkije.

Al deze 'verbeteringen' lijken lukraak doorgevoerd en op het eerste gezicht nogal irreëel. Enige ambitie kan de Turkse president niet worden ontzegd. Maar als Erdogan deze kaarten werkelijkheid zou willen laten worden, riskeert hij niet alleen ruzie met alle buurlanden, maar zet hij ook de relaties met zijn NAVO-bondgenoten en Rusland op het spel. Toch zijn de grenzen van de nieuwe kaarten wel degelijk gebaseerd op uitspraken van Erdogan. Die richt zijn pijlen op het Verdrag van Lausanne, waarmee aan het einde van de Turkse Onafhankelijkheidsoorlog in 1923 de grenzen van de jonge Republiek Turkije werden vastgelegd. Volgens Erdogan hebben de Europese mogendheden Turkije toen tekortgedaan en is Turkije ook vandaag nog ten onrechte 'opgesloten' binnen de grenzen van het Verdrag van Lausanne. Of zoals hij het eens in een toespraak formuleerde: 'In 1914 besloeg ons land twee en een half miljoen vierkante kilometer. Negen jaar later was daar nog maar zevenhonderdtachtigduizend vierkante kilometer van over.'

Erdogan is van mening dat het Nationaal Pact als basis moet dienen voor de grenzen van de Republiek Turkije. Het pact is een in januari 1920 aangenomen manifest, waarin de Turkse nationalisten onder leiding van Atatürk hun eisenpakket presenteerden voor de op dat moment lopende vredesonderhandelingen in Parijs. In het kort vonden Atatürk en de zijnen dat Turkije recht had op het grondgebied dat nog in handen was van het Ottomaanse leger toen de sultan op 30 oktober 1918 een wapenstilstand tekende met de geallieerde mogendheden. Atatürk was bereid afstand te doen van de Arabische provincies, maar beschouwde het gebied dat werd bewoond door een Turkse moslimmeerderheid als ondeelbaar. Dat gebied is wat de 'verbeterde' kaarten die Turkse regeringsgezinde media nu presenteren weergeven.

De onderhandelingen in Parijs resulteerden echter in het in Turkije nog steeds gehate Verdrag van Sèvres, dat Turkije reduceerde tot een Anatolische rompstaat. Na de ondertekening van dat verdrag barstte de Turkse Onafhankelijkheidsoorlog pas echt in volle hevigheid los. De Ottomaanse sultan, die door de Europese mogendheden onder druk was gezet het verdrag te tekenen, werd definitief aan de kant gezet. Het Turkse leger wist achtereenvolgens de Franse, Armeense en Griekse legers te verslaan. Aan de onderhandelingstafel in Lausanne werden vervolgens de huidige grenzen van de Republiek Turkije vastgelegd.

In de Turkse geschiedschrijving werd Atatürk decennialang geroemd. Het Verdrag van Lausanne werd gevierd als een overwinning, omdat het Verdrag van Sèvres ongedaan werd gemaakt. Erdogan is van mening dat Atatürk en de zijnen bij de onderhandelingen over het Verdrag van Lausanne hadden moeten vasthouden aan de grenzen die hij en de andere opstellers van het Nationaal Pact voor ogen hadden. Zij hadden meer tegengas moeten geven aan de geallieerde grootmachten om de 'verloren' gebieden te behouden. Erdogan zinspeelt erop dat hij die fout zal herstellen.

Het zal niet verbazen dat Erdogans omarming van de grenzen van het Nationaal Pact op felle kritiek in buurlanden kan rekenen. Erdogan lijkt er bewust op uit om ruzie te zoeken. Hoe anders was het in de eerste jaren nadat de AKP in Turkije aan de macht was gekomen. Toen was het beleid gericht op het herstel van Turkse invloed in gebieden in het Midden-Oosten die ooit tot het Ottomaanse Rijk behoorden. De Turkse regering volgde het model van vriendschappelijke banden en economische samenwerking, dat zo succesvol was op de Balkan. Turkije moest in het Midden-Oosten een vergelijkbare rol spelen als Duitsland in de Europese Unie: een economische en politieke krachtpatser in een regio die verenigd is door historische banden, handelsverdragen en visumvrij reizen.

Het inzetten van deze *soft power* was lange tijd een effectieve strategie voor het verbeteren van de relaties met de islamitische buurlanden. Turkije leek zich te ontwikkelen tot exporteur van stabiliteit in het Midden-Oosten door middel van handel en samenwerking. Oude ruzies met Rusland en Armenië werden bijgelegd en er leek zelfs een einde in zicht van de strijd die het Turkse leger sinds 1984 voert tegen de separatistische Koerden van de Koerdische Arbeiderspartij (PKK). De Turkse regering sprak dan ook trots van 'nul problemen met buurlanden', en westerse bondgenoten staken hun bewondering niet onder stoelen of banken.

De Arabische Lente en het daaruit resulterende conflict in Syrië gooiden roet in het eten. Het Turkse buitenlandbeleid ontspoorde. Turkije kreeg ruzie met bijna alle landen in het Midden-Oosten. Er werd ook wel smalend gesproken van 'nul vrienden', vooral vanwege de Turkse opstelling in Syrië. De internationale strijd tegen terreurorganisatie ISIS leidde tot grote terreinwinst voor de Koerden in het noorden van Syrië en Irak. Dat was de Turkse regering vanwege de aspiraties van de eigen Koerdische minderheid een doorn in het oog. Het Turkse leger pakte daarom niet alleen de strijdbijl weer op tegen de PKK, maar ook tegen door de internationale gemeenschap gesteunde Koerden in Syrië en Irak. De *soft power* werd ingeruild voor *hard power*.

Na de mislukte staatsgreep in 2016 ging het roer definitief helemaal om. Turkije profileerde zich internationaal vooral met militair ingrijpen. Aan de Turkse zuidgrens heeft het Turkse leger in drie grootschalige operaties een 'veiligheidszone' van bijna 9.000 vierkante kilometer gecreëerd op Syrisch grondgebied. Het aangrenzende laatste Syrische opstandelingenbolwerk in de stad Idlib in het noorden van Syrië kan rekenen op steun vanuit Ankara. In het hele gebied heeft Turkije een dikke vinger in de pap. Er zijn Turkse militaire bases gevestigd en de Turkse overheid doet er forse investeringen. In het hele gebied wordt de Turkse lira gebruikt als betaalmiddel.

Zo heeft Erdogan alvast een deel van het 'verloren' grondgebied van het Nationaal Pact weer teruggewonnen. Maar hij is er met de bufferzone vooral in geslaagd te voorkomen dat er een aaneengesloten Koerdisch gebied aan de Turkse zuidgrens is ontstaan. Dat wordt in Turkije van cruciaal strategisch belang geacht. Erdogan doet er daarom alles aan om de Koerden te dwarsbomen. Het is dan ook niet geheel toevallig dat hij op basis van het Nationaal Pact ook het gebied rond de steden Erbil, Mosoel en Kirkoek claimt. Dat is precies de kern van de Koerdische Autonome Regio in Irak. Welke toekomstige koers Erdogan ook zal varen, het vermogen om de Turkse zuidgrens te verdedigen en in te grijpen in de buurlanden wanneer de veiligheid van die grens in gevaar komt, zal centraal staan in het Turkse buitenlands beleid.

Met zijn nadruk op het Nationaal Pact zet Erdogan zijn kaarten ook op de 'Ottomaanse moslimmeerderheid' of – beter gezegd – de Turkse minderheden in de buurlanden. Hun welzijn vormt in Turkse ogen de rechtvaardiging voor bemoeienis met het noorden van Syrië en Irak. Volgens de Turkse regering is de zone vooral bedoeld om burgers te beschermen en ervoor te zorgen dat de miljoenen Syrische vluchtelingen die nu in Turkije verblijven weer terug kunnen naar Syrië. Daar worden internationaal grote vraagtekens bij gezet, maar in propagandafilmpjes van Erdogans Communicatiedirectoraat is te zien hoe in het noorden van Syrië bloemen opbloeien waar Turkse militairen lopen.

Erdogans voorgangers maakten in het verleden ook handig gebruik van Turkse minderheden in buurlanden om strategische belangen te verdedigen. Denk bijvoorbeeld aan de Turkse invasie van Cyprus in

1974. Sinds dat jaar is het eiland in tweeën gedeeld, waarbij internationaal alleen Turkije de Turkse Republiek Noord-Cyprus erkent. Aan het begin van zijn regeerperiode streefde Erdogan met het oog op een Turks EU-lidmaatschap naar hereniging, maar inmiddels kiest hij weer voor een glasharde confrontatie met 'aartsvijand' Griekenland.

Met het Nationaal Pact jaagt Erdogan de Grieken op de kast. In NAVO-bondgenoot Griekenland gaan alle alarmbellen af als er weer een Turkse kaart wordt gepresenteerd die West-Thracië en de Dodekanesos-eilanden als Turks grondgebied beschouwt. En dat gebeurde ook toen Erdogan in 2019 poseerde voor een kaart met daarop 'het blauwe thuisland' (*mavi vatan*). Turkije claimt dat de eigen zeegrenzen midden door de Zwarte Zee, de Egeïsche Zee en de Oostelijke Middellandse Zee lopen en gaat daarbij – in weerwil van het VN-verdrag inzake het recht van de zee – geheel en al voorbij aan de Griekse eilanden, die volgens Ankara simpelweg te klein zijn om een verschil te maken. De Turkse Republiek Noord-Cyprus telt natuurlijk wel mee.

De Turkse claims draaien allemaal om mogelijk zeer lucratieve gaswinning in de Oostelijke Middellandse Zee. Daarvoor haalt Erdogan alles uit de kast – ook de geschiedenis. Het Turkse onderzoeksschip dat in 2020 in betwiste wateren ging speuren naar gas en pas op het laatste moment onder internationale druk rechtsomkeert maakte, is vernoemd naar de roemruchte Ottomaanse admiraal Oruc Reis. Het zusterschip draagt de naam van diens broer Hayreddin Barbarossa, en een boorschip die van sultan Mehmet de Veroveraar.

Volgens de Turkse admiraal die het concept van het blauwe thuisland bedacht, is hij schatplichtig aan Hayreddin Barbarossa. Die zou ooit gezegd hebben: 'Wie de zeeën beheerst, beheerst de wereld.' Het Communicatiedirectoraat van de Turkse president verzorgde onder de titel 'Mavi Vatan' een veelbekeken filmpje waarin nagespeelde Ottomaanse overwinningen in zeeslagen tegen overduidelijk christelijke tegenstanders op de Middellandse Zee werden doorsneden met beelden van moderne Turks marinematerieel, inclusief het onderzoeksschip *Oruc Reis*. Voor een Turks publiek is de boodschap overduidelijk: net als in 1453 zal het Westen ook in de toekomst het onderspit delven.

Het Nationaal Pact is voor Erdogan ook een mooie manier om zich in eigen land af te zetten tegen het Westen. Samen met het 'verraad' van Sèvres – dat ook vandaag de dag nog op grote verontwaardiging kan rekenen in de Turkse publieke opinie – illustreert het 'verloren' grondgebied de onbetrouwbaarheid van de westerse grote mogendheden. De geschiedenis staat volgens hem bol van de gebroken beloften aan de Turken. In het recente verleden heeft het Westen hen – ondanks het Turkse NAVO-lidmaatschap – nooit gesteund in conflicten met de Grieken, Cyprioten, Koerden, Assad of Gülen en de couppleggers van 2016.

De hedendaagse wereldorde is volgens Erdogan door het Westen ingericht om de eigen belangen te behartigen en de eigen veiligheid en welvaart zeker te stellen ten koste van anderen. Het is daarom aan Turkije om 'eervol' te handelen en zich op te werpen voor de onderdrukten in de wereld 'van Syrië tot Irak, van Libië tot Nagorno-Karabach, van de Balkan tot Afrika, van de Zwarte Zee tot de Middellandse Zee'.

In 2020 kwam Turkije met een militaire interventie succesvol tussenbeide in de slepende burgeroorlog in Libië en hielp het Azerbeidzjan aan een overwinning in een oorlog met Armenië om Nagorno-Karabach. Erdogan spinde politiek garen bij deze successen. Hij kon Turkije profileren als regionale grootmacht, die onder zijn daadkrachtige leiding conflicten kan beslissen in Turks voordeel. Libië steunde vervolgens de Turkse territoriale claims in de Oostelijke Middellandse Zee en Azerbeidzjan sloot lucratieve energiecontracten af.

Maar Erdogan verkoopt beide interventies ook nadrukkelijk als steun aan islamitische en Turkse broedervolkeren, die – aldus de president – net zoals Turkije in de steek gelaten zijn of zelfs worden tegengewerkt door het Westen. Om diezelfde reden richt hij ook zijn pijlen op 'islamofobie' in het Westen en het zich voortslepende Israëlisch-Palestijnse conflict. Erdogan heeft de afgelopen jaren meerdere malen verklaard dat het Westen op het punt staat om een nieuwe kruistocht tegen de islamitische wereld te lanceren.

Erdogan tapt op deze manier inmiddels uit hetzelfde retorische vaatje als ISIS. Die terreurorganisatie ging naar eigen zeggen de strijd aan met 'barbaarse kruisvaarders' en ageerde tegen de grenzen die de koloniale grootmachten na de Eerste Wereldoorlog door het Midden-Oosten hadden getrokken. Het nieuwe kalifaat dat ISIS na een hiaat van negentig jaar stichtte in 2014, hield het echter maar vijf jaar vol. Nu werpt Erdogan zich vol vuur op als beschermer van alle soennitische moslims.

Het is in dat verband wel opmerkelijk dat Erdogan zich stilhoudt over de Oeigoeren in China en de Krim-Tataren op de door Rusland geannexeerde Krim, die ook behoren tot de 250 miljoen Turkstaligen die de islam aanhangen. Vooral de Krim-Tataren zijn een hoofdpijndossier voor Erdogan. Zij zijn via de Gouden Horde – één van Erdogans zestien Grote Turkse Rijken – verwant aan de Turken en waren tussen de vijftiende en de achttiende eeuw trouwe bondgenoten van de sultan in Istanboel. Als gevolg van de Russische vervolging van de Krim-Tataren, vooral onder Stalin, kent Turkije een grote Tataarse diaspora. Sinds de Russische annexatie van de Krim in 2014 ziet de Tataarse toekomst er somber uit: Poetin heeft geen oor voor Tataarse wensen. Erdogan heeft de annexatie veroordeeld, maar gaat een confrontatie met Poetin over de Tataarse zaak uit de weg.

Liever onderhoudt Erdogan een pragmatische relatie met Poetin, waarbij ze elkaar vinden in een gedeelde wrok tegen het Westen. Ook op andere fronten, zoals in Syrië, kruisten Rusland en Turkije elkaars pad, maar wisten ze toch telkens samen een weg te vinden. Ondanks verbale speldenprikken kijken Ankara en Moskou uit dat de spanning niet te hoog oploopt. Ook ten aanzien van de oorlog in Oekraïne hield Erdogan zich ondanks het Turkse NAVO-lidmaatschap op de vlakte en probeerde hij vooral een bemiddelende rol te spelen. Dat was gelijk een mooie kans om de status van Turkije als onmisbare regionale grootmacht aan de Zwarte Zee op te vijzelen.

Poetin en Erdogan grijpen om hun afkeer van het Westen te billijken allebei terug op hun geschiedenis, maar gaan voor het gemak voorbij aan het feit dat het Ottomaanse Rijk en het Russische Rijk aartsvijanden waren. Nadat de Ottomanen en de Russen buren waren geworden aan de Zwarte Zee aan het einde van de vijftiende eeuw, vochten ze tot 1921 maar liefst twaalf grote oorlogen met elkaar uit. Meestal braken ze door Russisch toedoen uit, en meestal gingen de Russen er ook met de overwinning vandoor.

Waar het Ottomaanse Rijk na 1683 steeds verder kromp, groeide het Russische Rijk maar door. In de achttiende en negentiende eeuw veroverden de Russen grote stukken grondgebied die eerder deel uitmaakten van het Ottomaanse Rijk, waaronder de Kaukasus, delen van Oekraïne en de Krim. Op de Balkan steunden de Russen in de negentiende eeuw het streven naar onafhankelijkheid van orthodoxe geloofsgenoten, zoals de Serviërs.

Net als in het oosten van Europa hebben Russische ambities en de angst daarvoor een grote rol gespeeld in het Turkse buitenlands beleid. In de negentiende eeuw zochten de sultans toenadering tot de Britten om de gestage Russische opmars in de richting van Istanboel te stuiten, ook de door Erdogan op het schild gehesen Abdülhamit II. Na de Tweede Wereldoorlog namen de Amerikanen de plek in van de Britten en koesterden Turkse leiders het NAVO-lidmaatschap. Zelfs Erdogan is van mening dat de NAVO onmisbaar is voor de veiligheid van Turkije. Hij mag dan wel dwarsliggen – zoals met de aanschaf van Russische luchtverdedigingssystemen of de Finse en Zweedse aanvragen voor het NAVO-lidmaatschap –, maar hij heeft nooit serieus overwogen om het bondgenootschap vaarwel te zeggen. Erdogan mag dan aanschurken tegen Poetin, de nieuwe sultan wil niet dat Turkije al te zeer onder invloed van de nieuwe tsaar komt.

De Turkse president zal daarom vooral streven naar een onafhankelijke rol. Daarbij blijft Turkije aangehaakt op het Westen, vooral binnen de NAVO, maar is het land tegelijkertijd een zelfstandig opererende grootmacht in voormalige Ottomaanse gebieden als het Midden-Oosten en de Balkan. De Turkse militaire interventies in Syrië, Libië en Azerbeidzjan en bestaande en geplande Turkse militaire bases in Irak, Qatar, Somalië, Soedan en Cyprus zijn daar belangrijke voorbeelden van. Het is een koers die vergelijkbaar is met die van de Franse president Charles de Gaulle in de jaren zestig, die eveneens verloren grandeur wilde herstellen.

Hoe om te gaan met de Turkse De Gaulle binnen de gelederen is de grote vraag voor de Europese Unie en de Verenigde Staten. Vooral Europa heeft Turkije nodig als aantrekkelijke handelspartner en als strategische bondgenoot in de regio. Turkije is al lang niet meer 'de zieke man van Europa'. Het is de grootste economie in het Midden-Oosten en ligt op koers om na Frankrijk de grootste economie in het Middellandse Zeegebied te worden.

Turkije is – zij het in de stevige greep van Erdogan – nog steeds een baken van stabiliteit in een instabiele regio, ook al is het land met zijn militaire interventies medeverantwoordelijk voor die instabiliteit. Het Turkse leger is een belangrijke speler binnen de NAVO en Ankara vervult – ondanks alle Turkse dreigementen – nog steeds de rol van poortwachter voor vluchtelingen die richting Europa willen reizen.

Turkije en het Westen kunnen niet zonder elkaar. Maar Erdogan heeft met de Turkse bevolking in zekere zin een eigen nationaal pact. Door permanent te hameren op het roemrijke Ottomaanse verleden wordt Erdogan gedwongen om een confrontatiekoers te varen met het Westen. Dat wordt door de Turkse president afgeschilderd als de voornaamste hindernis voor het herstel van de Turkse grootheid. Hij ontleent zijn populariteit aan die belofte en die confrontatiekoers is dus ook wat zijn achterban van hem verwacht.

DE RODE APPEL

Wie op zoek is naar een samenvatting van Erdogans visie op het verleden en de toekomst van Turkije, kan op YouTube terecht bij de 'Kizil Elma Marsi' (De Mars van de Rode Appel). Onder begeleiding van opzwepende Ottomaanse marsmuziek, gespeeld door een traditionele mehter-muziekband op het voorplein van de Hagia Sophia, passeren de sleutelfiguren en cruciale momenten uit de Turkse geschiedenis volgens Erdogan de revue. Alp Arslan, Osman I en Mehmet de Veroveraar en de soldaten uit het Ottomaanse leger die in 1915 vochten bij Çanakkale, geven de Turkse vlag door aan eenheden van het moderne Turkse leger. Ook de martelaars van 15 juli zijn present, als vanouds herkenbaar aan hun smetteloze witte overhemden.

Het resultaat is een duizelingwekkende mix. Alp Arslan en Osman stormen op hun paarden over de Anatolische vlakte, afgewisseld met fragmenten van Turkse tanks en gevechtshelikopters tijdens schietoefeningen. Op het ene moment is te zien hoe kindsoldaten met de Turkse vlag in de hand in 1915 de geallieerde loopgraven tegemoet rennen, en op het andere moment zijn de silhouetten te zien van sluipende Turkse commando's die afsteken tegen een bloedrode hemel met een witte halve maan. Gevechtsvliegtuigen scheren over de Brug van de Martelaars van 15 juli over de Bosporus, marineschepen stomen door de Oostelijke Middellandse Zee. Moeders, kinderen en ouden van dagen kijken trots of met betraande ogen toe. Tussen de bedrijven door wuift Erdogan naar het Turkse boorschip dat is vernoemd naar Mehmet de Veroveraar.

De machtige sultan schrijdt in de slotscène – waarin de muziek plotseling plechtig wordt – tussen de mannen van de mehter door naar de deur van de Hagia Sophia. Na een kort shot van Erdogan die langs zijn erewacht loopt, opent Mehmet de Veroveraar de deur van de Hagia Sophia. Samen met Alp Arslan, Osman en een Ottomaanse soldaat begeleiden ze de imam naar de preekstoel. Achter hen aan lopen de martelaren van 15 juli. Samen vertegenwoordigen ze een duizend jaar oude traditie, voortgezet door Erdogan.

Dit ronkende stukje propaganda werd namelijk op de 949e verjaardag van de Slag van Manzikert naar buiten gebracht door zijn Communicatiedirectoraat, precies een maand nadat Erdogan zelf in hoogsteigen persoon de Hagia Sophia opnieuw in gebruik had genomen als moskee. De Mars van de Rode Appel ramde de boodschap van dat moment er nog eens even in. Zijn roemrijke voorgangers stelden allen de Turkse zaak voorop en zegevierden in hun strijd tegen de talloze belagers van de trotse Turkse natie, vaak afkomstig uit het Westen. Erdogan is de volgende in een lijn van sterke mannen die de Turken naar een glorieuze geschiedenis zal leiden.

De beelden laten niets aan de verbeelding over, zelfs voor wie geen Turks verstaat. De tekst van de mars stelt krijgshaftig dat niets of niemand de verovering van de rode appel kan tegenhouden. Die staat in de Turkse mythologie symbool voor doelen of dromen voor de toekomst, meestal net buiten bereik hangend. In de loop der eeuwen hebben de Turken verschillende rode appels nagejaagd. Ten tijde van de Seltsjoeken en de Ottomanen waren dat steden als Constantinopel, Wenen en Rome, die een overwinning op het christendom of – in de meest ambitieuze variant – wereldheerschappij symboliseerden. De Jonge Turken transformeerden de rode appel tot een nationalistisch streven naar een Turkse staat, Turkse eenheid en vooruitgang van de Turkse natie.

Wie de Mars van de Rode Appel bekijkt, kan zich niet aan de indruk onttrekken dat Erdogan streeft naar een mengvorm van eerdere rode appels. De tekst van de mars heeft een sterk religieus karakter en shots van de Kaäba in Mekka en de Tempelberg in Jeruzalem tonen de grenzeloze ambitie van de Turkse president aan zijn achterban. Atatürk ontbreekt dan ook volledig. In Erdogans ogen waren de Turkse Vader des Vaderlands en diens kemalistische opvolgers de verkeerde seculiere weg ingeslagen. Het is Erdogan die Turkije weer op het juiste pad naar een glorieuze toekomst heeft gebracht.

In werkelijkheid ziet die toekomst er momenteel helemaal niet rooskleurig uit, want in schril contrast met zijn eerdere regeringsjaren is de Turkse economie in een neerwaartse spiraal terechtgekomen. Controversiële maatregelen van de Turkse regering hebben gezorgd voor een dubbelcijferige inflatie. De Turkse lira is een vrije val geraakt. Ook de conservatieve islamitische middenklasse, de traditionele achterban van de AKP, wordt hard geraakt. Jonge generaties Turken zijn bovendien zijn autoritaire regeerstijl beu.

In opiniepeilingen staat president Erdogan er niet zo goed voor. Hij had gehoopt het eeuwfeest van de Republiek Turkije in 2023 te vieren met mooie megaprojecten, sociaaleconomische successen én een overwinning in de presidentsverkiezingen. Recentelijk benadrukt hij daarom dat zijn toekomstvisie voorbij 2023 reikt: nadrukkelijk benoemt hij 2053 en zelfs 2071. Die jaren zijn niet alleen retorisch interessant vanwege de verwijzingen naar de Val van Constantinopel en de Slag bij Manzikert, maar ook gewoon bittere noodzaak vanwege de tegenvallende economische cijfers.

Om die reden roert Erdogan ook nadrukkelijk de nationalistische trom en schetst hij een westerse samenzwering tegen Turkije. Met zijn retorische oorlogsverklaring aan een afschrikwekkende vijand hoopt hij Turkije achter zich te verenigen. De AKP vecht voor alle Turken tegen het Westen, dat technologisch superieur is, de wereldorde domineert en Turkije opnieuw wil knechten. Een overwinning vereist de vereende krachten van het Turkse volk. Alleen dan kan Turkije de rechtmatige plek als regionale macht innemen. Erdogans visie op het verleden dient als het ultieme bewijs van de slechte bedoelingen van het Westen en tegelijkertijd als ultiem argument voor zijn confrontatiekoers.

Het resultaat is een giftige cocktail van nationalisme, islamisme en antiwesterse sentimenten, een conservatief-nationalistische mix waarbij net zoals in Rusland en Polen het behoud van de eigen normen en waarden centraal wordt gesteld. Het programma van de AKP was daar al van meet af aan mee doordesemd, maar de toon is verhard na de grootschalige demonstraties in Istanboel en uiteindelijk ook de rest van Turkije toen de Turkse regering bekendmaakte op de plek van het Gezipark – een van de weinige groene parken in Istanboel – een winkelcentrum te zullen gaan bouwen. Dat werd gepresenteerd als het in ere herstellen van een militaire barak die in de Ottomaanse tijd op die plek stond, maar ontlokte felle protesten. Eerst tegen de sloop van het Gezipark, maar uiteindelijk tegen de autoritaire opstelling van de Turkse regering in het algemeen en Erdogan in het bijzonder. Na de mislukte staatsgreep in 2016 gingen vervolgens alle remmen los.

Erdogan neemt ondertussen al een voorschot op de eindoverwinning die de Mars van de Rode Appel in het vooruitzicht stelt. Net als de Ottomaanse sultans legt hij een ongekende bouwwoede aan de dag. Infrastructurele megaprojecten dienen als de eerste zeges in de competitie met het Westen en moeten de glorieuze toekomst van Turkije nu alvast onderstrepen. Daarbij laat Erdogan de kans niet onbenut om die toekomst te verknopen met het verleden.

Het oude Atatürk Airport werd in 2019 vervangen door de nieuwe megaluchthaven Istanbul Airport, die gebouwd is op de ontvangst van 90 miljoen passagiers per jaar en nu al de drukste luchthaven van Europa is. Een supersnelweg verbindt de nieuwe luchthaven via een derde brug over de Bosporus met Anatolië. Die brug is vernoemd naar sultan Selim I de Barse, die in de zestiende eeuw Egypte, Syrië, Noord-Irak en de heilige steden Mekka en Medina toevoegde aan het Ottomaanse Rijk. Dankzij Selim I verhuisde het kalifaat van Caïro naar Istanboel.

Op 18 maart 2022 opende president Erdogan exact vijf jaar nadat de eerste steen werd gelegd een brug over de Dardanellen, die met een overspanning van 2023 meter de langste hangbrug ter wereld is. De bouwdata verwijzen samen met de officiële naam Çanakkale 1915-brug naar de succesvolle verdediging van de Turkse wateren tegen Britse en Franse aanvallen tijdens de Slag bij Gallipoli. De lengte is natuurlijk ingegeven door het eeuwfeest van de Republiek Turkije.

In de zomer van 2021 gaf Erdogan het officiële startsein voor zijn meest ambitieuze megaproject tot nu toe: het Istanboelkanaal. Dat is een 45 kilometer lang kanaal dat aan de westkant van Istanboel parallel loopt aan de Bosporus en die de drukbevaren scheepvaartroute moet ontlasten. Volgens Erdogan levert het project duizenden banen, ruimte voor woningbouw en hoge tolopbrengsten op en vormt het daarmee een broodnodige economische impuls. Tegenstanders zien vooral de vele miljarden die het project gaat kosten en wijzen erop dat het kanaal een nachtmerrie is voor natuur en milieu. Bovendien zou de meest westerse stad van Turkije door het kanaal fysiek worden afgesneden van Europa. Ondanks alle kritiek en de vraag of het project gezien de huidige staat van de Turkse economie ooit zal worden voltooid, drijft de president zijn zin door.

Voor Erdogan speelt wellicht ook mee dat het sultan Suleiman de Prachtlievende was die zijn hofarchitect Mimar Sinan de eerste plannen liet tekenen voor een kanaal bij Istanboel. Sinan ontwierp maar liefst driehonderd grote gebouwen voor sultan Suleiman en diens opvolgers. Zijn beroemdste werk is de Suleimanmoskee, die hij in opdracht van de sultan bouwde in Istanboel. Latere architecten kopieerden zijn stijl. Zo bouwden zijn leerlingen de Blauwe Moskee in Istanboel en de Oude Brug in Mostar. Sinan is dé beeldbepalende architect van het Ottomaanse Rijk.

Het werk van Sinan was ook de inspiratiebron voor het ontwerp van een moskee die alle andere moskeeën in Istanboel overtreft: de Camlicamoskee. Die werd in 2019 geopend door een trotse president Erdogan. Met een capaciteit van 63.000 gelovigen is het veruit de grootste moskee in heel Turkije. Samen met de Blauwe Moskee is het de enige moskee in Istanboel met zes minaretten. Twee van die minaretten zijn 107,1 meter hoog, waarmee nog maar weer eens wordt verwezen naar de Slag bij Manzikert. Wie vanuit het Europese deel van Istanboel over de Bosporus naar het Aziatische deel van de stad kijkt, kan niet om de nieuwe moskee heen. Vanaf de hoogste heuvel van de stad torent hij uit boven de megapool.

Met de Camlicamoskee treedt Erdogan niet alleen in de voetsporen van de sultans, maar steekt hij hen ook naar de kroon. Er is ook een belangrijk verschil tussen Erdogan en de sultans. Zij bouwden hun moskeeën in het Europese deel van Istanboel, terwijl de Camlicamoskee in Anatolië staat. Om zijn boodschap letterlijk en figuurlijk nog eens extra te onderstrepen liet hij niet ver van de moskee de Camlicatoren bouwen, een 369 meter hoge televisietoren die honderd tv-signalen tegelijkertijd kan verzenden.

Om zijn punt te maken had Erdogan het dus eigenlijk helemaal niet nodig om de Hagia Sophia opnieuw in gebruik te nemen als moskee. Hij heeft allang zijn eigen stempel gedrukt op 'Constantinopel' en Turkije. De rode appel die hij Turkije voorhoudt groeit aan een boom die wortelt in Erdogans eigen beeld van de geschiedenis. Verleden en toekomst lopen voor hem naadloos in elkaar over.

4
China
De weg naar wederopstanding

Mao Zedong, de Grote Roerganger van China, was een groot fan van kungfu-legende en acteur Bruce Lee. In 1974 leed Mao aan staar en om zijn klachten niet verder te laten verergeren, adviseerden zijn artsen hem om te stoppen met lezen. De boekenwurm stortte zich daarom op films. Hij was verzot op biopics van grote leiders uit de geschiedenis als Napoleon en Lincoln, maar er was één film die het hart van de Chinese leider pas echt sneller liet kloppen: *Fist of Fury*.

Mao keek die actiefilm uit 1972 maar liefst drie keer. Volgens intimi was *Fist of Fury* zelfs de enige film ooit die Mao meer dan eens heeft gekeken. Bruce Lee kruipt in de rol van kungfu-leerling Chen Fen, die de dood van zijn meester wil wreken. Het verhaal speelt zich af in Shanghai tijdens de jaren dertig, toen de Japanners de facto de dienst uitmaakten in de stad. Leden van een rivaliserende Japanse vechtschool treiteren Chen en zijn kompanen, en ze blijken bovendien ook achter de dood van zijn meester te zitten. In een blauw Maopak neemt de protagonist uiteindelijk wraak.

Maar tijdens zijn avonturen in Shanghai verzet Chen zich ook tegen de Japanse overheersing. Nadat hij hun eerst alle hoeken van de dojo heeft laten zien, dwingt hij Japanse leerlingen om een papieren banier met de tekst ZIEKE MAN VAN OOST-AZIË op te eten. Dat is een verwijzing naar de zwakke Chinese Qing-keizerdynastie die in de negentiende eeuw het hoofd moest buigen voor buitenlandse grootmachten als het Verenigd Koninkrijk, de Verenigde Staten en Japan.

Een nog symbolischer moment zit later in de film. Wanneer Chen het hedendaagse Huangpu-park aan de beroemde Bund-boulevard wil binnengaan, wordt hem de toegang geweigerd, terwijl de wacht hem op een bordje op de toegangspoort wijst met de tekst NO DOGS AND CHINESE ALLOWED. Tegelijkertijd laat hij een Japanse vrouw met een hondje door. Een drietal Japanners lacht Chen uit en zegt dat hij mee mag als hij doet alsof hij een hond is. Chen werkt het drietal vliegensvlug tegen de grond en versplintert met twee welgemikte trappen het vernederende bordje.

De nationalistische boodschap in *Fist of Fury* was voor een Chinees publiek overduidelijk. De vernedering is voorbij; de eer van China is gered. Naar het schijnt barstte Mao in huilen uit nadat hij *Fist of Fury* voor het eerst had gekeken. 'Bruce Lee is een held!' riep hij uit. Met zijn afrekening met het verbodsbord verwoordde de kungfulegende immers op symbolische wijze wat Mao had verklaard toen hij op 1 oktober 1949 vanaf de Poort van de Hemelse Vrede aan het gelijknamige plein de Volksrepubliek China uitriep: 'China is opgestaan en laat niet langer met zich sollen.'

Alle andere inwoners van die Volksrepubliek moesten overigens nog bijna twintig jaar wachten voordat ze *Fist of Fury* in de bioscoop konden gaan bekijken. Hoewel Mao groot fan was, kwamen de in de Britse kroonkolonie Hongkong geproduceerde kungfu-films niet door de strenge Chinese censuur. Maar toen de film eindelijk werd vrijgegeven, was hij ook bij het grote publiek razend populair. Naar verluidt stonden bioscoopbezoekers joelend op toen het verbodsbordje aan gruzelementen ging.

De in San Francisco geboren Bruce Lee geldt in het hedendaagse China als een cultuuricoon dat in de jaren zeventig vocht voor gelijke behandeling van de Chinese minderheid in de Verenigde Staten. Op een uurtje rijden ten zuiden van de havenstad Guangzhou komen fanatieke fans aan hun trekken in het Bruce Lee Paradijs, een pretpark met onder meer een 19 meter hoog beeld van de kungfu-meester.

Ook de Amerikaanse regisseur Quentin Tarantino kwam er in 2019 achter hoe razend populair Bruce Lee nog altijd is in China, toen hij Lee in zijn epos *Once Upon a Time in Hollywood* neerzette als een als arrogante blaaskaak die op zijn nummer werd gezet door een Amerikaanse stuntman, gespeeld door Brad Pitt. Op Chinese social media werd furieus gereageerd: Tarantino maakte onbeschaamd de 'Chinese trots' te schande. Chinese staatsmedia als de sensatiekrant *Global Times* sloten zich daarbij aan.

Lee overleed in 1973 op tweeëndertigjarige leeftijd, maar zijn personage Chen Fen leefde in China door als een volksheld. Hij maakte na *Fist of Fury* zijn opwachting in talloze vervolgfilms en televisieseries. Chen staat voor China's strijd tegen buitenlandse onderdrukking en racisme. Om deze reden zijn in de remakes en bewerkingen die volgden op *Fist of Fury* elementen van het verhaal veranderd, maar het kernverhaal van Chens verzet tegen Japanners en andere buitenlanders is gebleven.

Het verbodsbord op de poort van het Huangpu-park staat in het collectieve geheugen van de Chinezen gegrift. Shanghai was een concessiestad. Na de voor China desastreus verlopen Eerste Opiumoorlog (1839-1842) dwongen de Britten de Qing-keizer om havensteden te openen voor internationale handel en in de loop van de negentiende eeuw verkregen ook andere buitenlandse mogendheden concessies.

Het park werd in 1868 geopend als 'Public Garden'. Het lag in de Internationale Concessie, waar buitenlandse mogendheden het voor het zeggen hadden, en was alleen toegankelijk voor de internationale gemeenschap. Een bordje NO DOGS AND CHINESE ALLOWED heeft nooit bestaan, maar in 1917 hing er wel een uitgebreid bord met het tien regels tellende parkreglement op de toegangspoort. Regel 1 luidde: 'The Gardens are reserved for the foreign community.' En de vierde regel stipuleerde dat honden en fietsen verboden waren in het park.

Los van de exacte bewoordingen was de uitwerking in de praktijk natuurlijk wel hetzelfde. Chinezen in het oude Shanghai hadden daarom gegronde redenen om de regels aanstootgevend te vinden en om het gevoel te hebben dat ze als tweederangsburgers werden behandeld, terwijl de stad waarin ze woonden op Chinese bodem lag. Daarom is er ook een foto van het bord uit 1917 prominent aanwezig in het museum van het Eerste Nationale Congres van de Communistische Partij van China. Dat vond plaats in juli 1921 in de woonkamer van de grijsroze, voormalige koopmanswoning op nummer 76 in de Straat van de Vreugdevolle Onderneming in de vandaag de dag hippe wijk Xintiandi van Shanghai.

De Partij deed er tot in de jaren tachtig alles aan om de herinnering aan het bord in leven te houden als symbool van imperialistische uitbuiting. Wanneer er over Shanghai werd geschreven – of het nu in een schoolboek, een wetenschappelijk artikel of een reisgids was –, dan waren er altijd een paar zinnetjes gewijd aan de Public Garden, inclusief de 'wedergeboorte' van het park in 1949. Toen veroverden de Communisten namelijk Shanghai op de Nationalisten in de Chinese Burgeroorlog en kreeg het park zijn huidige naam.

Op 11 november 2011 nam de CCP ter ere van het eeuwfeest van de partij een historische resolutie aan. De resolutie was een officiële samenvatting van de honderdjarige geschiedenis van de partij, een opsomming van wat er allemaal was bereikt sinds de oprichting in een woonkamer in Shanghai in 1921.

Het leiderschap van de CCP stak onbeschaamd de loftrompet over zichzelf. Naar eigen zeggen heeft de partij de toekomst van het Chinese volk 'fundamenteel veranderd'. Na een hardnekkige strijd in de eerste 28 jaar van het bestaan maakte het uitroepen van de Volksrepubliek China een einde aan een tijd van pesterijen, onderdrukking en onderwerping. De Chinezen werden weer heer en meester over hun eigen land én hun eigen lot. De tijd dat China door anderen kon worden uitgemaakt voor 'de zieke man van Oost-Azië' was voorgoed voorbij en zou nooit meer terugkeren.

Een nieuw tijdperk brak aan, waarin China onder het bezielende leiderschap van de CCP in een paar decennia voor elkaar kreeg waar westerse landen eeuwen over hebben gedaan. China maakte dankzij industrialisatie en modernisering de sprong van achtergebleven landbouweconomie naar de op één na grootste economie ter wereld. In

1949 konden veel Chinezen amper in hun levensonderhoud voorzien, en nu is er volgens de CCP sprake van 'gematigde welvaart', een gemiddeld genomen welvarend land. China is een economische grootmacht geworden die mooie groeicijfers combineert met solide sociale stabiliteit. Daar kunnen andere landen jaloers op zijn, aldus de Chinese communisten.

Hoewel de tekst van de historische resolutie van 2021 geen grote verrassingen bevatte, was het aannemen ervan uitzonderlijk. Dat was pas twee keer eerder gebeurd: in 1945 en in 1981. In 1945 werd Mao's rol in de oprichting van de partij, de burgeroorlog en de Tweede Wereldoorlog vastgelegd als fundament voor zijn alleenheerschappij. Mao regeerde met ijzeren vuist over China en onder zijn schrikbewind kwamen miljoenen mensen om het leven door honger of geweld. Daarom volgde in 1981 een afrekening met Mao ten faveure van collectief leiderschap en de hervormingen die Mao's opvolger Deng Xiaoping voorstond.

In 2021 werd Xi Jinping door de Partij vervolgens op één lijn geplaatst met zijn twee illustere voorgangers, waardoor hij samen met Mao en Deng is verheven tot de drie 'grote leiders' van de Volksrepubliek China. Mao was de grondlegger, Deng zorgde voor economische groei, en Xi is de man die China nu groot moet maken in de wereld. Met de resolutie is hij nu al in de partijgeschiedenis geschreven. Samen met een eerdere grondwetswijziging die de beperking op het aantal ambtstermijnen schrapte, maakt dat de weg vrij voor Xi om langer aan de macht te blijven. Na Mao en Deng is nu ook Xi's visie op het verleden, zoals de Communistische Partij van China die interpreteert, vereeuwigd.

Met de historische resolutie schrijft de CCP letterlijk en figuurlijk geschiedenis. De tekst bepaalt hoe het verleden en de toekomst in China moeten worden gezien. De 'Chinese droom' van Xi Jinping is een droom over verleden, heden en toekomst. Die zijn volgens hem onlosmakelijk met elkaar verbonden. Niet voor niets presenteerde

Xi in 2012 – amper twee weken in functie als secretaris-generaal van de CCP – zijn toekomstvisie voor het eerst aan China en de rest van de wereld tijdens een bezoek aan het enorme Nationale Museum van China aan de oostzijde van het Plein van de Hemelse Vrede in Bejing.

Dat historisch museum had niet zo lang daarvoor na een langdurige renovatie eindelijk de deuren opnieuw geopend. Het toont trots de partijvisie op de moderne geschiedenis van China. Onder de titel 'De weg naar wederopstanding' loopt die van de Eerste Opiumoorlog tot aan het hedendaagse China. De tentoonstelling legt de nadruk op de vernedering als gevolg van het westerse en Japanse imperialisme, de bevrijding van het Chinese volk door de CCP, de positieve bijdragen van Mao aan het opbouwen van 'het nieuwe China' en de spectaculaire opkomst van het land dankzij het 'socialisme met Chinese karakteristieken' onder Deng.

En de CCP is natuurlijk de drijvende kracht achter dit alles. Traumatische gebeurtenissen uit het Mao-tijdperk, zoals de zuiveringen van de jaren dertig, de hongersnood en economische mislukking van de Grote Sprong Voorwaarts en de aardverschuiving van de Culturele Revolutie – in de in 2021 aangenomen historische resolutie aangemerkt als 'vergissingen' van Mao – worden met de mantel der liefde bedekt door ze te verzwijgen.

Opmerkelijk is dat het Nationale Museum sinds de renovatie ook een uitgebreide tentoonstelling heeft over 'Het Oude China' van vóór de Eerste Opiumoorlog. Voorheen werd het keizerlijke China altijd afgedaan als feodaal, verdeeld en – vooral – vermolmd. Het ingeslapen Oude China was hopeloos ouderwets en diende in de revolutionaire traditie en propaganda vooral als een scherp contrast met de ontwaakte Volksrepubliek China.

Maar tegenwoordig laten Xi en de zijnen geen moment onbenut om te benadrukken dat de Chinese beschaving meer dan vijfduizend jaar oud is. De historische resolutie uit 2021 stelt trots dat de Chinese natie 'een grote en oude natie is die een schitterende beschaving tot stand heeft gebracht en onschatbare bijdragen heeft geleverd aan de vooruitgang van de mensheid'.

In het Nationale Museum staan die bijdragen sfeervol uitgestald in halfduistere zalen. De verzameling benadrukt vooral de artistieke schoonheid en schildert het keizerlijke China af als een harmonieuze samenleving die boven alles sociale stabiliteit en nationale eenheid zocht. Het oude China vormt zo een spiegel voor het hedendaagse China. En dat borduurt voort op die duizenden jaren oude Chinese beschaving. Bezoekers kunnen zich laven aan een glorieuze keizerlijke traditie, die een historisch fundament biedt voor de huidige opkomst van China op het wereldtoneel.

De 'Chinese droom' die Xi in het Nationale Museum presenteerde was een toekomstvisie van 'nationale heropleving'. Die 'heropleving' staat voor de voltooiing van de modernisering en ontwikkeling van China die vanaf 1949 is ingezet. De komende decennia wil Xi de macht en invloed van China in de wereld steeds verder uitbreiden.

'Geen enkel land of individu kan het historische tempo van de grote heropleving van de Chinese natie stoppen,' aldus Xi. Bij de honderdste verjaardag in 2049 moet de Volksrepubliek China een alom gerespecteerde supermacht zijn. Dan is de wederopstanding in de ogen van Xi eindelijk voltooid. Het ultieme doel van de Chinese droom is dat het land weer zijn rechtmatige plaats op het wereldtoneel inneemt.

VIJFDUIZEND JAAR GROOTMACHT

Xi Jinping wil dat China terugkrijgt wat het altijd al had. In Xi's visie op het verleden was keizerlijk China namelijk gedurende vrijwel zijn hele vijfduizend jaar lange geschiedenis wat we naar huidige maatstaven een supermacht zouden noemen, vergelijkbaar met het Romeinse Rijk of – meer recent – het Britse Rijk en de Verenigde Staten.

In heel Oost-Azië was China het grote voorbeeld en oefende het land grote culturele invloed uit. Het Chinees was de lingua franca, de taal van de elite. Buren leenden het meer dan drieduizend jaar geleden uitgevonden Chinese schrift. De beroemde Chinese wijsgeer Confucius zette zijn ideeën over persoonlijke en bestuurlijke deugdzaamheid rond 500 voor Christus op schrift. Die waren net als Chinese boeken, onderwijsmethoden en diplomatieke gebruiken wijdverbreid in Azië.

China was waarschijnlijk de grootste economie ter wereld van de eerste tot de negentiende eeuw. Het was de spil in oude handelsnetwerken als de Zijderoute, het kloppend hart van een wereldeconomie avant la lettre, voordat koloniale grootmachten als Portugal, Nederland en Engeland het stokje overnamen. China was dankzij zijn omvangrijke bevolking een jaloersmakend grote markt met begeerlijke exportproducten als zijde en porselein.

Boekdrukkunst, buskruit en het kompas zijn drie Chinese uitvindingen die de wereld veranderden. Maar er kwamen ook talloze kleinere uitvindingen uit de werkplaatsen van Chinese uitvinders en handwerkers rollen, zoals lak, de kruiwagen, de paraplu, lucifers en brandewijn. China stond op de rand van een industriële revolutie tijdens de Song-dynastie: rond 1200 produceerde China jaarlijks ongeveer net zoveel ijzer als heel Europa zes eeuwen later zou doen. Dankzij slimme uitvindingen kon ook op grote schaal zijde worden geproduceerd. In de dertiende eeuw gebruikten de Chinezen watermolens en was de productie vergelijkbaar met die van door stoommachines aangedreven fabrieken.

Chinese ontdekkingsreizigers zwermden uit over Azië. Zeeroutes naar Indonesië, India en Sri Lanka ontstonden al in de eerste eeuw. De Zijderoute werd in de tweede eeuw uitgestippeld door gezant Zhang Qian. Tussen 1405 en 1433 leidde admiraal Zheng He in opdracht van de ambitieuze keizer Yongle zeven grote expedities van honderden zeilschepen over wat de Chinezen 'de Westelijke Zeeën' noemden naar de oostkust van Afrika en het Arabisch schiereiland. Het waren gigantische schepen vol rijkdommen om de pracht en praal van het machtige China te tonen aan de wereld.

Ter vergelijking: Columbus stak in 1492 met drie schepen de Atlantische Oceaan over op zoek naar Azië. De grootste jonken waarmee Zheng He over de Indische Oceaan navigeerde waren waarschijnlijk zo'n 125 meter lang en daarmee meer dan zes keer zo groot als Columbus' vlaggenschip *Santa Maria*. Zhengs jonken zouden weleens de grootste houten schepen in de geschiedenis geweest kunnen zijn, maar er is niets van overgebleven. Na de expedities was het Chinese tijdperk van de ontdekkingsreizen namelijk voorbij: de Mingdynastie raakte na de dood van keizer Yongle in zichzelf gekeerd. De 21.000 kilometer lange Grote Muur die we nu kennen als toeristische attractie diende om barbaren uit het noorden tegen te houden.

De Chinese overheid presenteert Zheng He vandaag de dag graag als het bewijs dat China een vreedzame grootmacht was en schildert een scherp contrast met de plundertochten van Europese ontdekkingsreizigers. Zheng He was niet op zoek naar rijkdommen: hij kwam de rijkdom van China tonen. Zhengs missie was echter niet zuiver vreedzaam: tijdens zijn expedities bestreed hij ook lastige piratennesten en stelde hij de ook nu nog voor de zeehandel strategisch belangrijke Straat van Malakka veilig voor de Chinezen. En wie zich niet liet overdonderen door de pracht en praal die Zheng He meevoerde, kreeg het aan de stok met de duizenden Chinese soldaten die ook aan boord waren. Bij tijd en wijle gedroeg China zich ook als een militaire grootmacht.

Alles tezamen – politiek, economisch en cultureel – was de invloed van China en de Chinese beschaving zo groot dat er in Azië een Chinese wereldorde ontstond. De Chinese regering zette de diplomatieke toon in de hele regio. De Chinese taal, literatuur, filosofie en kunst vormden in het overgrote deel van Azië de maatstaf. China maakte de regels en iedereen volgde.

Chinezen zagen zichzelf als het middelpunt van de wereld, het Middenrijk. De Chinese cultuur was volgens de Chinezen de universele norm. Hun beschaving was superieur aan alle andere. Vanaf 1421 namen de Ming-keizers hun intrek in de Verboden Stad in Beijing en zij verwachtten dat de wereld naar hen toe zou komen om eer te bewijzen. Immers, de Chinese beschaving was simpelweg de grootste beschaving ter wereld.

De Chinese jaartelling begint in het jaar 2698 voor Christus met het aantreden van keizer Huang Di, de eerste van vijf mythische oerkeizers. Deze 'Gele Keizer' geldt als de voorvader van de Han-Chinezen, die meer dan 90 procent van de bevolking van China vormen en bijna een vijfde van de wereldbevolking. Maar de eerste dynastie waarvan archeologisch bewijsmateriaal is teruggevonden is de Shang-dynastie, die waarschijnlijk rond 1600 voor Christus aan de macht kwam.

Dat is ook de tijd dat de Han-Chinezen zich het Chinese hartland toe-eigenden. De wieg van de Chinese beschaving stond op het Chinees Laagland, een groot en zeer vruchtbaar gebied dat de benedenloop van de Gele Rivier omvat en strekt van Mongolië in het noorden tot het stroomgebied van de Yangtze-rivier in het zuiden. Het is nu een van de dichtstbevolkte gebieden ter wereld. De Gele Rivier is voor China wat de Nijl is voor Egypte.

De Shang-dynastie was de vroegste versie van wat een Chinese staat zou kunnen worden genoemd. Maar China was toen nog geen eenheid. Honderden voortdurend ruziënde koninkrijkjes vochten eindeloze oorlogen uit. Het gedachtegoed van Confucius (551-479 voor Christus) ontstond in een tijd van oorlog, chaos en armoede. De wijsgeer concludeerde dat politieke verdeeldheid leidt tot verwoesting en ontwikkelde een obsessie met stabiliteit en rust. De wereld was volgens Confucius hiërarchisch ingedeeld. Mensen moesten hun plaats in de samenleving kennen en degenen in hogere posities moesten voor hun ondergeschikten zorgen. Alleen dan was de wereld in harmonie. Het confucianisme zou de Chinese samenleving meer dan tweeduizend jaar lang vormgeven.

De Qin-dynastie wist in 221 voor Christus China voor het eerst te verenigen. Keizer Qin wordt in China vereerd als 'De Eerste Keizer'. Hij versloeg alle andere koninkrijken en maakte daar één keizerrijk China van. In het Westen staat hij vooral bekend om het terracottaleger dat hij liet maken voor zijn graftombe, een van de grootste toeristische attracties van China, maar voor de Chinezen staat hij gelijk aan Alexander de Grote en eigenlijk erboven.

Vijftien jaar later volgde de Han-dynastie. Die vestigde een imposante bureaucratie. Duizenden ambtenaren bestuurden het keizerrijk. Ze moesten zware examens afleggen om hun geschiktheid te bewijzen. De leer van Confucius stond centraal in die examens, want het bestuur was overgoten met de saus van het confucianisme. De keizer had als 'Zoon des Hemels' het 'Hemels Mandaat', zolang hij deugdzaam heerste over 'Alles onder de Hemel'.

De Han-keizers breidden de territoriale macht van China uit naar het noorden, zuiden en westen. Zij kozen – net als de Russen later zouden doen – voor het creëren van een bufferzone rondom het Chinees Laagland om het te verdedigen tegen aanvallen van nomadische volkeren. Het Himalaya-hooggebergte van Tibet, de Gobi-woestijn van Mongolië en de combinatie van beiden in Xinjiang vormden natuurlijke barrières. Waar die tekortschoten, vormden voorlopers van de huidige Grote Muur het alternatief.

Mongolië, Vietnam, Korea, Xinjiang en Oezbekistan kwamen in de Chinese invloedssfeer terecht. De Chinezen ontdekten dat er meer was onder de hemel dan zij alleen, maar achtten zichzelf veruit superieur. In vrede samenleven was in Chinese ogen alleen mogelijk zolang andere volkeren de Chinese hegemonie over Azië erkenden.

Zo ontstond het tribuutstelsel, waarin diplomatieke delegaties regelmatig eer moesten bewijzen aan de Chinese keizer. Diplomaten onderwierpen zich met de *koutou*, een groet waarbij de groetende zich op de grond werpt en meermaals met het voorhoofd de grond raakt. In ruil voor deze fysieke erkenning van de superioriteit van het keizerlijke China verkregen andere volkeren diplomatieke betrekkingen, handelsrechten en een stilzwijgende belofte van militaire bescherming.

In de ogen van de Chinezen voldeed de wereld zo aan hun ideaalbeeld van een confucianistische hiërarchische orde. Als hoogste in de rangorde stelden zij zich 'welwillend' op naar 'tribuutstaten' als Vietnam en Japan. De Chinese keizers heersten zo op papier over 'Alles onder de Hemel', ook al waren de tribuutstaten met uitzondering van hun hechte band met China vrij om te doen en laten wat ze wilden. Hoe groot de macht van Beijing in werkelijkheid was, hing echter in grote mate af van de sterkte en de eenheid van het keizerrijk.

In 220 na Christus bleek de Han-dynastie ondanks de superieure Chinese beschaving en het tribuutstelsel niet in staat de opmars van nomadische stammen uit het noorden te stuiten. Het keizerrijk viel uiteen. Dat zou niet de laatste keer zijn. Net als de Russische geschiedenis heeft die van China een cyclisch karakter met sterke perioden van eenheid en zwakke perioden van verdeeldheid. Volgens de CCP bleef 'China' echter na de Han-dynastie altijd bestaan, zelfs wanneer het werd verslagen op het slagveld, perioden van politieke onrust doormaakte of werd veroverd.

De veroveraars namen gretig de Chinese cultuur en gebruiken over, in de breedste zin van het woord. Zo zijn de Mongoolse veroveraars, die onder Koeblai Kan – de kleinzoon van Dzjengis Kan – in 1279 China onder de voet liepen, de Chinese geschiedenisboeken ingegaan als de Yuan-dynastie. In Chinese ogen werden de 'barbaarse' veroveraars geassimileerd, maar in werkelijkheid was er sprake van culturele kruisbestuiving. De Yuan-keizers brachten een bredere blik op de wereld. Uit het Midden-Oosten kwam kennis over medicijnen, astronomie en nieuwe gewassen als katoen. Via de Zijderoute kwam ook het eerste directe contact met het Westen tot stand: de Venetiaanse ontdekkingsreiziger Marco Polo was eind dertiende eeuw overdonderd door de rijkdom van China.

China zou in zijn lange geschiedenis door politieke onrust, oorlogen en buitenlandse veroveraars net zo versplinterd kunnen zijn geraakt als Europa, maar het opmerkelijke is dat het land altijd weer bij elkaar werd geraapt. Dynastieën als de Sui (581-618) en de Ming (1368-1644) streefden altijd naar het herstel van één Chinees keizerrijk. Onder de Tang-dynastie (618-907) beleefde het een bloeiperiode met grote rijkdom en militaire successen. De invloed van de Tang-keizers reikte van het Koreaanse schiereiland tot aan de grenzen met

Perzië en India. Maar de geografische grenzen waren sterk aan verandering onderhevig en China groeide en kromp gedurende de eeuwen.

Ook de Mantsjoes uit het uiterste noordoosten van China waren net als de Mongolen geen Han-Chinezen. Zij vormden een coalitie van nomadische stammen die in 1644 de Ming-dynastie ten val bracht en heel China veroverde. De Mantsjoes namen ook de Chinese cultuur en gebruiken over en zouden als de Qing-dynastie tot 1912 als keizers in de Verboden Stad resideren. De Qing-keizers raapten ook China bij elkaar en heroverden Mongolië, Tibet en Xinjiang. Net als alle voorgaande dynastieën was ook het buitenlands beleid van de Qing gegrondvest op het tribuutstelsel.

Maar in de loop der eeuwen had 'Alles onder de Hemel' wel verschillende 'schillen' gekregen. De binnenste werd gevormd door 'China', het Chinese cultuurgebied dat onder direct bestuur vanuit Beijing stond. Daaromheen lag de Chinese invloedssfeer in Oost-Azië van 'niet-Chinese' tribuutstaten. De macht van Beijing over deze periferie en welke staten daar wel of niet toe gerekend werden was fluïde en veranderlijk in de tijd. Maar onveranderlijk was China's plaats bovenaan in de rangorde. Rusland, Japan en de rest van de wereld vielen in de buitenste schil. Alles daarin werd weliswaar beschouwd als tribuutstaat – de Chinese cultuur was immer superieur –, maar in de praktijk waren de diplomatieke betrekkingen vooral gericht op gelijkwaardigheid en respect voor de Chinese hegemonie in Azië. China wilde vooral met rust gelaten worden.

Het moderne China is een natiestaat, maar vertoont opmerkelijke overeenkomsten met de dynastieke keizerrijken. De laatste keizer mag dan wel in 1912 uit de Verboden Stad zijn gejaagd en de huidige regering mag dan gegrondvest zijn op de communistische ideologie van het marxistisch leninisme en het gedachtegoed van Mao, Deng en Xi, maar het hedendaagse China is ook een gecentraliseerde staat, geregeerd vanuit de hoofdstad Beijing met behulp van een omvangrijk bureaucratisch apparaat.

De Volksrepubliek China heeft een grondwet die stelt dat de macht behoort aan het volk, maar in de praktijk is het land een eenpartijstaat en heeft de CCP de macht stevig in handen. Wie daar vraagtekens bij zet, kan rekenen op een harde behandeling. Kritiek wordt niet getolereerd. In vroeger tijden was het woord van de keizer wet en wie naar het huidige China kijkt, kan niet anders dan concluderen dat dat ook geldt voor president Xi Jinping. In ieder geval kan hij door het schrappen van de beperking op het aantal ambtstermijnen uit de grondwet in theorie – net zoals de keizers vóór hem – voor het leven regeren over China.

Xi Jinping beroept zich graag op de vijfduizendjarige geschiedenis van China, een ononderbroken lijn van de mythische Gele Keizer tot de zegeningen van de Volksrepubliek China. Die liefde voor het Oude China is gezien de geschiedenis van de CCP opmerkelijk. De Grote Roerganger Mao Zedong brak radicaal met vrijwel iedere Chinese traditie. Privé-eigendom werd afgeschaft, industrie werd genationaliseerd, landbouw gecollectiviseerd. De economie was voortaan een staatsaangelegenheid. Natuurlijk was Mao geschoold in de ideeën van Confucius, maar hij zag meer in die van Stalin.

De door Mao in 1966 uitgeroepen Culturele Revolutie was een eindafrekening met het Oude China om de communistische revolutie een nieuwe impuls te geven. Eeuwenoud cultureel erfgoed werd door uit radicale jongeren gevormde Rode Gardes aan stukken geslagen. Confucius ging op de brandstapel. Oude ideeën, oude gebruiken, oude cultuur en oude gewoonten moesten worden uitgebannen. Wie niet luidkeels riep hartstochtelijk te geloven in 'het nieuwe China' verdween als verrader van het communisme in een 'heropvoedingskamp'. Deugdzame Chinezen citeerden niet de Vier Boeken uit de confucianistische canon, maar het Rode Boekje waarin 427 citaten van Mao waren opgetekend.

Maar na de dood van Mao in 1976 maakte Confucius een comeback. Xi's alomvattende filosofie is dat de CCP de erfgenaam is van al het beste in de Chinese geschiedenis en cultuur. Hij laat zich dan ook lovend uit over het confucianisme, oude literatuur en de bestuurlijke ideologie uit vervlogen keizerlijke tijden. Hij heeft Confucius' geboorteplaats Qufu bezocht en citeert China's bekendste filosoof vaak in toespraken. Die zitten ook vol met toespelingen op minder bekende wijsgeren en vergeten staatslieden uit het verre verleden.

Xi neemt de geschiedenis van het Oude China serieus. Hij heeft zelfs weleens gezegd dat de CCP 'voortkomt uit de verfijnde traditionele Chinese cultuur en die voortzet'. Volgens Xi is het als trotse communist prima mogelijk om het eeuwenoude Chinese erfgoed te koesteren. Zo wakkert Xi nationalistische sentimenten aan. De nadruk op de superioriteit van de traditionele waarden van China dient ook om 'moreel verval' of – beter gezegd – de verspreiding van westerse liberale waarden en ideeën in de Chinese samenleving tegen te gaan.

In China is ondertussen een cocktail van confucianisme en marxistisch leninisme ontstaan. De obsessie van de CCP met wat de partij 'sociale stabiliteit' noemt, doet sterk denken confucianistische hiërarchische orde. Net als in het Oude China moeten mensen in het nieuwe China hun plaats in de samenleving kennen en dan zal de CCP voor hen zorgen.

En in de Chinese internationale betrekkingen is die confucianistische 'welwillendheid' terug van weggeweest. Het 'Middenrijk' bereikte al zeer vroeg een hoge mate van stabiliteit, beschaving en welvaart, en deelde dat alles welwillend met heel Azië. Xi spiegelt zich nu aan die goedertierenheid: onder zijn bezielende leiding zal China opnieuw het centrum van de wereld worden en de wereld vrede en welvaart verschaffen.

De CCP schetst in dat verband een schril contrast met de Verenigde Staten, die er als supermacht naar zouden streven om anderen te domineren en de les te lezen. China presenteert zichzelf graag als onschuldig slachtoffer van dergelijke agressie. Het trotse Oude China werd in de negentiende eeuw verscheurd door heerszuchtige imperialistische machten. De Chinezen werden onderworpen, uitgebuit en beroofd door Europeanen, Amerikanen en Japanners, zo is te lezen in de historische resolutie uit 2021. Het keizerlijke China raakte kwijt wat het in duizenden jaren had opgebouwd.

In China wordt daarom op de periode tussen de Eerste Opiumoorlog en het uitroepen van de Volksrepubliek China teruggekeken als een 'Eeuw van Vernedering', een beschamend tijdperk waarin de zwakte van China genadeloos werd blootgelegd door buitenlandse machten. Xi en de zijnen gebruiken naast trots op het Oude China ook verontwaardiging over de nationale vernedering om nationalistische gevoelens op te roepen bij de Chinese bevolking.

DE EEUW VAN VERNEDERING

Tot de negentiende eeuw hadden de achtereenvolgende keizerlijke dynastieën het geluk gehad met rust gelaten te worden. De komst van de eerste Europeanen maakte weinig indruk op de Ming-dynastie. De Portugezen verkregen in 1557 met Macao een afgeschermde handelspost en de Spanjaarden handelden vanaf 1573 vanaf de Filipijnen met China. De Nederlandse handelsposten op de Pengu-eilanden en Formosa (Taiwan) waren geen lang leven beschoren, maar in 1656 organiseerde de Verenigde Oost-Indische Compagnie wel een diplomatieke missie naar de eerste Qing-keizer.

Die bepaalde immers wie er wel en niet mocht handelen met China. Slechts een beperkt aantal havens was opengesteld voor Europese handelaren en in 1757 besloot de keizer dat voortaan alleen mocht worden gehandeld in de zogeheten Dertien Factorijen in de havenstad Kanton (Guangzhou), een voor iedere Europese handelsnatie. De handel in de factorijen stond volledig onder controle van de Chinese overheid, die ook stevige belastingen inde. De Chinese keizers zagen dit Kantonstelsel als een gunst. De handel met Azië werd belangrijker geacht dan de handel met de rest van de wereld.

Het Kantonstelsel was dankzij de grote Europese exportmarkt toch wel heel lucratief. Van de vroege zeventiende eeuw tot het einde van de achttiende eeuw vervoerden bijvoorbeeld alleen de Nederlandse VOC-schepen al 43 miljoen stuks porselein naar Europa. Alle handelswaar werd betaald met zilver. Dat vloeide van de Spaanse zilvermijnen in de Nieuwe Wereld naar de Oude Wereld en vervolgens door naar China. Chinese producten waren dermate gewild dat naar schatting driekwart van al het Spaanse zilver dat tussen 1500 en 1800 uit de grond werd gehaald uiteindelijk in China belandde. Daar was het de smeerolie van de Chinese economie.

De Britten domineerden de handel in thee. Theedrinken was al sinds mensenheugenis een gewoonte in China en vanaf de negende eeuw werd thee geëxporteerd naar Japan en Zuidoost-Azië. Zheng He had ook grote balen thee aan boord en als gevolg van Britse verslaving werd thee een wereldwijd fenomeen. Eind zeventiende eeuw importeerden de Britten nog een bescheiden honderd kilo per jaar, maar dat was aan het begin van de negentiende eeuw uitgegroeid tot veertien miljoen kilo. Daardoor kwamen de Britten wel met een scheve handelsbalans te zitten.

Opium bleek de oplossing: de smokkel van het in China verboden verslavende middel was uiterst lucratief. De kosten die de Britse East India Company maakte met de import van thee werden ruimschoots goedgemaakt door de opbrengsten uit de illegale export van opium. In China ontstond een opiumepidemie: miljoenen Chinezen raakten verslaafd én het zilver vloeide weer weg uit China. Vanaf 1839 was de maat vol voor de Chinese overheid en werd er hard opgetreden tegen de opiumhandel. De keizerlijke inspecteur-generaal Lin Zexu pakte het probleem aan bij de bron: de Britse voorraad in de Dertien Factorijen werd in beslag genomen en verbrand.

Lin Zexu wordt nu geëerd als nationale held en er staat een standbeeld in de stad Dongguan bij de plek waar hij de Britse opium liet verbranden. Dat is nu een museumcomplex om de strijd tegen de Britten te eren, want die schreeuwden in 1839 moord en brand. En ze verklaarden de oorlog aan China. De dieperliggende reden daarachter was dat de Britten de strikte Chinese handelsvoorwaarden spuugzat waren. De Eerste Opiumoorlog die in 1840 uitbrak was vooral bedoeld om de Chinese markt met geweld open te breken.

Dankzij de industriële revolutie beschikten de Britten over modern wapentuig. De verouderde en verwaarloosde Chinese verdedigingswerken waren kansloos. Een kleine vloot van 37 schepen met aan boord 19.000 militairen maakte gehakt van de Chinese verdedigers. De Britten veroverden diverse havensteden aan de zuidkust van China en rukten uiteindelijk op via het Grote Kanaal naar Nanjing, toen de tweede stad van China.

Het eerste staaltje kanonneerbootdiplomatie leidde uiteindelijk in 1842 tot het voor China vernederende Verdrag van Nanjing: China moest een enorme schadevergoeding betalen en Hongkong afstaan aan de Britten. Daarnaast moest China vijf zogeheten 'verdragshavens' openstellen voor buitenlandse handel, waaronder Shanghai en Guangzhou (Kanton). Chinese wetten en regels golden niet voor handelaren en andere niet-Chinezen die zich daar vestigden. Zo ontstonden buitenlandse enclaves op Chinees grondgebied.

Het Verdrag van Nanjing was de eerste van een hele reeks van 'ongelijke verdragen', zoals ze in China zijn gaan heten. Tot aan het begin van de twintigste eeuw zagen de Chinese keizers zich genoodzaakt om steeds meer concessies te doen. En als ze die noodzaak niet zagen, dan werden ze met geweld door de westerse grootmachten gedwongen om die in te zien. In de Tweede Opiumoorlog (1856-1860) werd zelfs de trotse hoofdstad Beijing bezet door een Brits-Frans invasieleger en dat leger plunderde ook het enorme Oude Zomerpaleis, om het vervolgens met de grond gelijk te maken. Het in de achttiende eeuw in opdracht van de Qing-keizers gebouwde paleis was volgens sommige bronnen zo enorm groot dat vierduizend militairen drie dagen nodig hadden om alles van waarde weg te slepen en alle gebouwen te verwoesten.

Net als het bordje NO DOGS AND CHINESE ALLOWED is iedereen in China bekend met het lot van het Oude Zomerpaleis. De ruïnes zijn een nationaal monument dat druk wordt bezocht door talloze Chinezen tijdens van staatswege aangemoedigde excursies. Het Oude Zomerpaleis staat symbool voor de negentiende-eeuwse vernedering door 'westerse duivels'. De Chinese regering streeft ernaar de door de Britten en Fransen uit het paleis geroofde kunstschatten terug te krijgen en tentoon te stellen in het Nationale Museum in Beijing.

Maar naast de Britten en de Fransen sloten ook de Amerikanen, Russen, Duitsers en Portugezen verdragen. Iedereen wilde een stuk van de taart en iedereen eiste een even groot stuk. Wat de Chinezen aan de een beloofden, wilde de ander ook. De groeiende stapel eisen die de westerse grootmachten stelden was niet mals. Het aantal verdragshavens groeide tot bijna veertig stuks en daar verrezen ook militaire bases. In de voorheen voor buitenlanders gesloten stad Beijing werden permanente ambassades gevestigd en niet-Chinezen mochten voortaan vrij door het hele land reizen. In China gold voortaan vrijheid van godsdienst en de opiumhandel – waar het zogenaamd allemaal om begonnen was – werd gelegaliseerd. En alsof dat allemaal nog niet erg genoeg was, werd de handel van China met de rest van de wereld volledig gereguleerd door buitenlandse machten. Door de ongelijke verdragen was China een kolonie-van-iedereen geworden.

Het keizerrijk was ruw wakker geschud. De Chinezen hadden in hun eeuwenlange geschiedenis nooit de noodzaak gezien om dingen over te nemen van anderen. De Chinese beschaving was immers superieur. Nu bleek pijnlijk het tegenovergestelde. Er braken opstanden uit en het kostte de Qing-dynastie grote moeite om de grootste – de Taipingopstand tussen 1851 en 1864 – de kop in te drukken. Er vielen tientallen miljoenen doden, de schade was enorm.

China had de boot gemist en moest nu alle zeilen bijzetten. De keizers maakten een einde aan de eeuwenlange isolatie. Er werden diplomatieke missies uitgezonden naar westerse hoofdsteden en studenten werden aangemoedigd om in Europa en de Verenigde Staten te gaan studeren. Op grote schaal werden moderne machines geïmporteerd om de achterstand op industrieel-economisch gebied in te halen. Deze 'zelfversterking' beoogde nadrukkelijk niet Chinese gewoonten simpelweg in te ruilen, maar door het overnemen van een paar westerse ideeën en technieken ervoor te zorgen dat China er militair en economisch weer bovenop kwam. China moest zichzelf weer kunnen verdedigen tegen westerse mogendheden.

Het is een les die Xi Jinping ook heeft getrokken uit de Eeuw van Vernedering. In 2012 zei hij in zijn toespraak in het Nationale Museum: 'Terugkijkend op onze geschiedenis moeten we concluderen dat achterstand ons kwetsbaar maakt voor aanvallen, terwijl alleen ontwikkeling ons sterk maakt.'

In de negentiende eeuw kwam het in de praktijk slechts tot een halfhartige poging om het land te moderniseren. China lag op apegapen, en de schok die de westerse mogendheden teweeg hadden gebracht in de regio bleek groter. China was altijd het stralende middelpunt van Azië geweest, maar de barbaren uit het Westen hadden het tapijt onder de Chinese wereldorde vandaan getrokken. Volkeren die zich eeuwenlang hadden gevoegd naar de Chinese hiërarchie, zoals de Vietnamezen en de Thai, gingen hun eigen weg.

De Japanners keerden zich zelfs tegen de Chinezen. Na hun eigen ongelijke verdragen kozen zij onder de ietwat misplaatste noemer 'Meiji-restauratie' in 1868 voor een rücksichtslose moderniseringsslag. De oude Japanse aristocratie werd terzijde geschoven en de keizer kwam aan het hoofd te staan van een moderne gecentraliseerde staat met een professioneel ambtenarenapparaat.

Dankzij het overnemen van westerse ideeën en technologieën stond Japan binnen twee decennia industrieel en militair op gelijke voet met de westerse mogendheden. En dus boven China. In 1895 leed China een smadelijke nederlaag tegen de voormalige tribuutstaat in de Chinees-Japanse Oorlog (1894-1895). Ook de Japanners sloten een 'ongelijk verdrag' met China, dat niet alleen de onafhankelijkheid moest erkennen van Korea – de facto een Japans protectoraat – maar Japan ook een verdragshaven en Taiwan moest gunnen. Dat eiland was tussen 1624 en 1662 een Nederlandse handelspost, maar sinds 1683 in handen van de Qing-keizers.

In 1900 zat de Qing-dynastie weliswaar nog op de troon, maar vanuit Beijing kon alleen maar worden toegekeken hoe westerse mogendheden het ooit zo machtige land langzaam maar zeker leegzogen en hoe tegelijkertijd de westerse cultuur via nieuw aangelegde spoorwegen en telegraaflijnen steeds verder China binnendrong. De Bokseropstand (1899-1901) was een laatste amechtige poging om de westerse barbaren en hun cultuur met geweld de deur te wijzen, maar die werd door acht westerse mogendheden tegelijkertijd de kop ingedrukt. Hun gezamenlijke leger paradeerde door de Verboden Stad. Ondanks de steun van de Qing aan de Boksers werden ze toch weer op de troon gezet. Een zwakke keizer was immers in het voordeel van de westerse mogendheden.

Voor Chinese nationalisten was het duidelijk dat alleen een radicale breuk met het verleden van China weer een vrije, welvarende en machtige staat kon maken. Over de weg naar de toekomst liepen de denkrichtingen uiteen, maar westerse ideeën als nationalisme, democratie en communisme hadden sowieso een streepje voor. En iedereen was het erover eens dat het keizerrijk had afgedaan. De laatste Qing-keizer Puyi werd in 1912 op zesjarige leeftijd van de troon gestoten, waarop de Republiek China werd uitgeroepen.

Het einde van duizenden jaren keizerrijk was het startschot voor een nieuwe periode van chaos. China viel uiteen omdat verschillende generaals en krijgsheren de macht naar zich toe probeerden te trekken. Tibet en Mongolië verklaarden zich onafhankelijk. In de strijd om de macht in China kwamen twee grote spelers bovendrijven: de nationalistische Kwomintang-partij en de CCP.

De Kwomintang (KMT) was in 1911 opgericht door Sun Yat-sen, die aan de wieg van de Republiek China had gestaan en kortstondig de eerste president was geweest. De KMT streefde naar vereniging van China volgens drie principes: nationalisme, democratie en volkswelvaart. Natuurlijk waren er ideologische verschillen met de in 1921 opgerichte Chinese Communistische Partij, maar de partijen vonden elkaar in het hogere doel van een sterk en verenigd China dat buitenlandse machten de deur kon wijzen. Op instigatie van Moskou trokken de nationalisten en de communisten dan ook in eerste instantie gebroederlijk op. Maar nadat het bijna helemaal was gelukt om China te verenigen, dreven de partijen steeds verder uit elkaar.

In de CCP trok Mao Zedong langzaam maar zeker alle macht naar zich toe en Sun Yat-sen was na diens dood in 1925 opgevolgd door de opperbevelhebber van het Nationale Revolutionaire Leger van de KMT, generalissimo Chiang Kai-shek. Onder Mao en Chiang vochten de CCP en de KMT vanaf 1927 onderling een bloedige burgeroorlog uit. In de jaren dertig verdreven de nationalisten de communisten naar het noordwesten van China. Tijdens deze Lange Mars groeide Mao uit tot de onbetwiste leider van de CCP. De barre tocht naar hun nieuwe hoofdkwartier Yan'an geldt nog steeds als een heldenverhaal in de partijgeschiedenis, ook al waren de communisten gedecimeerd.

Chiang Kai-shek koos Nanjing in het zuiden van China als nieuwe hoofdstad van de Republiek China. Met de communisten in het defensief werkte Chiang vanuit Nanjing aan het terugdringen van de buitenlandse invloed. China stond er sterker voor dan onder de Qing. Buitenlandse mogendheden moesten steeds meer rekening houden met sterke nationalistische gevoelens onder de Chinese bevolking en behandelden China steeds meer als een volwaardig lid van de internationale gemeenschap.

Maar het dieptepunt van de Eeuw van Vernedering moest toen nog komen. Japan, toen de grootste economische en militaire macht in Azië, had geprofiteerd van de chaos om zijn invloed in China steeds verder uit te breiden. Na Taiwan hadden de Japanners in respectievelijk 1905 en 1910 ook het schiereiland Liaodong en Korea geannexeerd. Daarna had het Japanse leger de aanwezigheid in de noordelijke Chinese provincie Mantsjoerije steeds verder uitgebreid. De Japanners waren absoluut niet van zins om hun invloed in China zomaar op te geven.

Eenheden van het Japanse leger gingen over tot actie. Op 18 september 1931 brachten ze een springlading tot ontploffing onder het spoor van de Japanse Zuid-Mantsjoerijse Spoorweg. De schade was miniem. Een paar minuten later reed er probleemloos een trein voorbij. Maar de Japanners wezen met een beschuldigende vinger naar de Chinezen en het Japanse leger opende daarom de aanval op Chinese eenheden. Het incident bleek de opmaat voor een grootschalige militaire invasie van Mantsjoerije. Daar vestigden de Japanners de vazalstaat Mantsjoekwo onder leiding van Pu Yi – eens de laatste keizer van China –, maar het was voor iedereen duidelijk wie er werkelijk aan de touwtjes trok.

Chiang had de Chinese troepen teruggetrokken uit Mantsjoerije, omdat hij meende dat China nog niet klaar was voor een oorlog met Japan. Maar in 2017 bestempelde Xi Jinping het Mantsjoerije-incident tot het officiële begin van 'De Verzetsoorlog tegen de Japanse agressie'. Dat is de naam waaronder de Tweede Wereldoorlog in China beter bekendstaat. Volgens de nieuwe officiële Chinese datering duurde die in China maar liefst veertien jaar. De eerste tien jaar stond het land er alleen voor in de strijd tegen Japan. Dat was het meest traumatische decennium in de Eeuw van Vernedering.

DE VERZETSOORLOG TEGEN DE JAPANSE AGRESSIE

Tot grote frustratie van Xi Jinping is het verloop van de Verzetsoorlog buiten China een ondergeschoven kindje in de meeste geschiedenisboeken over de Tweede Wereldoorlog. In juli 2015 riep hij Chinese historici op om drie zaken te verduidelijken: het 'grote belang' van de Verzetsoorlog, de 'belangrijke plaats' ervan in de wereldwijde strijd tegen het fascisme, en de 'sleutelrol' van de CCP in het behalen van de overwinning op Japan.

Tot 2017 begon de Verzetsoorlog in China officieel op 7 juli 1937 met het Marco Polobrug-incident, een vuurgevecht dat op die dag om onduidelijke redenen uitbrak bij die brug bij Beijing. Daarom verrichte Deng Xiaoping op die plek precies vijftig jaar later de opening van het Museum van de Verzetsoorlog van het Chinese volk tegen de Japanse agressie. Chiang besloot namelijk in 1937 wél de strijd aan te gaan.

Maar net als tijdens de Chinees-Japanse Oorlog van 1894-1895 bleek Japan militair superieur. De Japanners boekten klinkende overwinningen, Beijing werd binnen enkele weken veroverd en ondanks de inzet van Chiangs beste troepen viel ook Shanghai al snel in Japanse handen. Bij de inname van Chiangs hoofdstad Nanjing hielden Japanse militairen gruwelijk huis. In een geweldsorgie die internationaal bekend kwam te staan als het Bloedbad van Nanjing werden volgens de officiële Chinese lezing 300.000 krijgsgevangenen en burgers vermoord. Zes weken lang trokken Japanse militairen moordend, verkrachtend, plunderend en brandstichtend rond.

Tijdens het eerste oorlogsjaar besloten Chiang en Mao de strijdbijl voorlopig te begraven en een 'verenigd front' te vormen tegen de Japanners. Maar dat mocht niet baten: het Japanse leger wist bijna het hele oosten van China te veroveren. Na de verovering van de centraal gelegen stad Wuhan in oktober 1938 viel de Japanse opmars stil. In de jaren daarna bleef de militaire situatie in China grotendeels gelijk. Japan was niet sterk genoeg om China helemaal te veroveren en de Chinezen waren niet sterk genoeg om de Japanners te verdrijven.

China was in drie delen uiteengevallen. Het oosten van China werd bezet door de Japanners, die daarmee de meeste grote steden en vrijwel alle belangrijke havens in handen hadden. De KMT zette de strijd tegen de Japanners voort vanuit het zuidwesten van China. Chiang had daar een tijdelijk hoofdkwartier ingericht in de stad Chongqing, die jarenlang het doelwit werd van Japanse terreurbombardementen. De CCP leverde vanuit het noordwesten, waar Mao nog steeds resideerde in Yan'an, een guerrillastrijd op het platteland tegen de Japanners.

Het uitbreken van de oorlog in Europa in 1939 bracht niet direct verlichting in China, en dat gold ook niet voor de Japanse verrassingsaanval op de Amerikaanse marinebasis Pearl Harbor in 1941. Weliswaar zorgde die ervoor dat de Amerikanen en de Britten de oorlog verklaarden aan Japan, maar de Japanners wisten bijna heel Zuidoost-Azië en talloze eilanden in de Stille Oceaan te bezetten.

Toch zou de aanval op Pearl Harbor het begin van het einde betekenen voor Japan. China stond er in Azië niet meer alleen voor en kreeg machtige bondgenoten. De Verenigde Staten waren economisch en militair veel sterker dan Japan. In 1942 keerden de krijgskansen in Europa en in Azië. Zowel nazi-Duitsland als het keizerlijke Japan werden langzaam maar zeker in de verdediging gedrongen.

Tot frustratie van Chiang en Mao stond de strijd in China niet hoog op het geallieerde prioriteitenlijstje. De Chinezen kregen weliswaar militaire steun, maar de samenwerking verliep moeizaam en op het Chinese strijdtoneel veranderde er weinig. Wel was een aanzienlijk deel van de Japanse strijdkrachten aan China gebonden als gevolg van de Chinese oorlogsinspanningen. 800.000 Japanse soldaten kon niet elders in Azië ingezet worden.

Dat maakte de weg vrij voor Chinese successen op een ander terrein. De Amerikanen en Britten beschouwden Chinezen als gelijkwaardige bondgenoten. De ongelijke verdragen gaven daarom geen pas en verdwenen in de prullenbak. Andere mogendheden volgden dit voorbeeld, en daarmee werd China honderd jaar na de Eerste Opiumoorlog eindelijk een volwaardig lid van de internationale gemeenschap.

Sterker nog, China werd verheven tot wereldmacht. In oktober 1943 ondertekende het land samen met de Verenigde Staten, het Verenigd Koninkrijk en de Sovjet-Unie de gezamenlijke 'Four Nation Declaration'. Daarin verklaarden de 'Grote Vier' niet alleen dat ze de oorlog samen zouden voortzetten totdat Duitsland, Japan en hun bondgenoten zich onvoorwaardelijk zouden overgeven, maar ook dat ze na de oorlog zouden streven naar de oprichting van een internationale organisatie voor het bewaken van vrede en veiligheid in de wereld.

In november 1943 schoof Chiang als wereldleider aan bij een conferentie in Caïro om met de Amerikaanse president Roosevelt en de Britse premier Churchill te overleggen over de strijd tegen Japan en de naoorlogse orde in Azië. Het was de eerste keer dat een Chinese leider op gelijke voet met andere staatslieden een internationale conferentie bijwoonde. Het drietal kwam overeen dat Japan 'alle van China gestolen gebieden' moest teruggeven, en dat Korea weer onafhankelijk moest worden. De weg leek vrij voor China om de rol als belangrijkste speler in Azië weer op te pakken.

Met de atoombommen op de Japanse steden Hiroshima en Nagasaki kwam er in augustus 1945 plotsklaps een einde aan de oorlog in Azië. Tijdens veertien jaar oorlog waren naar schatting vijftien miljoen Chinezen om het leven gekomen. Honderd miljoen mensen waren op de vlucht geslagen. De schade was enorm. China mocht dan wel van een kolonie-van-iedereen in een wereldmacht zijn veranderd, maar het land lag in puin. De Chinese bevolking snakte naar rust en stabiliteit. Sinds de val van de Qing-dynastie hadden de Chinezen geleden onder veldslagen, plunderingen, hongersnoden en overstromingen.

Maar het einde van de oorlog tegen Japan betekende niet dat er ook een einde kwam aan het geweld in China. De samenwerking tussen de Nationalisten en de communisten was gericht geweest op het verdrijven van de gezamenlijke Japanse vijand. Toen die er niet meer was, hieven Mao en Chiang in augustus 1945 in Chongqing nog wel het glas op de overwinning, maar daarna barstte de strijd om de macht in China al snel in volle hevigheid weer los. Het verenigd front viel uiteen en de KMT en CCP kwamen weer lijnrecht tegenover elkaar te staan.

Tot 1937 was de KMT de bovenliggende partij in de burgeroorlog geweest, maar in 1945 lagen de verhoudingen anders. Vooral de KMT had in de strijd tegen Japan grote verliezen geleden, terwijl de CCP door de guerrillastrijd juist aan invloed had gewonnen op het platteland. Het ledental van de partij steeg van ongeveer achtduizend na de Lange Mars tot meer dan een miljoen. Met de steun van de plattelandsbevolking wisten de communisten de grote steden een voor een te veroveren. In 1949 kon Mao de Volksrepubliek China uitroepen. Chiang week uit naar het in 1945 door Japan teruggegeven Taiwan en zette daar de Republiek China voort.

Onder Mao verdween de herinnering aan de Tweede Wereldoorlog naar de achtergrond. De oorlog tegen de Japanners was immers slechts een tussenstation geweest op weg naar de zege van de communisten in de revolutionaire strijd tegen de internationale klassenvijand. De Japanse imperialisten en de Chinese Nationalisten werden simpelweg op één reactionaire hoop gegooid. De Japanners vervulden een bijrol. Hooguit hadden zij door hun bezetting de randvoorwaarden gecreëerd voor de communistische zege. De samenwerking tussen de KMT en de CCP werd verzwegen. Het Chinese volk had de wederopstanding in 1949 geheel en al te danken aan Mao en de Partij. Dat was het beeld dat werd uitgevent in musea als de Revolutionaire Herdenkingshal in Yan'an en alomtegenwoordige revolutionaire modelopera's als *De legende van de rode lantaarn*.

Na de dood van Mao in 1976 bleek dit beeld niet langer bruikbaar. De ideologie van de CCP had door Mao's desastreuze 'vergissingen' als de Grote Sprong Voorwaarts en de Culturele Revolutie een gevoelige deuk opgelopen. Deng Xiaoping sloeg een nieuwe koers in om het Chinese volk te verenigen achter de CCP. Enerzijds baande hij daartoe met zijn 'opendeurpolitiek' en 'kapitalisme met socialistische trekjes' de weg voor sterke economische groei en op termijn grotere welvaart voor alle Chinezen. Anderzijds werd met 'patriottisch onderwijs' vaderlandsliefde aangewakkerd onder de Chinese bevolking. Na het neerslaan van de studentenopstand op het Plein van de Hemelse Vrede in 1989 werd dit programma geïntensiveerd.

In de herschreven, sterk nationalistische visie op de geschiedenis van China werd de Verzetsoorlog tegen de Japanse agressie het centrale leerstuk. De nadruk verschoof van de heldendaden van de CCP onder Mao naar de agressie van de boosaardige Japanners en het slachtofferschap van de onschuldige Chinezen. De traumatische oorlogservaringen werden breed uitgemeten. Daarom werd in de jaren tachtig niet alleen het Museum van de Verzetsoorlog van het Chinese volk tegen de Japanse agressie gebouwd, maar verrezen er ook musea om Japanse gruweldaden te herdenken, zoals het Eenheid 731 Museum op de plek in Mantsjoerije waar Japanse legerartsen biologische en chemische experimenten uitvoerden op duizenden Chinese burgers.

Het bekendste voorbeeld is de Herdenkingshal voor de slachtoffers van het Bloedbad van Nanjing, een gigantisch complex waar alles uit de kast wordt getrokken. Het imposante gebouw, sprekende sculpturen, een knekelveld en oorspronkelijk historisch bewijsmateriaal moeten de bezoeker doordringen van het grote leed dat de Japanners hebben aangericht in de voormalige hoofdstad. Het getal 300.000 keert overal terug in het museum. Het bloedbad vormt het absolute dieptepunt in de Eeuw van Vernedering en belichaamt het Chinese slachtofferschap in de Tweede Wereldoorlog.

Die veranderde in China van een vergeten oorlog in een oorlog om nooit te vergeten. Monumenten, musea, schoolboeken en documentaires onderwezen – met een centrale rol voor het Bloedbad van Nanjing – dat het imperialisme van toen maar tijdelijk verslagen was. Het vormde volgens de partijlijn een blijvende bedreiging, met Japan nog altijd als voornaamste representant.

Met dit nieuwe verhaal van de Verzetsoorlog kwam er ook ruimte voor een herwaardering van de oorlogsinspanningen van de Nationalisten. Zij werden voortaan ook beschouwd als Chinese slachtoffers van Japanse agressie. Ook de tijdelijke oorlogshoofdstad Chongqing werd opgenomen in Dengs nieuwe canon van het patriottisch onderwijs.

Door het herschreven verhaal van de Tweede Wereldoorlog kwamen de Chinees-Japanse betrekkingen sterk onder druk te staan. China eiste op hoge toon excuses van Japan en kreeg die ook in 1995 van de toenmalige sociaaldemocratische premier Murayama. Maar dat was tijdens het kortstondige intermezzo waarin de conservatief-nationalistische Liberaal-Democratische Partij niet aan de macht was in Japan. Rechtse politici tot in de hoogste kringen, commentatoren en wetenschappers vormen een radicale groep die van mening is dat Japan geen schuld draagt, omdat er sprake zou zijn geweest van een zelfverdedigingsoorlog. Zij relativeren Japanse oorlogsmisdaden of ontkennen die zelfs ronduit. De conclusies van het naoorlogse Tokiotribunaal, dat Japanse oorlogsmisdadigers berechtte, worden in deze kringen afgedaan als 'politiek correct'.

China en Japan vechten daarom al decennialang een verbeten herinneringsoorlog uit. Chinese en Japanse wetenschappers discussiëren in een macaber getallenspel over het aantal slachtoffers en de toedracht van het Bloedbad van Nanjing. De Chinese regering blijft hameren op Japanse erkenning van het leed dat in China is aangericht. Prominente Japanse politici als de in 2022 vermoorde oud-premier Shinzo Abe gooien met enige regelmaat olie op het vuur met bezoeken aan de omstreden Yasukuni-tempel in Tokio, waar ook militairen worden geëerd die door het Tokio-tribunaal zijn veroordeeld. In 2005 konden Japanse schoolboeken die zich in eufemistische termen uitlieten over de Japanse gruweldaden tijdens de Tweede Wereldoorlog rekenen op scherpe kritiek vanuit China en demonstraties in Chinese steden. In Beijing werd zelfs de Japanse ambassade belaagd door een woedende menigte.

Geschrokken draaiden Beijing en Tokio de retoriek een tandje terug. Er kwam een gezamenlijke historische onderzoekscommissie die tot doel had om tot een eensluidend beeld van de gedeelde geschiedenis van China en Japan te komen. Het is echter tekenend dat de academici in de commissie na jarenlang onderzoek geen overeenstemming konden bereiken. Niet geheel verrassend bleek de Tweede Wereldoorlog het meest omstreden onderwerp te zijn. Het blijft daarom aantrekkelijk voor politici om zich daarmee te profileren.

De zwarte bladzijden in de geschiedenis van China – de kleinering van het Chinese volk tijdens de Eeuw van Vernedering en het Chinese slachtofferschap tijdens de Verzetsoorlog – bleken een zeer doeltreffend middel om het Chinese nationalisme aan te zwengelen. Het patriottische onderwijs kweekte brave vaderlandslievende burgers. De verontwaardiging over de Japanse agressie en de gruweldaden waar die toe had geleid, was en is groot onder de Chinese bevolking.

Toch was Xi Jinping ontevreden over de wijze waarop de Tweede

Wereldoorlog in China werd geportretteerd. De sterke focus op Japan als boeman en het slachtofferschap van China was hem een doorn in het oog. Als gevolg daarvan figureerde een machteloos China slechts in een passieve bijrol. Dat paste niet bij zijn toekomstvisie van een dynamisch China dat een leidende rol in de wereld speelt. Daarom wilde Xi een nieuw fier verhaal waar alle Chinezen trots aan kunnen ontlenen, in lijn met zijn droom van nationale heropleving.

De geschiedenis van de Tweede Wereldoorlog in China werd voor de derde keer herschreven. De twee oude verhaallijnen – het nationalisme van Deng Xiaoping en het triomfalisme van Mao Zedong – zijn gecombineerd. In de nieuwe mix speelt een daadkrachtig en doortastend China de hoofdrol als overwinnaar. Of zoals Xi Jinping het in 2015 in zijn oproep aan historici verwoordde: 'De grote overwinning verpletterde het Japanse militaristische plan om China te koloniseren en te knechten. China's rol als grootmacht werd bevestigd en het Chinese volk verdiende het respect van alle vredelievende volkeren op aarde. De overwinning maakte de weg vrij voor het schitterende vooruitzicht van de nationale heropleving en de herrijzenis van de Chinese feniks.'

Musea en geschiedenisboeken zijn de afgelopen jaren stevig onder handen genomen. Dat gaat vergezeld van een gestage stroom films, documentaires en publicaties om de nieuwste geschiedvisie uit te venten. Het Chinese slachtofferschap tijdens de oorlog wordt daarin niet volledig weggemoffeld, maar is samengebald in één gitzwart hoofdstuk binnen een veel breder heldenepos waarin de overwinning centraal staat. Zelfs de aangrijpende Herdenkingshal voor de slachtoffers van het Bloedbad van Nanjing is uitgebreid met een nieuwe expositie waarin de eindzege wordt gevierd. Wie het hele glorieuze verhaal in geuren en kleuren wil beleven, kan terecht in het imposante Museum van de Verzetsoorlog van het Chinese volk tegen de Japanse agressie.

Daar wordt getoond hoe het Chinese volk in 1931 onder bezielende leiding van de CCP vooropging in de strijd tegen het internationale fascisme en imperialisme. De Chinezen stonden er de eerste tien jaar alleen voor op het Aziatische strijdtoneel van de 'Anti-fascistische Wereldoorlog'. Pas vanaf 1941 kregen zij steun van andere geallieerden. Er wordt benadrukt dat de westerse democratieën kostbare tijd kregen om zich klaar te maken voor de strijd, omdat de gevechten op Chinees grondgebied het uitbreken van de oorlog in de Stille Oceaan vertraagden. Door 800.000 Japanse militairen te binden in China werd de weg vrijgemaakt voor de geallieerde strategie om eerst nazi-Duitsland te verslaan en daarna het keizerlijke Japan. Zo leverde het Chinese volk een onmisbare bijdrage aan de eindoverwinning.

De oorlogsinspanningen van Chiang en de KMT worden ook voor het voetlicht gebracht, maar wel nadrukkelijk in het kader van het verenigd front. Want het waren Mao en de CCP die de vooruitziende blik hadden om eendrachtig ten strijde te trekken. De communisten trokken de weifelende Nationalisten over de streep. Verenigd door de CCP offerden 14 miljoen Chinezen zich op om Azië te redden uit de klauwen van Japanse imperialistische fascisten.

China lag na de oorlog in puin, maar door de 'onbaatzuchtige samenwerking' met de andere geallieerden en de 'cruciale bijdrage aan de wereldvrede' verdiende China de sympathie en het respect van de internationale gemeenschap. De overwinning maakte een einde aan hachelijke situatie waarin China sinds de Eerste Opiumoorlog terecht was gekomen. De Eeuw van Vernedering was ten einde: China maakte een comeback als zelfverzekerde grootmacht op het wereldtoneel.

Op 3 september 2015 marcheerden 12.000 Chinese militairen over het Plein van de Hemelse Vrede, gevolgd door een imposante collectie rollend militair materieel en een flypast door tweehonderd vliegtuigen. China herdacht Japans formele overgave in 1945 en vierde de overwinning in de Verzetsoorlog tegen de Japanse agressie. Het was voor het eerst dat dit gebeurde. Militaire parades waren sinds 1949 gereserveerd voor vieringen van de geboorte van de Volksrepubliek China op 1 december.

Vergezeld van zijn eregast Vladimir Poetin keek Xi Jinping tevreden toe vanaf het podium boven het portret van Mao Zedong op de Poort van de Hemelse Vrede. In een Mao-pak – dat overigens werd geïntroduceerd door Sun Yat-sen – stak de Chinese leider een lofzang af op de overwinning in de Verzetsoorlog tegen de Japanse agressie én de 'Anti-fascistische Wereldoorlog'. China stond tijdens de oorlog aan de goede kant en dat zou volgens Xi niet gaan veranderen. Het land bleef altijd toegewijd aan de vrede en het behoud van de wereldorde die de Grote Vier in 1945 samen hadden gevestigd.

China had de bovendien de lessen van de oorlog geleerd. 'Hoe sterk het ook wordt, China zal nooit hegemonie of expansie nastreven,' aldus Xi. 'Het zal nooit het leed dat het in het verleden heeft geleden toebrengen aan een ander.' Een nobele boodschap. Tegelijkertijd maakten de voorbijdenderende tanks en raketten duidelijk dat niets of niemand de voltooiing van de nationale heropleving van China in de weg mag staan.

AAN DE WIEG VAN DE WERELDORDE

Xi Jinping en Vladimir Poetin kunnen elkaar de hand schudden. Met de nadruk op heldendom, opoffering en de eindoverwinning vertoont de Chinese herinnering aan de Tweede Wereldoorlog grote overeenkomsten met die van buurland Rusland. En net als in Rusland is de Tweede Wereldoorlog ook in China vandaag de dag alomtegenwoordig. Onder Xi Jinping heeft hij zelfs een centrale plaats ingenomen in de moderne geschiedenis van China.

Net als Deng Xiaoping gebruikt Xi Jinping de Tweede Wereldoorlog om het Chinese volk te verenigen achter de CCP, maar er is wel iets veranderd in de manier waarop dat gebeurt. De officiële geschiedschrijving is inclusiever en evenwichtiger dan ooit. De Chinese bevolking wordt nadrukkelijk de les van het verenigd front voorgehouden. Nationale eenheid is cruciaal om – natuurlijk onder aanvoering van de CCP – het einddoel van nationale heropleving te bereiken.

In de nationale herinneringscultus is ruimte voor de totaal verschillende wijze waarop de oorlog in het tijdens de oorlogsjaren in drieën gedeelde China is beleefd. De ervaringen in de Nationalistische oorlogshoofdstad Chongqing staan op gelijke voet met die in de communistische revolutionaire uitvalsbasis Yan'an en de verschrikkingen in bezet gebied. Het door China verspreide oorlogserfgoed wordt gebruikt om regionale accenten aan te brengen in de herinneringscultuur. Voor de CCP telt het totaalbeeld. De ervaringen mogen uiteenlopen, maar ze hebben uiteindelijk samen geleid tot de glorieuze eindoverwinning.

Dat geldt ook voor de oorlogsinspanningen van de Nationalisten. In 2020 draaide de film *The Eight Hundred* in de Chinese bioscopen. Die speelt zich af tijdens de strijd om Shanghai in 1937 en vertelt het waargebeurde verhaal van een groep van 452 Nationalistische soldaten die een warenhuis verdedigden tegen een 20.000 manschappen tellende Japanse overmacht. Voor het oog van de internationale gemeenschap in de Internationale Concessie van Shanghai vochten zij zich in 'het Stalingrad aan de Yangtze' dood om de aftocht van andere Chinese eenheden te dekken.

De film was een groot succes in de bioscopen en daarmee een voorlopig hoogtepunt in de herwaardering van de KMT. Die begon in academische kringen van Chinese historici al in de jaren tachtig onder Deng Xiaoping, maar is nu – binnen het officiële kader van het bezielend leiderschap van de CCP tijdens de oorlog – gemeengoed geworden. Natuurlijk is er nog steeds sprake van een selectief beeld en een nadrukkelijke overkoepelende boodschap, maar de tijd dat de KMT in de Volksrepubliek China werd doodgezwegen lijkt definitief voorbij.

Xi's visie op de Tweede Wereldoorlog is niet alleen bedoeld om nationale trots en eenheid bij de Chinezen aan te wakkeren. In Azië probeert China de oorlog ook te gebruiken om gevoelens van solidariteit op te roepen bij andere landen die eveneens slachtoffer waren van Japanse agressie en zo de weg vrij te maken voor samenwerking en idealiter zelfs bondgenootschappen.

De hechte band tussen Seoel en Washington is Beijing een doorn in het oog, maar Zuid-Korea en China vormen al sinds de jaren tachtig één front in een herinneringsoorlog met Japan over troostmeisjes, vrouwen die tijdens de oorlog door de Japanners in soldatenbordelen werden misbruikt als seksslavinnen. Samen hameren de Chinezen en Zuid-Koreanen op Japanse erkenning van en compensatie voor het leed dat deze vrouwen is aangedaan.

Net als in de nationale herinneringscultuur vervult het leed tegenwoordig echter een ondergeschikte rol aan de overwinning in de Tweede Wereldoorlog. De belangrijkste boodschap voor buitenlandse consumptie is dat China zich expliciet als een lid van de geallieerde Grote Vier profileert. Samen met de Sovjet-Unie, de Verenigde Staten en het Verenigd Koninkrijk vormde het de 'antifascistische alliantie' die met de overwinning in de Tweede Wereldoorlog wereldwijd het fascisme heeft verslagen.

Het steekt Xi dat de rest van de wereld de Chinese oorlogsinspanningen niet op waarde weet te schatten. De 'vergeten bondgenoot' verdient erkenning voor de grote offers en het jarenlange verzet onder extreme omstandigheden. 'We moeten de internationale gemeenschap aanmoedigen om de grote bijdrage te erkennen van de Verzetsoorlog aan de overwinning in de wereldoorlog tegen het fascisme,' zo doceerde Xi in 2015.

Op dit punt vindt Xi Jinping zijn buurman Vladimir Poetin aan zijn zijde. Zowel in China als in Rusland wordt benadrukt dat er vooral in het Westen onvoldoende waardering is voor de in beide landen van doorslaggevend belang geachte bijdrage aan de wereldwijde strijd tegen het fascisme. Die wordt overigens sinds 2015 wel wederzijds bewierookt in een fraai staaltje herinneringsdiplomatie. Poetins aanwezigheid bij de Chinese overwinningsparade op het Plein van de Hemelse Vrede op 3 september 2015 werd voorafgegaan door een bezoek van Xi aan Moskou op 9 mei om daar de Russische parade op het Rode Plein bij te wonen.

Met de hedendaagse vriendschap tussen beide landen in het achterhoofd benadrukken Chinese en Russische overheidsfunctionarissen de goede samenwerking tijdens de Tweede Wereldoorlog, maar historici moeten diep graven om daar sprekende voorbeelden van aan te leveren. Weliswaar vochten Rusland en Japan na de Japanse annexatie van Mantsjoerije in 1931 verschillende grensconflicten uit, maar na een Russische overwinning in 1939 in de Slag bij Halhin Gol op de grens van Mongolië en Mantsjoerije werd de strijdbijl begraven. Jozef Stalin keek in april 1941 tevreden toe bij de ondertekening van een neutraliteitsverdrag tussen de Sovjet-Unie en Japan. De steun die China sinds 1921 uit Moskou ontving werd stopgezet.

Stalin had daarna zijn handen vol aan nazi-Duitsland. Pas na de eerste atoombom op Japan verklaarde hij de oorlog aan Japan en werd het Japanse leger in Mantsjoerije in een bliksemcampagne verpletterend verslagen. De noordelijke provincie werd daarna een belangrijke machtsbasis voor de Chinese communisten in de laatste jaren van de Chinese Burgeroorlog. De wereldwijde antifascistische oorlog is de ideale stoplap voor Rusland en China om het verhaal van eendrachtige samenwerking compleet te maken. De overwinning in die oorlog bewijst tevens dat ze aan de juiste kant van de geschiedenis stonden én staan.

China en Rusland ontlenen beiden hun huidige status als grootmacht dus aan de Tweede Wereldoorlog. Vooral Xi Jinping maakt daarbij de afgelopen jaren een groot nummer van het feit dat China aan de wieg stond van de naoorlogse wereldorde. Zeker in de jaren dat Donald Trump als president in het Witte Huis zetelde, profileerde China zich nadrukkelijk als de hoeder van de grondbeginselen van de Verenigde Naties.

Met het oog op internationale kritiek op onder meer de Chinese handelwijze in Hongkong en de behandeling van de Oeigoeren in Xinjiang acht Beijing het VN-beginsel van non-interventie heilig. Daarnaast maakt de Chinese regering gretig gebruik van het vetorecht in de VN-Veiligheidsraad om onwelgevallige resoluties te blokkeren.

Maar er is ook een andere manier waarop Beijing gebruikmaakt van het feit dat China als een van de Grote Vier in 1943 de eerste aanzet heeft gegeven tot de oprichting van de VN. Het land kan er niet alleen prestige en macht aan ontlenen, maar ook morele deugdzaamheid. De Tweede Wereldoorlog verschaft China als een van de 'goeien' *soft power* in Azië. Daarin schiet het land op dit moment namelijk ernstig tekort. China verspreidt via de Nieuwe Zijderoute weliswaar welvaart, maar dat gaat gepaard met donkere schaduwkanten als de grote schulden die betrokken landen worden opgedrongen en de effecten daarvan als ze financieel in gebreke blijven. En landen in de regio kijken ook fronsend naar de autoritaire wijze waarop China zelf wordt geregeerd, niet in de laatste plaats door de behandeling van de Oeigoerse minderheid.

De Conferentie van Caïro in 1943 wordt breed uitgemeten in China. Dat kon eerst niet omdat niet Mao Zedong, maar Chiang Kai-shek China vertegenwoordigde. Door de herwaardering van de Nationalistische bijdrage aan de Tweede Wereldoorlog is het nu geen probleem meer dat de generalissimo op de groepsfoto's naast de Amerikaanse president Franklin D. Roosevelt en de Britse premier Winston Churchill zit. Jozef Stalin was er niet bij in Egypte vanwege zijn neutraliteitsverdrag met Japan.

Desalniettemin gaat er voor de Chinezen een grote symbolische waarde uit van de conferentie. Het in 2015 in de Chinese bioscopen verschenen oorlogsepos *Cairo Declaration* laat Roosevelt verklaren: 'De oorlog heeft China veranderd. China's oorlog heeft de wereld veranderd. China is een gewetensvolle wereldmacht.' Dat past natuurlijk perfect bij de missie van 'vreedzame ontwikkeling' die Xi Jinping China heeft aangemeten. Minder passend was de oorspronkelijke filmposter, waarop tot hilariteit van internationale historici naast Roosevelt en Churchill ook Stalin en Mao prijken. Daar was de pr-afdeling van de filmmaatschappij toch net iets te ver doorgeschoten.

Als gewetensvolle wereldmacht die streeft naar vreedzame ontwikkeling werpt China zich op als vertegenwoordiger en voorvechter van de niet-westerse wereld. De anti-imperialistische en antikoloniale strijd tegen Japan in de Tweede Wereldoorlog wordt daarbij door Beijing breder getrokken en in een doorlopende lijn naar het heden gezet. Zo speelde China in 1955 op de Bandungconferentie een belangrijke rol als aanvoerder van de zogeheten niet-gebonden Aziatische en Afrikaanse landen, die net hun onafhankelijkheid hadden verkregen. Als voorloper van de Nieuwe Zijderoute bouwde China tussen 1965 en 1975 de bijna tweeduizend kilometer lange Tazara-spoorweg tussen Tanzania en Zambia. China profileert zich aan de hand van de geschiedenis als aanvoerder van de 'slachtoffers' van een volgens de Chinese regering onrechtmatig door het Westen gedomineerde internationale wereldorde.

Volgens Xi Jinping verdient het 'welwillende' en 'anti-imperialistische' China meer invloed in Azië en de Stille Oceaan. Ook hier speelt de Tweede Wereldoorlog een cruciale rol. De huidige gespannen verhoudingen tussen China en de Verenigde Staten worden bepaald door de Chinese wrok dat de Amerikanen zelfs na bijna tachtig jaar nog militair aanwezig zijn in de regio en die aanwezigheid gebruiken om een dominante rol te spelen. In Chinese ogen houden de VS uit puur eigenbelang de voormalige agressor Japan en het afvallige Taiwan de hand boven het hoofd. Washington negeert daarbij volgens Beijing moedwillig het historisch revisionisme in rechtse Japanse politieke kringen en het feit dat Taiwan vanuit historisch oogpunt een onlosmakelijk onderdeel van China is. Over het laatste laat het in 2022 door de Chinese overheid gepubliceerde witboek met de onheilspellende titel *De Taiwan-kwestie en China's Hereniging in het Nieuwe Tijdperk* geen enkele twijfel bestaan. Dat stelt: 'We zijn één China, en Taiwan is onderdeel van China. Dit is een onbetwist feit dat zijn basis vindt in de geschiedenis en in de wet.'

In Chinese ogen vormen de Verenigde Staten samen met hun bondgenoten de grootste bedreiging voor de stabiliteit in de regio. In 2020 werd daarom de 'Verzetsoorlog tegen de Amerikaanse Agressie en voor Hulp aan Korea' – zoals de Koreaanse Oorlog (1950-1953) in China officieel te boek staat – aangegrepen om dat aan de hand van de geschiedenis te onderstrepen.

In oktober 1950 stortten twee miljoen Chinese 'vrijwilligers' zich op bevel van Mao in die oorlog om het Noord-Koreaanse leger te hulp te komen. Nadat de Japanners in de Tweede Wereldoorlog waren verdreven, was het Koreaanse schiereiland op de 38e breedtegraad verdeeld geraakt in een communistisch Noord-Korea en een in naam democratisch Zuid-Korea. Na een aanvankelijk succesvolle invasie van Zuid-Korea waren de Noord-Koreanen door de Amerikanen en hun bondgenoten teruggedrongen tot de grens met China. Dankzij de Chinese deelname aan de strijd keerde het tij opnieuw en ontstond de patstelling die tot op de dag van vandaag voortduurt.

Tot voor kort gold de Chinese interventie als een staaltje belangeloze solidariteit met een onderdrukt broedervolk. Nu wordt vooral benadrukt dat de onverschrokken soldaten van het Chinese Volksleger er ondanks hun zeer primitieve uitrusting in slaagden om de zelfgenoegzame Amerikanen en hun schier eindeloze voorraad tanks en bommenwerpers terug te jagen naar de 38e breedtegraad. Het was de eerste keer dat het tijdens de Tweede Wereldoorlog 'opgestane' China zonder steun van buitenaf van zich afbeet. Stalin hield zich namelijk grotendeels afzijdig.

De onderliggende boodschap is dat China dit huzarenstukje nu – met de voltooiing van de nationale heropleving in zicht en het moderne wapentuig van de Overwinningsparade op zak – moeiteloos zou kunnen herhalen. Een in het Militair Museum van Beijing gehouden krijgshaftige redevoering van Xi met deze strekking ging vergezeld van een gigantisch propaganda-bombardement met herdenkingen en tentoonstellingen overal in het land en honderden publicaties en tv-programma's, waaronder een twintigdelige documentaire. Niemand in China kon de nieuwste partijvisie op het verleden missen.

Het is maar de vraag of de Chinese anti-imperialistische herinneringsdiplomatie het gewenste effect zal hebben. De droom van Xi Jinping om meer invloed uit te oefenen in Azië en de Stille Oceaan gaat namelijk gepaard met territoriale claims. Voorwaarde voor de nationale heropleving van China is dat de rechtmatige grenzen van het land in ere worden hersteld. De hereniging van Taiwan met het Chinese vasteland is volgens Xi Jinping slechts een kwestie van tijd.

In 1950 werd Tibet 'vreedzaam bevrijd' door het Chinese leger. Met de overdracht van Hongkong – door de Britse kroonprins Charles bestempeld als het definitieve einde van het Britse Rijk – werd in 1997 een overgebleven schandvlek van de Eeuw van Vernedering uitgewist. Gokparadijs Macau werd twee jaar later overgedragen aan China, na meer dan 450 jaar onder Portugees bestuur. De wijze waarop de Chinese overheid opereert in Tibet, Xinjiang en Hongkong toont de vastberadenheid om deze territoria vast te houden.

Het interessante is dat de CCP de claims ten aanzien van de rechtmatige grenzen – alsook de hereniging met Taiwan – heeft overgenomen van de Nationalisten en ze nu historisch legitimeert aan de hand van de afspraken die Chiang Kai-shek maakte tijdens de Conferentie van Caïro en in de jaren daarna. De Verklaring van Caïro ondersteunt ook de territoriale aanspraken van Beijing op de onbewoonde eilandengroep in het midden van de Oost-Chinese Zee die in China bekend staat als de Diaoyu-eilanden en in Japan als de Senkaku-eilanden. Japan moest immers al het veroverde Chinese grondgebied teruggeven.

Om die reden maakt ook Taipei aanspraak op de eilandjes. Het was immers Chiang Kai-shek die namens de Republiek China aanwezig was in Caïro. Ook de claim die de Chinezen leggen op vrijwel de hele oceaan tussen China, Vietnam, Maleisië en de Filipijnen heeft Nationalistische wortels. De zogeheten 'negen-strepenlijn' in de Zuid-Chinese Zee omvat een gebied ongeveer zo groot als Europa en werd in 1946 door een Nationalistische geograaf op papier gezet als onderdeel van een poging om te formuleren wat de rechtmatige grenzen van China eigenlijk waren. Vóór de Tweede Wereldoorlog was dat vanwege het keizerlijke tribuutstelsel altijd diffuus geweest.

Het historische fundament van de Chinese claim is dus wankel en het is daarom niet verwonderlijk dat hij zwaar wordt betwist door andere omliggende landen als Vietnam en de Filipijnen. Dat laatste land kreeg gelijk van het Permanente Hof van Arbitrage in Den Haag, dat oordeelde dat China 'geen enkele juridische basis heeft om historische rechten op de grondstoffen in het gebied binnen de negen-strepenlijn op te eisen.' China zegt de uitspraak van het Hof niet te erkennen en houdt het liever bij de eigen visie op het verleden.

De CCP heeft voor haar nationalistische ideologie dankbaar leentjebuur gespeeld bij de Nationalisten. Xi Jinping heeft de mond vol van concepten als de Eeuw van Vernedering, de nationale heropleving en het herstel van de rechtmatige grenzen, maar die zijn eind negentiende eeuw bedacht door de eerste Chinese nationalisten na de verloren Chinees-Japanse Oorlog (1894-1895) en daarna verfijnd door Kwomintang-ideologen. Het Chinese nationalisme is dus zeker geen nieuwe uitvinding. De Volksrepubliek China verschilt ondanks de revolutionaire retoriek die het land bezigt in dit opzicht bar weinig van de klassieke natiestaten, die zichzelf in de negentiende eeuw uitvonden. Beijing grijpt net als Moskou terug op negentiende-eeuwse geschiedschrijving om de geopolitieke aspiraties te schragen.

De Chinese droom van Xi Jinping borduurt voort op de ideeën van negentiende-eeuwse Chinese hervormers. Zij streefden ook naar een nationale heropleving en het opbouwen van een verenigd, sterk en welvarend China. Het grote verschil is dat China aan de grond zat toen zij hun ideeën formuleerden, terwijl China nu hard op weg is om hun dromen te verwezenlijken. Dat is Xi's historische missie. Zoals Mao ooit al doceerde gebruikt hij daarbij het verleden om het heden te dienen.

ALOMTEGENWOORDIG VERLEDEN

Op 1 juli 2021 stond president Xi Jinping weer in een Mao-pak op zijn inmiddels vertrouwde plek op de Poort van de Hemelse Vrede. Dit keer denderde er geen militaire parade over het Plein van de Hemelse Vrede, maar werd het gevuld met 70.000 Chinezen die samen met hun grote leider het honderdjarig bestaan van de CCP vierden en onder meer samen *De Internationale* zongen.

In een toespraak van ruim een uur feliciteerde Xi zijn partijgenoten en stond hij uitgebreid stil bij al het goeds dat de partij China had gebracht. Het was een *sneak preview* van de historische resolutie die de CCP een paar maanden later zou aannemen. Toen Xi was uitgesproken, werden 100.000 duiven losgelaten als symbool van de vreedzame intenties van China. Manifestaties van militaire macht bleven dit keer beperkt tot ceremonieel vertoon, saluutschoten en een flypast.

Maar ondanks het vredige, feestelijke schouwspel bevatte Xi's toespraak ook een dreigende waarschuwing. 'We zullen geen schijnheilige preken accepteren van anderen die denken dat ze het recht hebben om ons terecht te wijzen,' aldus de president. Militaire dreigingen, pesterijen en onderdrukking zullen volgens Xi stuiten op 'een Grote Muur van staal, gesmeed met vlees en bloed van 1,4 miljard Chinezen'. Pogingen om China te intimideren, te onderdrukken en te knechten zullen 'de kop in worden geslagen'.

Het waren deze passages die het meeste applaus oogstten. Het nationalisme heeft zich als gevolg van de onontkoombare staatspropaganda diep in de haarvaten van de Chinese samenleving genesteld. Alles wat de 'onvermijdelijke' wederopstanding van China blokkeert, wordt gezien als een obstakel dat daar door snode buitenlandse machten is neergelegd om te verhinderen dat China zijn rechtmatige plaats op het wereldtoneel inneemt. De Chinese regering en veel Chinezen bestempelen buitenlandse kritiek als 'respectloos'. En wanneer buitenlanders 'de gevoelens van het Chinese volk kwetsen', kunnen ze negatieve gevolgen verwachten. De *tagline* op de filmposter van de razend populaire Chinese actiefilm *Wolf Warrior 2* verwoordde het heersende sentiment een paar jaar eerder al heel kort en bondig: 'Iedereen die China beledigt, moet worden uitgeroeid, hoe ver weg het doelwit ook is.'

Het is een houding die voortvloeit uit de visie op het verleden die Xi Jinping en de CCP propageren. De Eeuw van Vernedering mag zich nooit meer herhalen. China buigt niet langer voor anderen. Anderen moeten weer voor China buigen.

Xi's visie op het verleden is in China alomtegenwoordig. De in november 2021 aangenomen historische resolutie bepaalt de 'correcte kijk' op de geschiedenis en er is nauwelijks ruimte om daarvan af te wijken. Kritische geluiden worden de kop in gedrukt. Onder Xi's bezielende leiding zijn het partijtoezicht en de censuur de laatste jaren flink aangescherpt. De CCP houdt de touwtjes stevig in handen en oefent strenge controle uit over (social) media en het internet. Door het censureren van tegengeluiden wordt de toon op het Chinese internet steeds nationalistischer. Gebruikers worden ook aangemoedigd om 'schadelijke informatie' te rapporteren, maar veel internetbedrijven nemen het zekere voor het onzekere en verwijderen die zelf. Veel buitenlandse websites worden simpelweg geblokkeerd. Mensenrechtenorganisaties en andere ngo's worden scherp in de gaten gehouden of ernstig gehinderd bij de uitvoering van hun werk.

Natuurlijk bepaalt de historische resolutie het curriculum in het onderwijs en aan universiteiten. De academische vrijheid kent grenzen. Er is ruimte voor historisch onderzoek, zolang academici niet te zeer afwijken van de officiële partijlijn. Soms is de bewegingsvrijheid zelfs relatief groot, zeker waar het gaat om de Tweede Wereldoorlog. In het streven naar nationale eenheid is er ruimte voor historisch onderzoek dat die eenheid bevordert. Met het oog op de door de CCP nagestreefde hereniging van Taiwan met de Volksrepubliek is alle historische bewijslast voor de onrechtmatigheid en overbodigheid van de scheiding welkom.

Wie de officiële partijlijn niet volgt of daartegen ingaat, komt onder vuur te liggen. 'Historisch nihilisme' wordt bestreden. De Chinese overheid heeft op internet een meldpunt geopend voor alles wat afwijkt van de officiële geschiedschrijving. 'Sommigen willen zogenaamd reflecteren op de geschiedenis of de waarheid herstellen, maar hebben bijbedoelingen,' zo waarschuwt de overheid. Wie 'de geschiedenis van de CCP verdraait' of 'nationale helden zwartmaakt' kan rekenen op maatregelen.

Daarvoor heeft China sinds 2018 een eigen herinneringswet: wie 'de eer van nationale helden en martelaren belastert' kan rekenen op een fikse boete of zelfs celstraf. Volgens de CCP maakte een kleine groep zich daar onder het mom van 'academische vrijheid', 'historische rehabilitatie' of 'onderzoek naar details' schuldig aan, tot woede van de rest van de vaderlandslievende Chinezen. Het aannemen van de herinneringswet was een duidelijk signaal dat dit absoluut niet meer wordt getolereerd, want meer algemene zaken als de 'verspreiding van geruchten' en het 'uitlokken van problemen' waren al langer aangemerkt als strafbare vergrijpen.

Hoewel de CCP nadrukkelijk stelt dat de herinneringswet geen betrekking heeft op de academische vrijheid, wordt er wel degelijk druk uitgeoefend op academici. Achter gesloten deuren waarschuwen partijfunctionarissen dat historici en hun familieleden hun baan, pensioen of uitkering kwijt kunnen raken als ze zich niet houden aan de officiële visie op het verleden. Er was bijvoorbeeld in 2017 wel kritiek vanuit de academische wereld dat het Mantsjoerije-incident in 1931 officieel werd bestempeld tot het begin van de Verzetsoorlog, maar die klonk zeker niet luid door in de samenleving.

Historici die afwijken van de lijn worden hoe dan ook teruggefloten. Zo kreeg Hong Zhenkuai in 2016 opdracht van de rechter om publiekelijk excuses te maken voor het feit dat hij de 'Vijf Helden van de Berg Langya' in twijfel had getrokken. Iedereen in China kent het heldhaftige verhaal van het vijftal dat tientallen Japanners zou hebben gedood, voordat ze zonder munitie kwamen te zitten en zelfmoord pleegden door zichzelf van de bergtop te werpen in plaats van zich over te geven. Volgens Hong rammelde het verhaal aan alle kanten, maar in de officiële lezing riepen ze nog steeds 'Lang leve de Partij' terwijl ze een wisse dood tegemoet sprongen.

Langya is één van de maar liefst 33.000 herinneringsplekken in China die een link hebben met de geschiedenis van de CCP. Ook het Oude Zomerpaleis in Beijing, de Herdenkingshal voor het Bloedbad van Nanjing en de oorlogshoofdstad Chongqing behoren natuurlijk tot de indrukwekkende lijst van nationaal erfgoed.

Chinezen kunnen hun hele leven bezig blijven met het bezoeken ervan. Sinds 2004 promoot de partij het 'rode toerisme' naar deze plaatsen om de officiële visie onder de aandacht te brengen van de bevolking. Mensen gaan daar meestal met groepsreizen naartoe, georganiseerd door het bedrijf waarvoor ze werken, door hun buurtcomité of door organisaties voor gepensioneerden. Mede dankzij de schappelijke prijzen voor deze plezierreisjes bezoeken jaarlijks miljoenen Chinezen een of meer herinneringsplekken.

Bijkomend voordeel is dat dit massatoerisme een zakcentje oplevert voor achtergestelde plattelandsgebieden. De ultieme bestemming Yan'an – Mao's hoofdkwartier tussen de Lange Mars in 1935 en de overwinning in de Chinese Burgeroorlog in 1949 – was van oorsprong een straatarme plaats, maar vaart nu wel bij het rode toerisme. Ter ere van de honderdste verjaardag van de CCP verrees er een nieuw themapark in revolutionaire stijl met veel vaandels en standbeelden ter waarde van ruim 1,5 miljard euro.

Plekken als Yan'an bieden vaak een totaalervaring. Ze zijn uitgegroeid tot bedevaartsoorden waar groepen reizigers gezamenlijke maaltijden nuttigen en samen revolutionaire strijdliederen zingen. Natuurlijk is er ook de mogelijkheid om selfies te maken in historische uniformen uit de tijd van het Chinese Volksbevrijdingsleger en daar maken vooral veel jonge Chinezen dankbaar gebruik van. Op de 33.000 herinneringsplekken kunnen zij het verleden beleven en dat is een welkome aanvulling op stoffige schoolboeken en musea.

In China blijft het verleden dus levend, ook voor de generatie die het grootste deel van de geschiedenis onder de CCP niet bewust heeft meegemaakt. En dat gaat soms heel ver. In het Achtste Weg Leger Culturele Park in Wuxiang kunnen toeristen verkleed als guerrillastrijders van het Achtste Weg Leger, Mao's embryonale communistische hoofdmacht, met zware speelgoedwapens zogenaamd Japanners neermaaien. In voorstellingen begaan als Japanse officieren uitgedoste acteurs met veel geschreeuw gruweldaden tegen gevangengenomen guerrillastrijders.

Het rode toerisme is een laagdrempelige manier voor de staat om de bevolking ervan te doordringen dat China onder de CCP een glorieus verleden en vooral een glorieuze toekomst heeft. Want de groepsreizen hebben nadrukkelijk ook altijd een educatief element. Ze passen daarmee perfect in het patriottisch onderwijs dat de Chinezen een gedeeld verleden en een gezamenlijke nationale identiteit inprent. Samen met schoolboeken, musea en een schier eindeloze reeks publicaties, series, documentaires en films vormt het rode toerisme een omvangrijk totaalpakket.

De verhaallijn die loopt van het trotse keizerlijke verleden via de Eeuw van Vernedering naar de wederopstanding onder bezielende leiding van de CCP, is de rode draad in een campagne die de Chinezen aanleert wat ze collectief moeten voelen. Vernedering, vijandschap, revanche en trots staan centraal. De geschiedenis van China levert buitenlandse 'barbaren' waarop die gevoelens kunnen worden gericht: Japan als de gewetenloze moordenaar, de Dalai Lama als de valse profeet, Taiwan als de afvallige provincie en in de hoofdrol de Verenigde Staten als heerszuchtige imperialist.

De CCP werpt zich op als de enige verdedigingswal tegen deze buitenlandse vijanden en hun binnenlandse bondgenoten. Xi is ervan overtuigd dat zij – net als in het verleden – samenspannen om China, of meer in het bijzonder de CCP, ten val ten brengen. Zijn grote angstbeeld is het uiteenvallen van de Sovjet-Unie nadat die, aldus Xi, door het Westen was ondermijnd met liberale normen en waarden. Om die in China buiten de deur te houden, hamert Xi voortdurend op het Chinese verleden.

Aan de hand van de geschiedenis houdt hij China in een ijzeren greep. De bevolking wordt er permanent van doordrongen dat de CCP met heel veel bloed, zweet en tranen heeft weten te bereiken dat China nu zo'n moderne, machtige en welvarende staat is geworden. Zonder de Partij zou China nog steeds zuchten onder buitenlandse overheersing. En daarmee bevat het verleden ook een waarschuwing voor de toekomst. Als China stabiel en welvarend wil blijven, dan kan dat eenvoudigweg niet zonder de CCP en haar bezielende hoogste leider Xi Jinping.

Het zal Xi Jinping tot grote tevredenheid stemmen dat het door de CCP uitgedragen geschiedverhaal beklijft bij het overgrote deel van de 1,4 miljard Chinezen. Wanneer de officiële lezing van de geschiedenis in het geding is, gaan Chinezen de straat op en laten ze op het internet luid en duidelijk van zich horen. Natuurlijk kanaliseert de Chinese overheid dergelijke geluiden met een vernuftige combinatie van aanmoedigingen in de media en doeltreffende censuur, maar de geschiedenis leeft in China. De recente kassuccessen in de bioscopen vormen het beste bewijs.

Het is niet bekend of Xi de voorliefde van Mao voor de kungfu-klassieker *Fist of Fury* deelt. Hij heeft zich ooit tegenover de Amerikaanse ambassadeur in Beijing laten ontvallen dat hij graag kijkt naar Hollywoodfilms over de Tweede Wereldoorlog, zoals *Saving Private Ryan* en *Flags of Our Fathers*. Onder Xi heeft de CCP de greep op de Chinese filmindustrie verder verstevigd en die richt zich na een kort internationaal intermezzo weer volledig op de Chinese markt met blockbusters volgens de beste Hollywoodtradities.

De lijst van grootste Chinese kassuccessen aller tijden werd sinds 2017 aangevoerd door de nationalistische actiefilm *Wolf Warrior 2*, waarin een geroyeerde Chinese commando het in Afrika in zijn eentje opneemt tegen westerse huurlingen. De boodschap: China is een vredelievende natie, maar eenmaal aangevallen zal zij zich verdedigen, ook buiten de landsgrenzen. Dat past perfect bij de nationale heropleving die Xi voor ogen heeft. De film kreeg dan ook lovende kritieken in officiële partijorganen als de *Global Times*.

Maar in het najaar 2021 werd het record verpulverd door het commerciële megasucces van *The Battle at Lake Changjin*, een film over een door het Chinese Volksbevrijdingsleger gewonnen veldslag in de Koreaanse Oorlog. Het oorlogsepos is de duurste Chinese film ooit en werd gemaakt in opdracht van de CCP. Hij gebruikt de geschiedenis om een boodschap te verkondigen die naadloos aansluit op die van vaderlandslievende films als *The Eight Hundred* en *Wolf Warrior 2*.

De Amerikaanse opperbevelhebber tijdens de Koreaanse Oorlog, generaal Douglas MacArthur, wordt in de film neergezet als een sinistere slechterik, die verscholen achter zijn duistere zonnebril opdracht geeft om Noord-Korea te verwoesten. Om dat voor elkaar te krijgen kan hij beschikken over een vrijwel onuitputtelijk arsenaal aan bommenwerpers en tanks.

De film volgt twee broers die zich met de rest van het zeer pover uitgeruste Chinese Volksbevrijdingsleger in barre winterse omstandigheden te voet in de strijd storten tegen deze overmacht. Mao legt in de film uit dat China zich wel moet mengen in de strijd, omdat de VS anders na Korea mogelijk ook China zullen binnenvallen. Dan zou de prille Volksrepubliek weer ten onder gaan. Over de Noord-Koreaanse inval in Zuid-Korea wordt met geen woord gerept.

Na net geen drie uur aan massale veldslagen, spectaculaire explosies en huiveringwekkend bloedvergieten delven de Amerikaanse militairen uiteindelijk het onderspit tegen de onverschrokken en opofferingsgezinde Chinese soldaten. Terwijl de Amerikanen zich moegestreden terugtrekken tonen ze zich vol lof over de wilskracht van de Chinezen. Ze constateren dat ze van meet af aan kansloos waren en zich nooit op het Koreaanse schiereiland hadden moeten vertonen.

Het Chinese publiek smulde van het spektakel. Ook het vervolg *The Battle at Lake Changjin 2* deed goede zaken in de bioscopen en heeft een plek in de top 10 van grootse Chinese kassuccessen veroverd. Of Xi Jinping ook heeft genoten van deze oorlogsfilm van eigen bodem zullen we wellicht nooit weten, maar hij is zonder twijfel zeer ingenomen met het megasucces van de onversneden propagandaboodschap.

The Battle at Lake Changjin is een fraai staaltje patriottisch onderwijs. De soldaten in de film gedragen zich als Chinese modelburgers en daardoor kan de eindoverwinning hun niet ontgaan. Bovendien bereidt de film het publiek vast voor op een mogelijke strijd tegen de voornaamste concurrent van China: de Verenigde Staten. Xi Jinping is vastberaden om koste wat kost zijn Chinese droom van een nationale heropleving te realiseren. Daar mag niets of niemand hem van afhouden. Het nationale verleden wordt ingezet om de Chinese bevolking aan boord te houden tijdens de reis naar het einddoel: de voltooiing van de wederopstanding van China.

5

Het Verenigd Koninkrijk

Our Island Story

Our Island Story, het verhaal van ons eiland. Dat is de titel van het kinderboek dat de van oorsprong Schotse Henrietta Elizabeth Marshall in 1905 schreef. In haar boek vertelt Marshall in maar liefst 105 korte hoofdstukken het verhaal van de geschiedenis van de Britse eilanden, van het vroegste begin tot en met de hoogtijdagen van het Britse Rijk onder koningin Victoria.

Het boek is een imposante verzameling heldenverhalen, waarbij tot aan de vroege middeleeuwen feit en fictie nogal eens door elkaar lopen. Zo begint Marshall haar boek niet met de komst van de verste voorvaderen van de Engelsen, Schotten, Welsh en Ieren naar de Britse eilanden, zo'n 800.000 jaar voor het begin van onze jaartelling, maar met het mythische verhaal van Albion, die van zijn vader Neptunus het eiland Britannia – 'a beautiful gem in the blue water' – cadeau krijgt. Vele jaren na de onfortuinlijke dood van Albion schenkt Neptunus – zelf oud en moe – zijn scepter aan het eiland en sindsdien geldt volgens Marshall: 'Britannia rules the waves.'

Op het moment dat de Schotse *Our Island Story* schreef, was het Verenigd Koninkrijk op het toppunt van zijn macht en domineerde de Royal Navy de wereldzeeën. De Britse vlag wapperde trots boven een kwart van het landoppervlak van de aardbol. De Britse koloniale bezittingen besloegen meer dan 35 miljoen vierkante kilometer en hadden meer dan 400 miljoen inwoners. Daarmee was een kwart van de wereldbevolking onderdaan van koningin Victoria. Nieuwe technologische ontwikkelingen als stoomschepen, spoorwegen en de telegraaf werden dankbaar ingezet bij het besturen en verdedigen van het enorme wereldrijk.

Marshall vertelde dan ook een trots chronologisch verhaal van vele generaties dappere Britten die toewerkten naar een glorieus eindpunt. Dat viel in de smaak bij een groot publiek. *Our Island Story* werd een enorme bestseller en het bleef bijna vijftig jaar in druk. Pas nadat het Britse Rijk na de Tweede Wereldoorlog uiteengevallen was, verdween het veelgelezen kinderboek in 1953 uit de boekhandels. Het slot van Marshalls verhaal behoorde voortaan zelf tot het verleden. Vandaag de dag beslaat het Verenigd Koninkrijk 0,2 procent van het landoppervlak en zwaait koningin Elizabeth de scepter over 1 procent van de wereldbevolking.

Maar in 2005 maakte *Our Island Story* een comeback. De rechtse denktank Civitas en het conservatieve dagblad *The Daily Telegraph* zorgden er samen niet alleen voor dat Marshalls boek honderd jaar na verschijning weer werd herdrukt, maar ook dat iedere basisschool in het Verenigd Koninkrijk een exemplaar kreeg toegezonden.

Voor veel leden van de Conservatieve Partij – die ondanks strubbelingen binnen de partij sinds 2010 onafgebroken aan de macht is – vormt Marshalls boek de gedroomde interpretatie van de Britse geschiedenis. De toenmalige Britse premier David Cameron koesterde warme herinneringen aan *Our Island Story* en bestempelde het tot het favoriete en invloedrijkste boek uit zijn kindertijd, omdat het 'the great, world-beating story' van het Verenigd Koninkrijk vertelde.

Ook Camerons minister van Onderwijs, Michael Gove, stak zijn bewondering voor Marshall niet onder stoelen of banken. Hij wilde in 2013 het Britse geschiedenisonderwijs stevig onder handen nemen, omdat 'de huidige benadering van onze geschiedenis kinderen de mogelijkheid ontneemt om ons eilandverhaal te horen'. Gove kwam op de proppen met een curriculum dat bestond uit een lange chronologische opsomming van nationale helden en hun roemrijke daden, overduidelijk geïnspireerd door Marshall.

Net als Marshall hoopte Gove met zijn curriculum kinderen trots en vaderlandsliefde bij te brengen. Het was veel Conservatieve politici al veel langer een doorn in het oog dat het Britse geschiedenisonderwijs vooral analytische vaardigheden en een kritische instelling bijbracht, in plaats van een 'coherent, chronologisch verhaal'. Door decennialange verwaarlozing van hun gedeelde nationale geschiedverhaal waren de banden die de Britten tot één geheel maken binnen het Verenigd Koninkrijk veel te los geworden. Gove zou die fout eindelijk gaan rechtzetten. Zijn curriculum moest de Britse nationale identiteit een stevige zet in de rug geven of – zoals Gove het zelf eens verwoordde – 'vechten tegen linkse mythes die Groot-Brittannië kleineren'.

Maar het beeld dat Gove en andere Conservatieve politici hebben van de Britse geschiedenis is net als het boek van Marshall gegrondvest op een mythe. *Our Island Story* is het verhaal van een unieke eilandnatie, waarbij de geografie het karakter en het lot van de Britten zou hebben bepaald. Wat William Shakespeare in *Richard II* 'een kostbare steen in een zilveren zee' noemde, was een veilig bastion vanwaaruit de verenigde Britten een wereldrijk konden veroveren. Met het Kanaal en de Noordzee als slotgracht was het Verenigd Koninkrijk gevrijwaard van de vele oorlogen op het Europese vasteland. Terwijl de Europese machten elkaar eeuwenlang de tent uit vochten, konden de Britten in *splendid isolation* bouwen aan verheven idealen als parlementaire democratie, rechtsstatelijkheid en vrijhandel.

Our Island Story laat zich ook lezen als een onstuitbare ontwikkeling naar steeds grotere vrijheid en verlichting, culminerend in de moderne regeringsvormen liberale democratie en constitutionele monarchie. Vanaf de ondertekening van de Magna Carta in 1215 – waarmee de macht van de Engelse koning werd beperkt ten faveure van de adel – sloegen de Britten een geheel eigen weg in waarin burgerlijke vrijheden, zelfbestuur en de rechtsstaat centraal stonden. Tirannieke vorsten – in eigen land of daarbuiten – werden te vuur en te zwaard bestreden. De Britten exporteerden hun verheven idealen naar de rest van de wereld en stuwden alle onderdanen van het Britse Rijk op in de vaart der volkeren. Democratie en vrijhandel brachten de wereld vrede en welvaart.

Om dat alles niet in gevaar te brengen, waakten de Britten over het machtsevenwicht op het Europese vasteland. Talloze keren intervenieerden zij om te voorkomen dat de Spanjaarden, de Nederlanders, de Fransen, de Duitsers of de Russen de precaire balans zouden verstoren. Het Britse Rijk gaf de nodige armslag om dat te kunnen doen. Premier Margaret Thatcher vatte het Britse zelfbeeld in 1988 kernachtig samen tijdens haar beruchte toespraak op het Europacollege in Brugge: ‘Zonder onze bereidheid om te vechten en te sterven zou Europa al lang verenigd zijn geweest – maar niet in vrijheid en niet in gerechtigheid.’

Er zijn grote kanttekeningen te maken bij dit beeld van de Britse geschiedenis, en historici hebben dan ook niet nagelaten om dat te doen. Goves gewenste geschiedeniscurriculum sneuvelde uiteindelijk na felle kritiek van academici en leraren. Maar wie de Britse politiek de afgelopen jaren heeft gevolgd, weet dat dit beeld desondanks een hoofdrol heeft gespeeld bij het vertrek van het Verenigd Koninkrijk uit de Europese Unie. Fanatieke *Brexiteers* als Boris Johnson, Nigel Farage, Jacob Rees-Mogg en – jawel – Michael Gove hielden de Britten in de aanloop naar het Brexit-referendum in 2016 de spiegel van *Our Island Story* en het ooit zo machtige Britse Rijk voor.

Zo beweerden zij dat het Verenigd Koninkrijk zich in 1973 had laten onderwerpen door toe te treden tot wat later zou uitgroeien tot de Europese Unie. Toen hadden de Britten de kostbare vrijheden opgegeven die ze sinds de Magna Carta zo zwaar hadden bevochten. ‘Take Back Control’ was de korte maar zeer krachtige leuze van het *Leave*-kamp. De Britse samenleving werd een worst voorgehouden: wanneer het Verenigd Koninkrijk de nationale soevereiniteit zou herwinnen door uit de EU te stappen, zouden alle Britse problemen als sneeuw voor de zon verdwijnen. De Brexit zou de weg vrijmaken voor de wederopstanding van een *Global Britain* dat opnieuw trots een eigen koers zou varen in de wijde wereld. Bevrijd uit de EU zou het Verenigd

Koninkrijk optimaal profiteren van vrijhandel met de landen die ooit deel uitmaakten van de Britse invloedssfeer, inclusief de Verenigde Staten.

Toen de uitslag van het referendum bekend werd, bleken de Britten verdeeld: 51,9 procent stemde 'leave' en 48,1 procent koos voor 'remain'. Jongeren, hogeropgeleiden en de inwoners van de grote steden kozen massaal voor het EU-lidmaatschap, maar zij legden het af tegen ouderen, lageropgeleiden en de inwoners van de rest van Groot-Brittannië. Farage, de leider van de radicale UK Independence Party, kraaide victorie voor 'gewone, nette mensen'. Ondanks de verdeeldheid en de grote politieke instabiliteit die volgde op het referendum werkte de Britse regering stug door aan het vertrek van het Verenigd Koninkrijk uit de EU.

En na zeer moeizame onderhandelingen tussen Londen en Brussel was de Brexit op 31 januari 2020 een feit. Nadat er in december van dat jaar ook een akkoord was bereikt over een partnerschap tussen de EU en het Verenigd Koninkrijk verklaarde Johnson – inmiddels opgeklommen tot premier – trots dat de Britten de controle over hun wetten en hun lot weer in eigen handen hadden genomen 'op een manier die compleet en onbelemmerd is. En voor het eerst sinds 1973 worden we een onafhankelijke kuststaat met volledige controle over onze wateren.'

De weg was eindelijk vrij voor een nieuw hoofdstuk in *Our Island Story*. Met de Brexit had de eurosceptische vleugel van de Conservatieve Partij eindelijk een belangrijke slag gewonnen in de 'history wars' die al in de jaren zeventig waren begonnen. Terugkijkend was Goves mislukte poging om de Britse geschiedenis onder handen te nemen het openingssalvo van de Brexit. Met zijn visie van het verleden in de hand wisten de Brexiteers wel het vertrek van het Verenigd Koninkrijk te bewerkstelligen. Vooruitkijkend geeft het curriculum dat Gove voor ogen had een beeld van de koers die de Britse regering – of beter gezegd: de Conservatieve Partij – in de toekomst wil varen.

Want hoewel *Our Island Story* geen verplichte kost is geworden voor Britse schoolkinderen, komt het verhaal nog steeds overeen met de manier waarop Conservatieve politici en hun achterban kijken naar het verleden van het Verenigd Koninkrijk. Zij streven naar een wederopstanding in de vorm van een *Global Britain*, maar zoeken tegelijkertijd hun toevlucht tot *Little England*. *Our Island Story* weerspiegelt namelijk enerzijds een isolationistisch nationalisme, dat het vasteland van Europa als vijandig beschouwt en Britse overwinningen op continentale machten viert, en anderzijds een nationalisme waarin de Engelse cultuur centraal staat. De geschiedenis volgens Gove is in de eerste plaats de geschiedenis van de Engelsen en hoe zij hun macht uitbreidden, eerst over de Britse eilanden en daarna over de rest van de wereld.

Daarom zijn er hele bevolkingsgroepen die zichzelf helemaal niet herkennen in *Our Island Story*. De Schotten, de Welsh en de Ieren hebben de geschiedenis van het Verenigd Koninkrijk heel anders beleefd. En dat geldt ook voor immigrantengemeenschappen die na het uiteenvallen van het Britse Rijk uit alle windhoeken naar het eiland Groot-Brittannië trokken. Net als over de Brexit is de bevolking van het Verenigd Koninkrijk ook verdeeld over Goves lezing van de Britse geschiedenis. Rondom zijn geschiedeniscurriculum ontspon zich een debat dat in felheid niet onderdeed voor de Brexit-campagne.

En waar de Brexit inmiddels een voldongen feit is, is het debat over de Britse geschiedenis nooit verstomd. Tijdens de Black Lives Matter-protesten in de zomer van 2020 richtte de woede van activisten zich op monumenten die slavernij en racisme zouden 'vieren'. In Bristol werd een bronzen standbeeld van de zeventiende-eeuwse slavenhandelaar Edward Colston door een woedende menigte in de haven gekieperd. Labour-burgemeester Sadiq Khan van Londen verklaarde: 'Het is een trieste waarheid dat veel van onze rijkdom afkomstig is van de slavenhandel – maar dit hoeft niet in onze openbare ruimtes te worden gevierd.'

Maar conservatieve politici, premier Johnson voorop, spraken er schande van dat de activisten ook nationale helden op de korrel wilden nemen, zoals ontdekkingsreiziger Francis Drake, admiraal Horatio Nelson en oorlogspremier Winston Churchill. Het waren juist deze mannen die een prominente plaats innamen in Goves gedroomde schoolboeken. De 'geschiedenisoorlogen' over *Our Island Story* zijn dus nog lang niet afgelopen. Het Britse verleden en de verwerking daarvan vormen ook vandaag de dag nog de basis van de verdeeldheid in de samenleving.

GOVES GEDROOMDE GESCHIEDENIS

De Britse *history wars* duren al bijna vijftig jaar. In 1974 – een jaar na de toetreding van het Verenigd Koninkrijk tot de Europese Gemeenschappen – richtte de latere Conservatieve premier Margaret Thatcher samen met de Conservatieve partijprominent Keith Joseph het Centre for Policy Studies (CPS) op. Deze rechtse denktank ontwikkelde het neoliberale sociaaleconomische programma dat het fundament vormde van Thatchers latere premierschap. Zelf zei de eerste vrouwelijke premier van het Verenigd Koninkrijk later dat het CPS 'de plek was waar onze conservatieve revolutie begon'. Door de ideeën van het CPS uit te voeren 'herstelden we stap voor stap het zelfvertrouwen en de reputatie van ons land'.

Bij het herstel van het zelfvertrouwen speelde ook de geschiedenis van het Verenigd Koninkrijk een rol. In het CPS ontstond het idee dat academici en leraren samenspanden om alleen de negatieve kanten uit te lichten. Een gebrek aan vaderlandsliefde dreef hen tot het bekritiseren van het glorieuze Britse verleden. Daardoor werd het zelfvertrouwen van hele generaties Britten ondermijnd. De oplossing was simpel: net als in de negentiende eeuw moesten historici weer de loftrompet steken over het verleden van de natie. Een helder eenstemmig nationaal geschiedverhaal moest weer gevoelens van trots en saamhorigheid kweken bij de Britten.

Conservatieve politici, denktanks en dagbladen bereden daarna decennialang dit stokpaardje. Dat kreeg later gezelschap van wat in Conservatieve ogen een fundamentele weeffout in het geschiedenisonderwijs was: een te grote nadruk op thematisch onderwijs en het aanleren van vaardigheden, ten koste van chronologie en feitenkennis. Maar ondanks het Conservatieve weeklagen over deze verfoeide 'new history' veranderde er in de praktijk weinig aan de geschiedenislessen op Britse scholen.

Daar was op zich ook weinig reden toe, want in rapport na rapport concludeerden onderwijsexperts dat er helemaal niets mis was met het geschiedenisonderwijs. Het voor kinderen tussen vijf en veertien jaar verplichte vak geschiedenis bestond voor 70 procent uit feitenkennis en voor 30 procent uit vaardigheden. Aan het einde van de rit was de hele Britse geschiedenis de revue gepasseerd én was die vergeleken met een aantal Europese en niet-Europese beschavingen. Leerlingen gaven desgevraagd aan de meerstemmigheid en de verschillende perspectieven te waarderen.

Desondanks besloot Michael Gove na zijn aantreden als minister van Onderwijs in 2010 het roer helemaal om te gooien. Hij verwees de rapporten van experts simpelweg naar de prullenbak. Volgens hem waren academici, leraren en experts op z'n minst blind voor de crisis die zich voor hun ogen ontvouwde, of – in het ergste geval – bewust erop uit om schoolkinderen het 'juiste' geschiedenisonderwijs te onthouden. Volgens Gove waren die kinderen overgeleverd aan elitaire 'onderwijstheoretici' die geloofden dat leraren 'zich niet bezig moesten houden met ouderwetse zaken als kennis overdragen of elementaire zaken als jaartallen', terwijl academici goedkeurend toekeken vanuit hun ivoren torens.

De minister van Onderwijs beriep zich op de wensen van Britse ouders, die zouden willen dat hun kinderen 'aangrijpende verhalen' te horen kregen over de prestaties van 'helden', die 'inspirerende voorbeelden' waren. Gove zag een gapende kloof tussen de 'hobbyprojecten' van historici en de simpele wens van ouders van 'fatsoenlijk' geschiedenisonderwijs. Hij beloofde een einde te maken aan wat hij 'de vernieling van ons verleden' noemde. Daarom gaf hij zijn ambtenaren de opdracht om een nieuw nationaal geschiedverhaal te ontwikkelen dat de unieke nationale eigenschappen van de Britten onderstreepte aan de hand van sprekende voorbeelden, 'zodat we de belangrijke rol van onze eilanden in de wereldgeschiedenis kunnen vieren'.

Toen in februari 2013 het eerste concept voor het nieuwe geschiedeniscurriculum werd gepresenteerd, barstte direct een storm van kritiek los uit de onderwijswereld. Gove ging in galop door de eeuwen heen, van de steentijd tot 1989, maar verwachtte van Britse schoolkinderen dat zij tijdens de rit een enorme berg feiten en jaartallen uit hun hoofd zouden leren. Kleuters moesten niet alleen kennismaken met historische figuren als Isaac Newton, Florence Nightingale en Christina Rosetti, maar ook de betekenis van begrippen als natie, beschaving en parlement doorgronden. En voor kinderen van zeven tot elf omvatte de verplichte stof 48 bullets tjokvol gebeurtenissen en personen van de steentijd tot de 'Acts of Union' tussen Engeland en Schotland in 1707. In een online peiling van de Historical Association gaf 96 procent van de leraren aan helemaal niets te zien in het nieuwe curriculum, dat veel te veel verplichte stof voorschreef. En ook bekende Britse historici als Richard Evans en David Cannadine bekritiseerden de enorme lading verplichte feiten en details.

Nog fundamenteler was de breed gedeelde kritiek dat het nieuwe leerplan een strikt 'Engels' verhaal was. Dat de geschiedenis van Schotland en Ierland – en tot op bepaalde hoogte ook Wales – tot de achttiende eeuw (en in zekere zin ook daarna) hemelsbreed verschilde van de geschiedenis van Engeland werd geheel buiten beschouwing gelaten. Goves ambtenaren trokken één Engelse lijn van de steentijd via de Magna Carta in 1215 naar de 'Glorious Revolution' in 1688 en het Verenigd Koninkrijk in 1707. Anders gezegd: de baanbrekende grondvesting van de Britse parlementaire democratie en de burgerlijke vrijheden die daarmee gepaard gingen. De onderliggende boodschap was dat Britse politieke instellingen altijd de beste ter wereld zijn geweest en dat ook altijd zullen blijven. De Glorious Revolution was volgens Gove dan ook vooral het moment dat het parlement de macht greep en het land redde van een tirannieke katholieke koning en niet de laatste geslaagde invasie van Engeland – zij met een parlementaire uitnodiging op zak – door de protestantse Nederlandse stadhouder Willem III.

Vanaf de achttiende eeuw stond het hele curriculum in het teken van de opbouw van het machtige Britse Rijk en ook dat werd bezien door een Britse – of beter gezegd Engelse – bril. De interactie met andere Europeanen en de rest van de wereld bestond uit een opsomming van Engelse triomfen op het slagveld en op andere terreinen als de wetenschap, die opnieuw de superioriteit van de Britse politieke instellingen demonstreerden.

Ook aan de verovering van een kwart van het landoppervlak en de onderwerping van een kwart van de wereldbevolking werden vooral positieve connotaties verbonden. Het Britse Rijk werd door Gove neergezet als een zegenrijke onderneming: met verlichte ideeën als liberalisme en vrijhandel, en investeringen in infrastructuur, onderwijs en gezondheidszorg brachten de Britten de wereld beschaving en welvaart. Voor de ervaringen van niet-Britse ingezetenen van het rijk was helemaal geen plaats in Goves visie op het verleden.

De twintigste eeuw bracht weliswaar 'Britain's retreat from Empire', maar ook nieuwe triomfen. Zowel in de Eerste en Tweede Wereldoorlog als in de Koude Oorlog leverde het Verenigd Koninkrijk als grootmacht een beslissende bijdrage aan de overwinning. Goves geschiedverhaal eindigde op een positieve noot in 1989 met de val van de Berlijnse Muur. Ook in de twintigste eeuw hadden de Britten het altijd bij het rechte eind gehad en zich opgeworpen als verdedigers van de vrijheid. Onder leiding van Winston Churchill hadden zij tijdens de Tweede Wereldoorlog in Europa zelfs als enige dapper standgehouden tegen Adolf Hitler.

Het was volgens critici overduidelijk dat Gove met zijn eenzijdige geschiedverhaal vooral een politieke boodschap had. De Conservatieve minister van Onderwijs had een onderliggend ideologisch doel. Hij wilde het Britse geschiedenisonderwijs gebruiken om gevoelens van trots en vaderlandsliefde aan te wakkeren en een nationale identiteit te kweken door middel van een kritiekloze heldenverering van grote mannen en vrouwen uit het Britse verleden. Gove ging totaal voorbij aan het feit dat een groot deel van de inwoners van het Verenigd Koninkrijk zich helemaal niet herkende in zijn verhaal.

Alleen een select groepje prominente Britse historici – veelal ook betrokken bij Conservatieve denktanks of media – kon zich vinden in Goves geschiedeniscurriculum. De rest was er fel tegen gekant. Zelfs Simon Schama, oorspronkelijk door Gove aangesteld als historisch adviseur, sprak zich in niet mis te verstane bewoordingen uit en noemde het leerplan 'kwetsend en beledigend'. Op zijn beurt ridiculiseerde Gove de 'wereldvreemde academische experts' die kritiek leverden op zijn visie op het verleden en herhaalde hij keer op keer het aloude Conservatieve standpunt dat het onderwijsestablishment erop uit zou zijn om het Britse zelfvertrouwen te ondermijnen.

Maar uiteindelijk zag Gove zich genoodzaakt om toe te geven dat 'er ruimte moet zijn voor meer diepgang' en de voorgestelde wijzigingen grotendeels terug te draaien. Vijf maanden na het eerste concept van Goves geschiedeniscurriculum presenteerde het ministerie van Onderwijs een nieuwe versie die verdacht veel leek op het oude curriculum. De strikte chronologische volgorde was verdwenen en er was ook flink gesnoeid in de verplichte stof.

Omstreden historische figuren als Robert Clive, de gouverneur die in de achttiende eeuw het fundament legde voor de Britse overheersing van India, waren verdwenen uit het curriculum. Zelfs de naam Winston Churchill werd niet meer genoemd. Het rijtje Britse helden maakte deels plaats voor historische figuren als Christoffel Columbus, Charles Darwin en Rosa Parks. Dat was illustratief voor de bredere blik die het leerplan terugkreeg, inclusief ruimte voor meerstemmigheid en een vergelijkend perspectief. Leraren werden aangemoedigd om ook aandacht te schenken aan lokale geschiedenis en andere culturen, en ook onderwerpen als de geschiedenis van China, slavernij en immigratie te behandelen.

Gove verklaarde zijn draai door te stellen dat zijn oorspronkelijke concept 'slechts het openingsbod in de onderhandelingen in de curriculumbazaar' was geweest. Ondanks zijn felle uithalen tegen het historische establishment beweerde de minister van Onderwijs dat hij altijd een 'compromis' voor ogen had gehad. Boze tongen beweerden dat het hem vooral te doen was geweest om het politieke spektakel en niet om de inhoud van het leerplan.

In ieder geval bleef Goves controversiële conceptcurriculum op één punt overeind: het Europese vasteland was een ondergeschoven kindje. De herziene versie repte wel van de drie-eenheid 'Britse, lokale en wereldgeschiedenis', maar niet van 'Europese geschiedenis'. Het bevatte wel thema's als de Romeinen, de Reformatie, dictators en de Holocaust, maar die hadden voornamelijk betrekking op de wijze waarop de Britten daarmee omgingen. Europa bleef vooral het toneel van Britse overwinningen op kwaadwillende Europese heersers.

Desondanks reageerde het door Gove zo verfoeide historische establishment instemmend en de nieuwe versie van het nationale geschiedeniscurriculum werd binnen een paar jaar ingevoerd op alle Britse scholen. Gove maakte dat niet meer mee als minister van Onderwijs. De inmiddels zeer omstreden Gove werd door premier Cameron in de aanloop naar de parlementsverkiezingen van 2015 stilletjes vervangen. Een van Camerons verkiezingsbeloften was een referendum over het Britse EU-lidmaatschap. Hij hoopte daarmee een stammenstrijd over dit onderwerp binnen de Conservatieve Partij voor eens en voor altijd te kunnen beslechten.

Het vertrek van Gove als minister van Onderwijs betekende niet dat hij de Britse geschiedenis liet rusten. Integendeel: de Conservatieve visie op het verleden die hij had neergelegd in zijn eerste concept voor een nieuw geschiedeniscurriculum werd een van de speerpunten in de uiteindelijk succesvolle *Leave*-campagne voor het Brexit-referendum. Gove en de rest van de eurosceptische rechtervleugel van de Conservatieve Partij maakten meesterlijk gebruik van een uiterst selectief beeld van de Britse geschiedenis om hun langgekoesterde wens van een Brexit te realiseren. De geschiedenisoorlog van 2013 bleek slechts de generale repetitie. Gove en de zijnen zouden in 2016 pas echt hun slag slaan.

EMPIRE 2.0

Tijdens de campagne die in juni 2016 resulteerde in een meerderheid voor het *Leave*-kamp in het Brexit-referendum husselden de Brexiteers verleden, heden en toekomst op meesterlijke wijze door elkaar. Het resultaat was dat de kiezers de gloriedagen van het Britse Rijk kregen voorgespiegeld als een nieuw begin. Om te gaan bouwen aan een *Empire 2.0* hoefden ze alleen maar te kiezen voor een vertrek uit de Europese Unie.

Het was een boodschap die aansloeg bij een meerderheid van de Britse kiezers. Niet alleen vanwege het aantrekkelijke toekomstperspectief, maar ook omdat ze naadloos aansloot bij het beeld dat de Britten – en dan met name de Engelsen – hebben van hun eigen geschiedenis. Uit opiniepeilingen blijkt consequent dat ongeveer de helft van de Britten van mening is dat het Britse Rijk iets is om trots op te zijn. En een derde van de Britten is van mening dat de voormalige koloniën beter af waren onder Britse heerschappij.

Ondanks het feit dat Goves geschiedeniscurriculum is gesneuveld, bekijken veel Britten het Britse Rijk en de rest van de Britse geschiedenis door een roze bril. Dat is vooral te danken aan de Britse entertainmentindustrie. Tijdens de Brexit-campagnes schaarde de filmwereld zich vrijwel unaniem in het *Remain*-kamp, maar het effect van de impliciete boodschap in de films en series die ze maakten was het tegenovergestelde. Ook de erfgoedsector deed onbedoeld een flinke duit in het zakje. In de jaren voorafgaand aan het referendum – en ook daarna – verscheen er een hele reeks films, series, boeken en tentoonstellingen die het glorieuze verleden van het Verenigd Koninkrijk toonden. Met hun visuele pracht droegen ze bij aan de idealisering van vervlogen tijden, waarbij ze vooral de positieve aspecten van het verleden lieten zien.

De voorbeelden zijn legio. Kostuumdrama's als *Downton Abbey* tonen een tijd waarin het Verenigd Koninkrijk nog een onbetwiste wereldspeler is. De Britse monarchie krijgt een menselijk gezicht in series als *The Crown. Indian Summers* verheerlijkt het leven van koloniale bestuurders in India en documentaires als *Great Indian Railway Journeys* tonen de spoorwegen als een gift van de Britten. Wie in het Verenigd Koninkrijk zijn tv aanzet wordt overspoeld met een golf van nostalgie. In *Back in Time for the Weekend* ervaren families aan den lijve het leven in een eerder decennium als de jaren vijftig en in *The Repair Shop* worden kapotte memorabilia van kijkers liefdevol gerepareerd.

Over alles hangt een zweem van 'Britishness' – of beter gezegd: 'Englishness' – dat het unieke karakter van de Britten definieert. Soms is dat subtiel, zoals *The Great British Bake Off*, maar soms ook luid en duidelijk. Op de laatste avond van de klassieke concertreeks BBC *Proms* zingt een in de Britse vlag gehuld publiek traditiegetrouw luidkeels mee met de hymne 'Rule Britannia'. Evenementen als de zestig- en zeventigjarige jubilea van koningin Elizabeth II en de Olympische Spelen in Londen, en herdenkingen van de Eerste Wereldoorlog, de Magna Carta en de dood van Shakespeare vormden aanleiding om er nog een schepje bovenop te doen. Het resultaat is een gevoel van nationale trots en verbondenheid waar de Brexiteers dankbaar gebruik van wisten te maken.

Net als in veel andere landen speelt de Tweede Wereldoorlog ook een hoofdrol in de geschiedenis van het Verenigd Koninkrijk. De Britse visie op die oorlog wordt uitstekend samengevat door recente films als *Dunkirk* en *Darkest Hour*: de Britten ontkwamen ondanks de onbetrouwbare Fransen ternauwernood aan de Duitse oorlogsmachine en hielden daarna onder aanvoering van Winston Churchill als enigen dapper stand tegen de dreiging van een door de Duitsers gedomineerd Europa. De oorlogspremier werd in 2002 in het tv-programma *100 Greatest Britons* verkozen tot de grootste Brit aller tijden: gewapend met bolhoed, bolknak en vastberadenheid wist hij de Britten door de Tweede Wereldoorlog te slepen. Hij wakkerde de fameuze *Blitz spirit* aan: de Britten lieten zich niet klein krijgen door Duitse bommen. *Keep Calm and Carry On*, aldus de beroemde propagandaposter. Sterker nog, alle tegenslagen onketenden een ongekende nationale solidariteit.

Voor Brexiteers was het een dankbare metafoor. De Britten hadden zich eeuwenlang met succes verzet tegen pogingen om het Europese vasteland én Groot-Brittannië met geweld te verenigen. De Spaanse koning Filips II, de Franse koning Lodewijk XIV, de keizers Napoleon en Wilhelm II en de dictators Hitler en Stalin hadden allemaal het onderspit gedolven. Het Britse liberalisme was superieur gebleken aan rivaliserende ideologieën als absolutisme, fascisme en communisme. Boris Johnson schilderde de Europese Unie af als de pan-Europese superstaat van Hitlers dromen. Brussel zou erop uit zijn om het ooit zo machtige Verenigd Koninkrijk te onderwerpen. Niet met bruut geweld, maar met genadeloze bureaucratie.

Nu was het tijd voor de Britten om de *Blitz spirit* te hervinden en ook de Europese Unie te verslaan. Het Brexit-referendum werd door de Brexiteers gepresenteerd als de laatste akte in een lange reeks door de Britten gewonnen veldslagen tegen continentale machten, van de Slag bij Agincourt in 1415 tijdens de Honderdjarige Oorlog tegen de Fransen via het tot zinken brengen van de Spaanse Armada in 1588 en de Slag bij Waterloo tegen Napoleon in 1815 tot de Battle of Britain tegen Hitlers *Luftwaffe* in de zomer van 1940. Zelfs de breuk van de Engelse koning Hendrik VIII met de Rooms-Katholieke Kerk werd geduid als een verre voorbode van een Brexit: door te breken met de paus in Rome maakte Engeland zich los van een groot middeleeuws Europees 'rijk' en werd Engeland een soevereine staat.

In het narratief van de Brexiteers was een toekomst van het Verenigd Koninkrijk buiten de Europese Unie historisch onvermijdelijk. Juist de toetreding in 1973 was een breuk met het Britse verleden geweest. De kiezers kregen een historische kans om die fout te herstellen. De Brexiteers bleken de tijdgeest goed te hebben gelezen. Meevarend op een golf van nostalgie wisten ze de Britse geschiedenis succesvol in te zetten om hun politieke agenda te realiseren. Het Verenigd Koninkrijk vertrok op 31 januari 2020 uit de Europese Unie.

Tot nu toe heeft de Brexit nog niet het beloofde Empire 2.0 opgeleverd. Volgens de Brexiteers zou de *Anglosphere*, een familie van Engelstalige landen, verenigd door liberaal-democratische waarden en vrijhandel, met open armen klaarstaan om de Britten te ontvangen na hun vertrek uit de EU. De meeste van die landen zitten echter helemaal niet te wachten op een hechtere band met de Britten. Afgezien van het militaire AUKUS-bondgenootschap met de Verenigde Staten en Australië – gericht op de versterking van de westerse aanwezigheid in de Grote Oceaan – zijn er nog maar weinig nieuwe overeenkomsten gesloten. Bovendien heeft het Verenigd Koninkrijk nog geen substantieel grotere rol weten te pakken op het wereldtoneel. De Britten trekken op veel punten samen op met de Amerikanen, maar die beschouwen hen als vanouds als junior partner.

Nieuwe vrijhandelsakkoorden zouden het Verenigd Koninkrijk welvaart brengen, maar de laatste jaren zijn veel landen daar helemaal niet zo happig op. Protectionisme is in de mode. De onderhandelingen met de Verenigde Staten, India, Canada, Mexico en de Golfstaten lopen nog steeds en een einde is nog niet in zicht. De Britse regering hoopt erop dat het Verenigd Koninkrijk op korte termijn kan deelnemen aan het Comprehensive and Progressive Agreement for Trans-Pacific Partnership, een handelsblok dat zich concentreert rond de Grote Oceaan. Maar ook *Global Britain* blijkt afhankelijk van de wensen en eisen van anderen. De handelsakkoorden die al wel zijn afgesloten met Australië, Nieuw-Zeeland en Singapore hebben slechts een zeer bescheiden positieve impact.

Een met veel pijn en moeite tot stand gekomen handelsakkoord met de Europese Unie heeft bepaald niet voor 'vrije' handel gezorgd. Wie importeert uit of exporteert naar het Europese vasteland heeft juist last van toegenomen bureaucratische belemmeringen. Het Britse bedrijfsleven zucht en ook de Brexiteers zelf beginnen te morren. Zij verkeerden in de waan dat het Verenigd Koninkrijk een welvarend

Singapore-aan-de-Theems zou worden met lage belastingen, een zeer bescheiden rol voor de overheid en een vrije hand voor de markt. Maar door de handelsbelemmeringen, het gebrekkige aantal impactvolle handelsakkoorden en tegenvallende economische cijfers is daar nog allerminst sprake van.

De zwaarbevochten soevereiniteit heeft de Britten vooralsnog weinig opgeleverd. Dat de Britse regering zich genoodzaakt ziet om in een ronkend persbericht de terugkeer van het kroontje op bierglazen te vieren zegt eigenlijk genoeg. Toegegeven, de Conservatieven zijn de belofte in de Brexit-campagne om het immigratiebeleid stevig op de schop te nemen wél nagekomen. Maar de plek van arbeidsmigranten uit EU-lidstaten is grotendeels ingenomen door arbeidsmigranten van buiten de EU. De Britse economie kan simpelweg niet zonder deze extra handen.

Het is maar de vraag of de *Leave*-stemmers gekregen hebben wat ze voor ogen hadden. De vruchten van de Brexit smaken vooralsnog wrang. Het is bovenal een kostbaar Engels project gebleken – en dan niet alleen in economisch opzicht. De Brexit heeft niet alleen de samenleving in tweeën gespleten, maar ook de eigen unie. De banden in het Verenigd Koninkrijk zelf staan onder grote druk.

De Brexit heeft het vuurtje onder het Schotse streven naar een vertrek uit het Verenigd Koninkrijk aangewakkerd. In 2014 stemde een nipte meerderheid van de Schotten nog tegen Schotse onafhankelijkheid, maar een nieuw referendum ligt op de loer en het is nog maar de vraag hoe de stemverhouding zal zijn nu de Schotten tegen hun zin door Engelse nationalisten uit de EU zijn gesleurd.

Binnen het raamwerk van de Europese Unie kwam er in 1998 met het Goedevrijdagakkoord een einde aan de gewapende strijd om Noord-Ierland, maar een slepende discussie tussen Londen en Brussel over grenscontroles dreigt de mantel der liefde weg te rukken van de brisante kwestie van de Ierse eenwording. Er gaan ook stemmen op voor een Noord-Iers referendum, maar een definitieve oplossing voor het Noord-Ierse vraagstuk lijkt niet voorhanden.

Als gevolg van het Noord-Ierse vraagstuk blijft de relatie met de Europese Unie gespannen. En het weerhoudt de Amerikaanse regering ervan om in te gaan op Britse avances om een handelsakkoord te sluiten, ook al trekken de Washington en Londen wel samen op tegen Peking en Moskou. Alles bij elkaar opgeteld moet de conclusie zijn dat van een Empire 2.0 nog geen sprake is. Het beeld is eerder dat de Britten nog dwalen in een verhardende wereld. Ze slagen er vooralsnog niet in een passende rol in die wereld te vinden en het is een interessante tijd om solo te gaan zeilen. Maar wie de Conservatieve bril afzet en nog eens kijkt naar de Britse geschiedenis, ziet dat die toch echt in Europa ligt.

SPLENDID ISOLATION

Er is een vaak aangehaalde anekdote dat de Britse krant *The Times* ooit opende met de kop: DENSE FOG IN THE CHANNEL: CONTINENT ISOLATED FOR THREE DAYS. Maar wie in Britse krantenarchieven op zoek gaat naar de bewuste krantenkop, vindt vooral artikelen en ingezonden brieven die spreken van een geslaagde grap. Dat de anekdote desalniettemin hardnekkig blijft rondzingen, is te danken aan een staaltje nazipropaganda. Tijdens de Tweede Wereldoorlog haalden de Duitsers de apocriefe kop aan om de arrogante Britten belachelijk te maken: hoe haalden ze het in hun hoofd dat hun kleine eilandje zo belangrijk was?

De beroemde Engelse cartoonist David Low draaide in 1943 de rollen om met zijn cartoon 'Fog in the Channel'. Daarop is te zien hoe veldmaarschalk Gerd von Rundstedt, de Duitse opperbevelhebber in West-Europa, aan de rand van het Kanaal gespannen met een verrekijker de dichte mist in tuurt om te zien of er een Geallieerde invasie op komst is. Churchill en zijn voorganger Neville Chamberlain hadden ervoor kunnen kiezen om het Europese vasteland aan Hitler te laten en zich – conform het Global Britain van de Brexiteers – te richten op het toenmalige Britse Rijk, maar dat deden ze niet.

Churchill was ook degene die in juni 1940 na het echec van Duinkerke in zijn beroemde '*We shall fight on the beaches*'-toespraak de bevrijding van Europa als einddoel benadrukte. Hij wist namelijk maar al te goed dat het wel en wee van het Verenigd Koninkrijk al eeuwenlang onlosmakelijk verbonden was met de rest van Europa. Als er één ding is dat het verleden uitwijst, dan is het dat het eiland in werkelijkheid minder afgezonderd is van het vasteland dan veel Britten vaak denken.

Allianties vormen namelijk een constante in de Britse geschiedenis. De Engelsen claimen trots dat Willem de Veroveraar in 1066 de laatste was die Groot-Brittannië wist te veroveren. Maar dat is vooral te danken aan de grote Engelse bemoeienis met het Europese vasteland. Om te voorkomen dat een Europese mogendheid machtig genoeg werd om zich te kunnen wijden aan een invasie van Groot-Brittannië, stortten de Engelsen zich in wisselende coalities in een bijna eindeloze reeks oorlogen.

Het machtige Britse Rijk had ook Europese wortels, want het werd geboren uit de obsessie met de Europese machtsbalans. Koloniale bezittingen gaven de Britten de financieel-economische armslag om hun maritieme macht op te bouwen en – belangrijker nog – de landlegers van hun bondgenoten in diverse coalitieoorlogen te financieren. In de beide wereldoorlogen vochten miljoenen soldaten uit andere delen van het Britse Rijk mee aan het front in Europa.

Al die oorlogen leidden tot verhitte discussies in het Britse Lagerhuis. Er waren vanaf het begin parlementariërs die vonden dat het Verenigd Koninkrijk zich terug moest trekken achter de houten – en later stalen – 'muren' van de Royal Navy, en Europa aan haar lot moest overlaten. Toch trokken voorstanders van inmenging in Europese zaken meestal aan het langste eind, want juist op die momenten dat de Britten zich daadwerkelijk afkeerden van Europa kwamen ze in het nauw. De eilandnatie kon het simpelweg niet in zijn eentje. *Splendid isolation* is een mythe.

Na de val van Frankrijk in juni 1940 tekende David Low de cartoon 'Very well, alone', waarop een Britse soldaat aan de rand van het Kanaal een vuist opheft tegen Duitse bommenwerpers die naderen boven donkere golven. Maar gelukkig voor de Britten stonden ze er ook in de Tweede Wereldoorlog niet alleen voor. Dankzij Amerikaanse en vooral Russische oorlogsinspanningen werd Hitler verslagen.

Maar de Tweede Wereldoorlog had een zware wissel getrokken op het Verenigd Koninkrijk. Churchill en zijn opvolgers fantaseerden aanvankelijk nog over een wereld verdeeld in drie machtsblokken: de Verenigde Staten, de Sovjet-Unie en het Britse Rijk. Maar door de dekolonisatie en de opbouw van de Britse welvaartsstaat bleek dat een onhaalbare kaart. De bodem van Britse schatkist was bereikt. Net als de rest van West-Europa zocht het Verenigd Koninkrijk bescherming in de door de Amerikanen geleide NAVO. In zekere zin was dat echter een voortzetting van de aloude coalitiepolitiek, ditmaal tegen de dreiging van de Sovjet-Unie als dominante macht op het Europese vasteland.

Churchill ontpopte zich tot een voorvechter van Europese samenwerking. Hij stond aan de wieg van de in 1949 opgerichte Raad van Europa, in zekere zin de wegbereider van de huidige Europese Unie. Deelname aan de Europese samenwerking was echter een brug te ver. De Britten zetten hun geld op handel met wat er nog resteerde van het Britse Rijk. Pas toen de lidstaten van de Europese Gemeenschappen dankzij hun interne markt het economisch stagnerende Verenigd Koninkrijk ver achter zich lieten, dienden de Britten een lidmaatschapsaanvraag in.

Dat was een logisch besluit, want de handel met het Europese vasteland was al sinds de vroegste geschiedenis van levensbelang geweest voor de Britse eilanden. Zelfs tijdens de hoogtijdagen van het Britse Rijk was dat slechts goed voor een derde van alle handel die het Verenigd Koninkrijk dreef. Alleen direct na de Tweede Wereldoorlog was dat dankzij de verwoestingen op het Europese vasteland kortstondig anders geweest.

Toen de Europese samenwerking vanaf het einde van de Koude Oorlog in een stroomversnelling terechtkwam, kozen de Britten er meer dan eens voor om tegen de stroom in te roeien. Het Verenigd Koninkrijk wist voor zichzelf op cruciale punten – zoals grenscontroles en deelname aan de eurozone – 'opt-outs' binnen te slepen. Juist waar de Europese Unie het hechtst verbonden was, bleven de Britten aan de zijlijn toekijken.

Tegelijkertijd bracht het EU-lidmaatschap het Verenigd Koninkrijk economische bloei. Vóór de Brexit vond meer dan de helft van de Britse handel plaats binnen de EU. Het waren dan ook vooral de Britten geweest die zich onder aanvoering van de Conservatieve premier Thatcher hard hadden gemaakt voor de Europese interne markt zonder binnengrenzen waarin het vrij verkeer van goederen, personen, diensten en kapitaal is gewaarborgd.

Samen met de andere lidstaten hebben de Britten de EU gemaakt tot wat ze nu is.

Het door de Brexiteers opgeroepen angstbeeld van een allesoverheersende Europese superstaat komt dan ook helemaal niet overeen met de werkelijkheid. Het proces van Europese integratie was na de Tweede Wereldoorlog juist een reddingsboei voor de natiestaten van Europa. Na de verwoestingen van de oorlog en het verlies van hun koloniale rijken vonden zij een nieuwe economische basis en politieke relevantie in de groeiende Europese samenwerking. En dat gold in 1973 uiteindelijk ook voor het Verenigd Koninkrijk. Maar voor de Brexiteers was dat allemaal niet genoeg. De heimwee naar de grandeur van het verloren Britse Rijk was nog te groot, en daar moest alles voor wijken. Ook al is én was de economische realiteit anders.

Dat het beloofde Empire 2.0 niet van de grond wil komen, komt ook doordat de meeste Britten een veel te rooskleurig beeld hebben van de geschiedenis van het Britse Rijk. Na de overdracht van de Britse kroonkolonie Hongkong aan de Volksrepubliek China in 1997 verzuchtte kroonprins Charles in zijn dagboek dat dat het definitieve einde van het Britse Rijk was. Het afscheid van het rijk was een pijnlijk proces geweest en veel Britten hadden de hele koloniale ervaring daarom verdrongen.

Maar het sluiten van het boek maakte de weg vrij voor een herwaardering. In zijn bestseller en gelijknamige televisieserie *Empire* bezong de Britse historicus Niall Ferguson in 2003 de zegeningen van het Britse Rijk. Ferguson schreef trots dat het Britse Rijk het grootste in de geschiedenis van de mensheid was en dat de wereld van vandaag voor een groot deel gevormd is tijdens de hoogtijdagen van het rijk. De wereldwijde verspreiding van communicatienetwerken, de Engelse taal, kapitalisme, vrijhandel, liberalisme en de parlementaire democratie waren allemaal te danken aan driehonderd jaar Britse expansie. De ondertitel van het boek luidde dan ook: *How Britain made the modern world*.

Het beeld dat Ferguson schetst in *Empire* is ook het beeld dat Michael Gove wilde uitdragen met zijn nationale geschiedeniscurriculum. Brexiteers koesterden het idee dat het Verenigd Koninkrijk zijn historische roeping als een 'grote handelsnatie' weer zou oppakken en weer een leidende rol in de wereld zou spelen. Maar in hun liefdesbetuigingen aan vrijhandel en de andere giften die het Britse Rijk aan de wereld schonk, vergaten ze al dan niet moedwillig dat het rijk vooral ook een imperialistische onderneming was.

De grote handelsnatie was gebouwd op militaire macht. De Britten werden niet met open armen ontvangen, maar veroverden gewapenderhand de wereldmarkt. Onder aanvoering van gouverneur Robert Clive trok de East India Company ten strijde toen de privileges van de Britse handelsposten in India in gevaar kwamen en dat resulteerde uiteindelijk in de Britse heerschappij over India. De Britten grepen een Chinese poging om de Britse opiumhandel te stoppen aan om met geweld de Chinese markt open te breken. Ze kregen Hongkong in handen als gevolg van deze Eerste Opiumoorlog.

Bij de overdracht aan China in 1997 zei de Chinese president Jiang Zemin tegen de Britse premier Tony Blair dat dit een kans bood om het pijnlijke koloniale verleden achter zich te laten. Blair schreef later in zijn autobiografie dat hij 'in die tijd slechts een vaag beeld had van wat dat verleden eigenlijk inhield'. Diezelfde Britse onwetendheid ten aanzien van de negatieve kanten van het Britse Rijk leidde bij de Brexiteers tot overmoedigheid. Zij dachten met gemak oude banden aan te kunnen halen in een wereld waar Brittannia niet langer economisch en militair heerst over de golven. Maar in de landen die ooit tot het Britse Rijk behoorden – en waarop de Brexiteers hun hoop op een Global Britain hebben gevestigd – is men het Britse imperialisme en de gevolgen ervan absoluut nog niet vergeten.

Het boek *Inglorious Empire* van de Indiase politicus Shashi Tharoor is wellicht het beste voorbeeld van het diametraal tegenovergestelde beeld dat voormalige onderdanen hebben van de geschiedenis van het Britse Rijk. Tharoor betoogt dat de groei van het Britse wereldrijk werd gefinancierd door uitbuiting van India. Volgens hem bedroeg het Indiase aandeel in de wereldeconomie vóór de komst van de Britten 23 procent – meer dan heel Europa bij elkaar – en was daar na het vertrek van de Britten in 1947 nog amper 4 procent van over. Tharoor wijst daarnaast het Britse economische beleid aan als hoofdoorzaak van de meer dan 30 miljoen doden die er tijdens het Britse koloniale bewind zijn gevallen als gevolg van een aantal grote hongersnoden. Tot slot sleepten de Britten de bevolking van India aan de haren mee in de Eerste en Tweede Wereldoorlog.

Tharoor maakt gehakt van alle Britse noties dat hun koloniale onderneming niet was gedreven door een combinatie van avonturisme, hebzucht en machtshonger, maar een beschavingsmissie was om recht, orde en vrijhandel over de wereld te verspreiden. Zo waren de in Britse reisprogramma's zo bejubelde spoorwegen in India volgens Tharoor vooral bedoeld om de economische exploitatie te vergemakkelijken. Hedendaagse Britse claims dat zij democratische instellingen over de wereld hebben verspreid acht hij pompeus na driehonderd jaar van koloniale onderdrukking. India werd pas na het vertrek van de Britten een democratie en dat gold ook voor veel andere voormalige Britse koloniën.

Wanneer de Britten terugkijken op de hoogtijdagen van het Britse

Rijk zien ze vooral praktische zaken zoals een goed functionerend bestuursapparaat en grote vooruitgang op het gebied van communicatie, infrastructuur, onderwijs, gezondheidszorg en landbouw. Maar hun voormalige onderdanen zien vooral waar dat in de praktijk in resulteerde: uitbuiting, honger, racisme, slavenhandel, geweld, oorlogen en het gebruik van gifgas tegen wat Churchill 'onbeschaafde volkeren' noemde.

Tharoors visie op het Britse Rijk is zeker niet uniek. In Afrika, het Midden-Oosten en Azië hebben mensen bij de 'historische en culturele banden' met het Verenigd Koninkrijk heel andere connotaties dan een groot deel van het Britse politieke establishment. Het is een schril contrast met de uitspraak van voormalig minister van Buitenlandse Zaken Liam Fox dat het Verenigd Koninkrijk 'een van de weinige landen in de Europese Unie is die zich niet hoeft te schamen voor zijn twintigste-eeuwse geschiedenis'. En het helpt niet als iemand als voormalig premier Boris Johnson dat beeld bevestigt met uitspraken als dat het probleem met Afrika vandaag de dag 'niet is dat we er ooit de baas waren, maar dat we er niet meer de baas zijn'.

Johnsons uitspraak is een extreme uitvergroting van het postkoloniale messianisme dat Britse regeringen na de Tweede Wereldoorlog dreef tot militair ingrijpen in bijvoorbeeld Egypte in 1956 en in de eenentwintigste eeuw in Afghanistan, Irak en Libië. Want het Britse Rijk mag dan verleden tijd zijn, de manier waarop de Britten de internationale betrekkingen bekijken is niet echt wezenlijk veranderd. Britse politici zien nog steeds een unieke rol voor zichzelf in de wereld, ook al ziet een heel groot deel van de wereld dat heel anders. Sinds het verlies van het Britse Rijk houdt het Verenigd Koninkrijk angstvallig vast aan de status van grootmacht. Maar het zou helpen de wereld te bekijken door de ogen van opkomende grootmachten als India en China, landen die ooit door de Britten zijn gekoloniseerd of verslagen en die begrijpelijkerwijs ambivalente gevoelens koesteren over het Verenigd Koninkrijk.

Voor het antwoord op de vraag waarom het Britse zelfbeeld niet in overeenstemming is met het beeld dat de rest van de wereld ervan heeft, moeten we terug naar de dichte mist in het Kanaal en de cartoons van David Low. De Tweede Wereldoorlog heeft namelijk de hoofdrol overgenomen van het Britse Rijk in het Britse nationale geschiedverhaal. Vóór de oorlog was de opbouw van hun wereldrijk de belangrijkste verhaallijn, denk vooral ook aan *Our Island Story*, maar nu is dat – net zoals in veel andere landen – de overwinning op de nazi's.

Het was voor de Britten een geluk bij een ongeluk dat het verlies van het Britse Rijk samenviel met de victorie in de Tweede Wereldoorlog. Die overwinning in een strijd tussen goed en kwaad verzachtte de klap van het uiteenvallen van hun wereldrijk. Daarom is het jaar 1945 in het Britse geheugen gegrift en niet het jaar 1947, toen India – de parel in de Britse koloniale kroon – onafhankelijk werd.

En het gaf de Britten de kans om zichzelf een nieuw zelfbeeld aan te meten als voorvechters van vrijheid en dappere underdogs in plaats van als imperialistische onderdrukkers. De stuntelende reservisten uit de eindeloos herhaalde tv-serie *Dad's Army* zijn natuurlijk veel sympathieker dan de brute Britse soldaten en kille koloniale ambtenaren die het Britse Rijk vestigden en onder de duim hielden.

HISTORY RECLAIMED

Als minister van Onderwijs had Michael Gove gelijk dat hij de schijnwerper op het Britse koloniale verleden wilde zetten. Want dat is nog steeds onderbelicht. Ondanks de drieslag Britse, lokale en wereldgeschiedenis in het huidige leerplan voor schoolleerlingen ligt de nadruk vooral op Britse politieke geschiedenis en de ontwikkeling van de parlementaire democratie. De interactie van de Britten met de rest van de wereld bestaat in lesboeken voornamelijk uit oorlogen tegen tirannen als Napoleon en Hitler. Het Britse Rijk is in de praktijk een ondergeschoven kindje in het geschiedenisonderwijs, en dat geldt al helemaal voor de negatieve aspecten van het Britse koloniale avontuur.

Uit recent onderzoek blijkt dat slechts één op de tien schoolleerlingen bij het eindexamen kiest voor modules over het Britse Rijk. Vergelijkbare percentages komen uit de bus bij onderzoeken naar de aandacht die tijdens geschiedenislessen gaat naar koloniale zwarte bladzijden als uitbuiting en slavernij. Opiniepeilingen geven niet alleen aan dat veel Britten positief denken over het Britse Rijk, maar ook dat ze geen idee hebben hoe dat in elkaar stak of wie iemand als Robert Clive was. Premier Tony Blair was in 1997 met zijn vage beeld van het koloniale verleden bepaald geen uitzondering. Veel Britten hebben nostalgische gevoelens voor een rijk dat ze zich nauwelijks herinneren en waarvan ze bijna niets weten.

Dat was overigens ook al zo tijdens de hoogtijdagen van het Britse Rijk. De overheid getroostte zich grote moeite om het onder de aandacht brengen van de bevolking van Groot-Brittannië met initiatieven als de nooit echt populair geworden Empire Day. De gewone Brit was simpelweg niet geïnteresseerd in wat er ver van huis gebeurde. Natuurlijk werd het Britse Rijk in een positief daglicht geplaatst. De Britten klopten zich op de borst dat ze in 1833 als eersten de slavernij afschaften, maar lieten buiten beschouwing hoeveel ze daar in de voorgaande decennia mee hadden verdiend.

Dit soort duistere kanten van de koloniën bleven onbesproken. Een onderzoekscommissie concludeerde in 2012 dat duizenden pagina's belastend archiefmateriaal over de nadagen van het Britse Rijk waren vernietigd of onterecht achter slot en grendel waren opgeborgen. Tot een verwerking van het verleden, zoals in het naoorlogse Duitsland, kwam het nooit. De Britten zagen ook geen noodzaak om in het reine te komen met hun verleden, want ze waren immers als overwinnaar uit de Tweede Wereldoorlog tevoorschijn gekomen.

Die oorlog is ook veel eenvoudiger te begrijpen dan het complexe verhaal van het Britse Rijk. De Tweede Wereldoorlog duurde de Britten zes jaar en zij stonden aan de goede kant. Het koloniale avontuur is daarentegen niet samen te vatten in een simpele formule. Het duurde eeuwen, strekte zich uit over de hele wereld, kent meerdere episodes en lagen, en er is – zeker vanuit Brits oogpunt – geen eenduidig moreel oordeel over te vellen. En hoewel het Britse Rijk van de wereldkaart verdwenen is, werkt het nog steeds door in de Britse geest. De schaduw van het verloren rijk hangt nog steeds over de Britse politiek en maatschappij.

De geschiedenis van het Britse Rijk heeft zich inmiddels ontpopt tot splijtzwam in de Britse samenleving. Goves poging om aan de hand van de Britse geschiedenis gevoelens van trots aan te wakkeren en het selectieve en eenzijdige positieve beeld van het Britse Rijk dat werd neergezet in de *Leave*-campagne hebben onbedoeld geleid tot meer aandacht voor zwarte bladzijden in de Britse geschiedenisboeken. Na de Black Lives Matter-demonstraties in 2020 is dit proces in een stroomversnelling terechtgekomen. Mensen die zich niet herkennen in het rooskleurige beeld van het Britse verleden – voor een belangrijk deel afkomstig uit migrantengemeenschappen met wortels in voormalige Britse koloniën – laten luidkeels van zich horen. Ze eisen 'dekolonisatie' van de geschiedenis en trekken alvast standbeelden van omstreden historische figuren als slavenhandelaar Colston omver.

Maar in plaats van de discussie aan te gaan over de verwerking van het verleden heeft de Conservatieve Partij stelling genomen en zich opgeworpen als verdediger van het dominante beeld van de geschiedenis. Voor de rechtervleugel van de partij staat dekolonisatie gelijk aan wat Gove 'de vernieling van ons verleden' noemde. En omdat de geschiedenis het fundament vormt van de Britse identiteit, ligt ook die onder vuur. Commentaar op de kwalijke aspecten van de Britse geschiedenis wordt daarom aan de rechterkant van het politieke spectrum weggezet als 'anti-Brits'.

En dat is een welbewuste electorale keuze. Nu de Brexit vooralsnog niet de sociaaleconomische zegeningen heeft gebracht die de *Leave*-campagne de kiezers in het vooruitzicht stelde, zetten de Conservatieven in op de onderliggende nationalistische boodschap die hun bij het Brexit-referendum in 2016 en ook bij de Lagerhuisverkiezingen in 2019 een meerderheid opleverde. Toen was het Brussel dat de rol van boeman speelde, maar na het vertrek van het Verenigd Koninkrijk uit de Europese Unie zijn dat anti-Britse activisten, historici, musea en journalisten. Die zouden zijn doorgeslagen in hun politieke correctheid en streven naar een cancelcultuur van zelfcensuur. De Conservatieven werpen zich op als voorstanders van vaderlandsliefde, traditie en gezond verstand.

De Britse geschiedenis is het belangrijkste slagveld in deze cultuuroorlog. Conservatieve politici en denktanks verzetten zich sinds de Black Lives Matter-demonstraties met hand en tand tegen initiatieven om de Britse geschiedenis te dekoloniseren, zoals het aanpassen van de namen van straten, scholen en publieke gebouwen. Toen de BBC in 2020 overwoog om het zingen van 'Rule Britannia' te schrappen bij de laatste nacht van de Proms brak een storm van protest los, waarbij ook premier Boris Johnson zich niet onbetuigd liet. Volgens hem was het onmogelijk 'ons verleden te bewerken of te censureren'.

Minister van Cultuur Oliver Dowden waarschuwde musea dat zij moesten vrezen voor hun subsidies wanneer zij controversiële objecten zouden verwijderen uit hun exposities. En hij riep erfgoedorganisaties als de National Trust en Historic England – die kritische rapporten publiceerden over het Britse slavernijverleden – op 'onze cultuur en onze geschiedenis te verdedigen tegen een luidruchtige minderheid van activisten die constant proberen om Groot-Brittannië neer te halen'. Persoonlijk wilde Dowden zich vastketenen aan het standbeeld van zeeheld Nelson op het Londense Trafalgar Square om te voorkomen dat het verwijderd zou worden, ook al had niemand opgeroepen om het standbeeld daadwerkelijk omver te halen.

Johnson wierp zich daarnaast op als verdediger van het standbeeld van Winston Churchill bij het Lagerhuis. Dat was volgens hem een 'permanente herinnering aan zijn fenomenale prestatie om dit land – en heel Europa – te redden van een fascistische en racistische tirannie'. Maar Churchill had totaal geen bezwaren tegen het binnenvallen en bezetten van andere landen door de Britten zelf.

In zijn lange politieke carrière toonde de grootste Brit aller tijden zich een hartstochtelijke voorvechter van het Britse Rijk en daar moest alles voor wijken. Churchill was fel gekant tegen de onafhankelijkheid van India en vond Mahatma Gandhi een 'kwaadaardige subversieve fanaticus'. Rond 1900 steunde hij tijdens de Tweede Boerenoorlog in Zuid-Afrika de tactiek van de verschroeide aarde en de bouw van concentratiekampen, wat duizenden mensen het leven kostte. Als oorlogspremier liet hij in 1943 voedselhulp van India naar Groot-Brittannië verschepen, een keuze die bijdroeg aan een hongersnood die leidde tot de dood van drie miljoen mensen.

In de herinnering aan de heldhaftige Churchill zijn die donkere feiten op de achtergrond geraakt en als het aan Johnson en andere Conservatieve politici ligt, dan blijft dat zo. Net als een groot deel van de Britten koesteren zij liever een rooskleurig beeld van Churchill en de rest van de Britse geschiedenis. Ze geloven maar al te graag in een ongecompliceerde geschiedenis, waarin het Verenigd Koninkrijk en haar leiders zich onberispelijk hebben gedragen. Johnson en de zijnen koesteren zich liever in de glorie van hun sigaren rokende held dan zich echt te verdiepen in zijn leven.

Integendeel: Policy Exchange, ooit door *The Daily Telegraph* beschreven als 'de grootste en invloedrijkste rechtse denktank' en in 2002 mede opgericht door Michael Gove, runt een History Matters Project dat iedere 'woke' wijziging van het Britse koloniale verleden bijhoudt vanwege 'de wijdverbreide nationale bezorgdheid over de groeiende trend om de geschiedenis en het erfgoed te veranderen zonder een eerlijk proces'. Het achterliggende idee is dat de geschiedenis gered moet worden uit de handen van kwaadwillenden.

Uit het History Matters Project vloeide daarom in september 2021 de website History Reclaimed voort. Die biedt een podium aan een breed scala historici van conservatieve signatuur, zoals Robert Tombs, David Abulafia en Niall Ferguson. In het oprichtingsmanifest zegt de groep te staan voor onafhankelijk wetenschappelijk historisch onderzoek en te streven naar een 'gedeelde geschiedenis', die een democratische samenleving 'eigenwaarde en een gevoel van een gemeenschappelijk doel' geeft. Dat alles zou worden ondermijnd door campagnes om de geschiedenis te herschrijven van historici en activisten die alleen de negatiefste interpretaties van het verleden omarmen als 'nieuwe orthodoxie'.

History Reclaimed stelt zich op het lovenswaardige standpunt dat de geschiedenis uit vele stemmen bestaat en dat die een zorgvuldige interpretatie van complexe bewijzen vereist. De groep wil 'vertekening van het verleden aanvechten en context, uitleg en evenwicht bieden in een publiek debat waarin veroordeling te vaak de voorkeur krijgt boven begrip'. Maar wie vervolgens gaat grasduinen in de artikelen op de website ziet dat de auteurs vooral de loftrompet steken over het Britse Rijk en dat ze kritiek daarop – in welke vorm dan ook – fel veroordelen, vaak omdat die academisch zou rammelen. Racisme, onderdrukking en slavernij worden impliciet vergoelijkt.

De geschiedenis die History Reclaimed verdedigt is dus verre van gedeeld. De groep staat samen met bondgenoten in de Conservatieve Partij en rechtse media in de loopgraven van de cultuuroorlog en maakt zich op grond van een propagandistische kijk op het verleden hard voor een tweedeling in de Britse samenleving tussen vaderlandslievende en 'anti-Britse' groepen. Misschien is de beste kritiek op het project wel terug te vinden in het oprichtingsmanifest. 'Tendentieuze en zelfs flagrant onjuiste interpretaties van de geschiedenis zorgen voor verdeeldheid, wrok en zelfs geweld. Dit is schadelijk voor de democratie en voor een vrije samenleving.'

Helaas is het Verenigd Koninkrijk niet de enige democratische vrije samenleving waarin een cultuuroorlog wordt uitgevochten met de geschiedenis als slagveld. Wereldwijd – van de Verenigde Staten tot India – dingen populistische politici naar de hand van de kiezer door in te spelen op nostalgische sentimenten. Ze werpen zich op als verdedigers van een rooskleurig verleden dat onder vuur ligt van activisten en hun academische handlangers, die erop uit zouden zijn om gevoelens van trots en saamhorigheid, en de nationale identiteit te ondermijnen.

MANIPULATIE, OPHITSING EN REVISIONISME

'Links heeft het Amerikaanse verhaal vertekend, vervormd en verontreinigd met bedrog, onwaarheden en leugens,' aldus de Amerikaanse president Donald Trump tijdens de Conference on American History in september 2020 in het Nationaal Archief te Washington. Hij kondigde een nationale commissie aan die 'anti-Amerikaans historisch revisionisme', 'kritische rassentheorie', 'aanhangers van de cancelcultuur' en 'vlaggen verbrandende menigtes' moest gaan bestrijden door het bevorderen van 'patriottistisch onderwijs'. De ironie dat in Rusland en China onder deze noemer al sinds jaar en dag nationalistische propaganda wordt verspreid, leek de president volledig te ontgaan.

De '1776-commissie' die Trump in het leven riep was vernoemd naar het jaar van de Amerikaanse Onafhankelijkheidsverklaring. De commissie kwam daarmee lijnrecht tegenover het '1619-project' van *The New York Times* te staan. Het jaartal 1619 in dat project verwijst naar het jaar waarin de eerste Afrikaanse slaven in Amerika werden ontscheept en verkocht. Het project van de vermaarde krant heeft als doel de slavernij centraal te stellen in de nationale geschiedenis van de Verenigde Staten. Daar is van alles op aan te merken en dat is door diverse historici ook gebeurd, maar Trump koos frontaal de aanval: 'Dit project herschrijft de geschiedenis om onze kinderen te leren dat ons land is gebaseerd op het principe van onderdrukking, niet op vrijheid.'

Volgens Trump zou de 1776-commissie Amerikaanse docenten gaan 'aanmoedigen onze leerlingen te onderwijzen in het wonder van de Amerikaanse geschiedenis'. Na een hete zomer vol Black Lives Matter-demonstraties was Trump niet van plan om het slavernijverleden een prominentere plaats te geven in het Amerikaanse historische bewustzijn. In reactie op activisten die standbeelden van slaveneigenaren omver wilden halen, kondigde Trump juist een Nationale Tuin van Amerikaanse Helden aan, waarin standbeelden moesten komen van de 'grootste Amerikanen die ooit hebben geleefd'. Zo zouden ook jongeren volgens Trump leren 'van Amerika te houden, met hun hele hart en ziel'.

In november 2020 zouden de Amerikanen naar de stembus gaan voor de Amerikaanse presidentsverkiezingen en de campagne was in volle gang toen Trump zijn plannen voor de 1776-commissie aankondigde. De president stond er op dat moment niet al te best voor in de peilingen. Hij hoopte met de commissie te kunnen voortborduren op het succes van zijn 'Make America Great Again'-campagne van vier jaar eerder. Die speelde meesterlijk in op de door Republikeinse politici en rechtse media als *Fox News* aangezwengelde ontevredenheid bij witte conservatieve christenen over de politieke en sociaaleconomische richting waarin de Verenigde Staten zich had ontwikkeld. Onder Trumps Republikeinse achterban leefde sterk het gevoel dat Amerika sinds de jaren vijftig alleen maar bergaf was gegaan.

Make America Great Again speelde in op deze nostalgische sentimenten. Trump deed het voorkomen of hij de tijd terug zou kunnen draaien en ging eraan voorbij dat de Verenigde Staten in de tussenliggende decennia toch echt onherroepelijk was veranderd. Zijn plannen om de zogeheten Rust Belt in de Amerikaanse Midwest – ooit de economische motor van het land, maar nu verouderd en in onbruik geraakt – nieuw leven in te blazen door strenge milieuwetgeving terug te draaien, waren vooral ingegeven door nostalgie en electorale overwegingen. Economisch was het geen verstandig besluit, maar foto's van Trump tussen de mijnwerkers leverden het ideale beeldmateriaal bij zijn belofte van het herstellen van Amerika's grootsheid.

Tijdens zijn tumultueuze presidentschap bleek Trump die belofte toch niet waar te kunnen maken en met de verkiezingen in aantocht leek een cultuuroorlog met het geschiedenisboek in de hand tegen 'links Amerika' – de door de president gehate krant *The New York Times* voorop – de ideale manier om de inmiddels verdeelde Republikeinse achterban achter zich te verenigen. Het mocht uiteindelijk niet baten: Trump verloor de presidentsverkiezingen van de Democratische kandidaat Joe Biden.

Trumps 1776-commissie presenteerde twee dagen voor Bidens inauguratie het 45 pagina's tellende '1776-rapport', dat pretendeerde 'het definitieve verhaal van de stichting van Amerika' te vertellen. Amerikaanse historici namen er massaal afstand van en fileerden het sterk politiek gekleurde rapport vol onjuistheden, dat precies concludeerde waartoe Trump opdracht had gegeven. Net als Goves gedroomde Britse geschiedeniscurriculum reduceerde het 1776-rapport het geschiedenisonderwijs tot heldenverering, zonder kritische kanttekeningen.

Een van de eerste dingen die Biden deed na zijn aantreden als president was het opheffen van de 1776-commissie. Het rapport van de commissie verdween direct van de website van het Witte Huis. Maar dat wil zeker niet zeggen dat de strijd om de Amerikaanse geschiedenis is gestreden. Trumps achterban en conservatieve media en politici smulden van het omstreden rapport, dat hun denkbeelden bevestigde. Het rapport mag dan in de prullenbak zijn verdwenen, het geeft wel perfect weer hoe het aartsconservatieve deel van Amerika denkt over de eigen geschiedenis. Conservatieve Amerikanen zijn vervuld van het *manifest destiny,* de voorbestemming van de vrije en onafhankelijke Verenigde Staten om grootmacht te worden en als lichtend voorbeeld te dienen voor de idealen van liberalisme en vrijhandel. Zwarte bladzijden passen niet in dat verhaal.

De rechtervleugel van de Republikeinse partij maakt zich daarom nog steeds hard voor het – om Gove te citeren – 'juiste' geschiedenisonderwijs op Amerikaanse scholen, en wil 'progressieve' ideeën over het Amerikaanse verleden de deur wijzen. Het dossier ligt panklaar voor de verkiezingscampagne van een volgende Republikeinse presidentskandidaat. Bovendien past het perfect in een al decennia durende politieke campagne om conservatieve normen en waarden te behouden óf terug te winnen. Het 1776-rapport en het besluit van het Amerikaanse Hooggerechtshof in juni 2022 om een eind te maken aan het landelijk recht op abortus maken deel uit van één en dezelfde politieke agenda.

In Hongarije en Polen volgen Viktor Orbán en Jaroslaw Kaczynski in zekere zin hetzelfde script. Ook zij verdedigen met het geschiedenisboek in de hand de traditionele normen en waarden en werpen zich op als de hoeders van de nationale identiteit. Hun electorale successen, de uitslag van het Brexit-referendum en het presidentschap van Trump vormen een inspiratiebron voor rechtse populistische politici in heel Europa. Zij bepleiten – Gove indachtig – meer aandacht en trots voor het nationale verleden, verzetten zich tegen kritiek op donkere episodes uit dat verleden en houden hun kiezers zelfs een terugkeer naar een gouden tijd voor.

In Frankrijk was die gouden tijd de *Trente Glorieuses* (1946-1975), toen de levensstandaard in heel Frankrijk snel steeg en er een omvangrijk stelsel van sociale zekerheid werd opgetuigd. Die dertig jaar worden nu niet alleen geroemd om hun economische en sociale verworvenheden, maar worden ook vaak gezien als het toonbeeld van nationale eenheid en optimisme. De Trente Glorieuses omvat ook de periode tussen 1959 en 1969, waarin Charles de Gaulle als president aan het roer stond. De man die in 2005 werd verkozen tot *Le Plus Grand Français de tous les temps* ('De grootste Fransman aller tijden') belichaamt nog steeds de Franse identiteit en wordt vaak door politici van links tot rechts aangehaald om een punt te maken, net zoals dat in het Verenigd Koninkrijk gebeurt met Winston Churchill. Hoewel er genoeg aan te merken valt op de Trente Glorieuses en De Gaulle vertegenwoordigen ze voor veel Fransen toch een beter, eerlijker en ambitieuzer Frankrijk. Niet voor niets liet president Emmanuel Macron zich voor zijn officiële presidentiële portret vastleggen met de memoires van De Gaulle op zijn bureau (en maar liefst twee iPhones om tegelijkertijd zijn blik op de toekomst te tonen).

Het extreemrechtse Rassemblent National (Nationaal Samenwerkingsverband) van Marine Le Pen gaat – net als veel andere populistische partijen in Europa – nog een stapje verder en houdt de Fransen een mythisch tijdperk voor, waarin het leven in hechte plattelandsgemeenschappen nog simpel en puur was, het onbedorven, 'echte' Frankrijk. Dat Frankrijk was in de ogen van het Rassemblent National etnisch homogeen en had traditionele normen en waarden hoog in het vaandel staan. Het staat daarmee lijnrecht tegenover het hedendaagse Frankrijk waar de etnische diversiteit nog steeds groeit. Maar het sluit wel aan bij het feit dat bijna de helft van de Fransen denkt dat het leven vroeger beter was voor mensen zoals zij. Marine Le Pen is er niet voor niets al twee keer op rij in geslaagd om door te dringen tot de tweede ronde van de Franse presidentsverkiezingen.

Aan de rechterzijde van het Franse politieke spectrum vallen ook extremere nostalgische sentimenten te horen van Fransen die terugverlangen naar de tijd dat hun land nog een koloniale wereldmacht was en met name rouwen om het verlies van Algerije, conservatieve katholieken, ultra-nationalisten en zelfs van lieden die van mening zijn dat het collaborerende Franse Vichy-regime in de Tweede Wereldoorlog weinig te verwijten viel. In de Franse presidentsverkiezingen van 2022 leek de publicist Eric Zemmour aanvankelijk veel stemmen binnen te gaan halen met het vertolken van dit historisch revisionisme. Hij herschreef de Franse geschiedenis volgens het cynische recept van Poetin om gevoelens van rancune op te wekken bij de kiezer.

De Fransen konden in het stemhokje dus niet alleen kiezen tussen kandidaten met uiteenlopende economische, fiscale of sociale plannen, maar ook tussen radicaal verschillende visies op de normen en waarden én de geschiedenis van Frankrijk. Die speelde dan ook een grote rol in de verkiezingscampagne. Macron trapte die van hem af met een bezoek aan Vichy om de door het Vichy-regime gedeporteerde Joden te herdenken. Bij die gelegenheid zei hij dat Vichy 'ons herinnert aan een verleden dat we beter met respect kunnen behandelen en bestuderen. We moeten historici op basis van historisch bewijsmateriaal en documenten een waarheidsgetrouw verhaal laten neerzetten in plaats van onze toevlucht te nemen tot manipulatie, ophitsing en revisionisme.'

Van rechterzijde kreeg Macron tijdens de campagne juist het verwijt dat hij de Franse geschiedenis – en daarmee ook de Franse nationale identiteit – in de uitverkoop deed. Toen op 1 januari 2022 in het kader van het Franse EU-voorzitterschap een dag lang de Europese vlag wapperde onder de Arc de Triomphe in plaats van de Franse driekleur werd dat door Le Pen veroordeeld als 'een aanval op de Franse identiteit en een belediging aan hen die vielen voor het vaderland'. Het (geplande) terughangen van de Franse vlag werd door politiek rechts gevierd als een daverend succes.

Maar in de presidentsverkiezingen trok Macron uiteindelijk aan het langste eind. Hij behaalde in april 2022 in de tweede verkiezingsronde met 58 procent van de stemmen een overwinning op Le Pen. Dergelijke percentages weerspiegelen wel heel duidelijk de breuklijnen in de maatschappij. Desondanks hebben nostalgische nationalistische narratieven buiten het Verenigd Koninkrijk in het westen van Europa nog geen electorale successen opgeleverd. De marges zijn echter klein en het lijkt er vooralsnog niet op dat dit op korte termijn zal veranderen.

In India boekte de nationalistische Bharatiya Janata Party ('Indiase Volkspartij', BJP) van premier Narendra Modi in 2014 en 2019 wél klinkende stembusoverwinningen. Modi speelt met succes de populistische troefkaart van het hindoe-nationalisme: de zogeheten *hindutva*-theorie die de 'hindoeheid' van India benadrukt. Modi's BJP behartigt de belangen van de hindoemeerderheid in India, die zo'n 80 procent van de meer dan 1,3 miljard koppen tellende bevolking vormt. De BJP heeft de pijlen gericht op religieuze minderheden, waarbij vooral moslims het moeten ontgelden. De partij wakkert bij de hindoes angsten aan voor de moslims, die slechts 14 procent van de bevolking uitmaken. En daarvoor wordt ook de geschiedenis van India ingezet.

Het gangbare Indiase geschiedverhaal is dat het hedendaagse multiculturele India het resultaat is van migratiestromen, invasies en bekeringen. Nadat India in 1947 haar onafhankelijkheid had verkregen, benadrukten schoolboeken decennialang de onderlinge verdraagzaamheid van de verschillende bevolkingsgroepen en golden de Britten als onderdrukkers. Maar sinds de BJP aan de macht is, spant de partij zich in om de geschiedenis te herschrijven en ook het Mogolrijk en daaraan voorafgaande islamitische rijken in India af te schilderen als brute overheersers van de oorspronkelijke Hindoebevolking. Archeologisch onderzoek moet daarbij het bewijs leveren dat India vanaf de vroegste oorsprong hindoeïstisch was.

In een van zijn eerste toespraken als premier verklaarde Modi in het parlement dat de Indiase bevolking 'twaalfhonderd jaar slavenmentaliteit' moest afwerpen. Voor hindoenationalisten in het publiek behoefde dat geen nadere uitleg. Modi doelde niet alleen op de Britse koloniale overheersing, maar ook op het daaraan voorafgaande islamitische verleden van India. Sinds deze toespraak van Modi heeft de BJP daar werk van gemaakt. In nieuwe schoolboeken zijn de hoofdstukken over de islamitische rijken in India flink ingekort en de BJP onwelgevallige passages die diversiteit en verdraagzaamheid benadrukken geschrapt. In het in 2020 gepresenteerde Nationale Onderwijsbeleid heeft ook de hindutva-ideologie een plaats gekregen.

Het hindoe-nationalisme van de BJP voedt een klimaat van haat tegen moslims. De spanningen tussen hindoes en moslims nemen toe en het komt steeds vaker tot geweldsincidenten. Met de nieuwe geschiedenisboeken in de hand zouden radicale hindoenationalisten het liefste eeuwenoude moskeeën slopen om de hindoetempels die daar oorspronkelijk zouden hebben gestaan in ere te herstellen. De BJP distantieert zich weliswaar publiekelijk van anti-islamuitspraken van partijprominenten, maar Modi houdt zich opvallend stil in het debat.

Moskeeën slopen is wellicht een brug te ver voor de BJP, maar de partij wil wel openbare ruimte opschonen door de namen van steden, straten, luchthavens en musea te veranderen. Het meest in het oog springend is de grote verbouwing van het hart van Delhi. Het onder Britse koloniale overheersing gebouwde administratieve centrum krijgt een volledige make-over met nieuwe gebouwen en monumenten. Zo kunnen Modi en de zijnen na twaalfhonderd jaar de wederopstanding van de hindoeïstische beschaving van India claimen, een trotse natie die buitenlandse invasies heeft doorstaan en die een sterke leider heeft die het land naar een glorieuze toekomst zal leiden. Dat het nationalistische geschiedverhaal dat de BJP propageert is gebaseerd op wat Macron betitelde als ‘manipulatie, ophitsing en revisionisme’, deert Modi in het geheel niet.

OUR ISLAND STORY REVISITED

Terug in het Verenigd Koninkrijk loont het de moeite om *Our Island Story* er nog eens bij te pakken. Want hoewel Gove en de rest van het Conservatieve establishment in het Verenigd Koninkrijk haar kinderboek beschouwen als hun ideale geschiedenisboek, wilde Henrietta Elizabeth Marshall vooral een mooi verhaal vertellen. Of zoals ze het in het voorwoord zegt: ‘Ik moet je zeggen dat dit geen geschiedenisles is, maar een verhalenboek.’ Ze riep haar jonge lezers op het boek vooral niet naast hun schoolboeken te zetten, maar ‘helemaal aan de andere kant van de plank’ bij de avonturenromans, en sprak de hoop uit dat *Our Island Story* hen later zou stimuleren om ‘prachtige dikke geschiedenisboeken’ te lezen. ‘Word dan niet boos als je ontdekt hoeveel er is weggelaten uit dit boekje, maar bedenk dat bepaalde dingen nog te ingewikkeld waren toen je jong was,’ schrijft Marshall.

Our Island Story is dan ook helemaal niet het chronologisch logische verhaal dat veel Conservatieven zich herinneren uit hun jeugd. En het is ook geen verzameling jubelende heldenverhalen. Natuurlijk is het een verhaal uit zijn tijd en spreekt Marshall bewondering uit voor de wijze waarop de Britten van hun kleine eiland in de Atlantische Oceaan een wereldomspannend rijk hadden opgebouwd. En haar verhaal bevat stereotyperingen die nu echt niet meer door de beugel kunnen. Maar de chauvinistische toon van Conservatieve politici en media van rond 1900 ontbreekt. De Britse helden worden vooral neergezet als mensen. Admiraal Nelson is tijdens de beroemde zeeslag bij Trafalgar in 1805 vooral begaan met het lot van zijn scheepslieden. En de hertog van Wellington is er zich tijdens de Slag bij Waterloo in 1815 zeer wel van bewust dat hij met zijn multinationale leger alleen in staat zal zijn om Napoleon te verslaan wanneer de Pruisische generaal Blücher tijdig arriveert met versterkingen.

Het punt is dat er zelfs in *Our Island Story* meerdere gezichtspunten aan de orde komen en dat het – in tegenstelling tot het nationale geschiedverhaal wat veel Conservatieve politici eruit destilleren – geen eenzijdig verhaal is. En in het wel wat chauvinistische vervolg met de titel *Our Empire Story* dat Marshall drie jaar later schreef, waarschuwt ze in het voorwoord dat 'de verhalen niet allemaal glanzend zijn'. 'Hoe zou dat ook kunnen?' aldus Marshall. 'We maakten vergissingen, zijn op bepaalde momenten dwaalsporen ingeslagen en op andere momenten gestruikeld.' Het zou beter zijn als Gove en de andere Britse fans van het werk van Marshall wat meer acht hadden geslagen op wat zij daadwerkelijk heeft geschreven.

Gelukkig is er – in tegenstelling tot in landen als Rusland en China – in landen als het Verenigd Koninkrijk, de Verenigde Staten en Frankrijk ruimte voor discussie over het verleden. Lang is dat eenzijdig verteld, maar de laatste jaren hebben activisten, historici, musea en journalisten steeds vaker de schijnwerper gezet op verhalen die eerder onderbelicht bleven.

Zij mengen zich daarnaast nadrukkelijk in het publieke debat om historisch revisionisme te bestrijden. Juist Goves poging om de 'juiste' geschiedenis te onderwijzen aan schoolkinderen lokte een tegenreactie uit. En in de aanloop naar het Brexit-referendum weerspraken historici de visie op het verleden die de Brexiteers hanteerden om hun gedroomde toekomstbeeld van een *Global Britain* te bepleiten. Aan de hand van de geschiedenis van het door hem zo geprezen Britse Rijk verwees zelfs Niall Ferguson het *Empire 2.0* naar het rijk der fabelen.

De Britten kozen in 2016 uiteindelijk toch voor een vertrek uit de Europese Unie, maar tijdens de campagne voor de Franse presidentsverkiezingen in 2022 fileerde een groepje jonge historici met succes de historische leugens en verdraaiingen van de extreemrechtse presidentskandidaat Eric Zemmour. Hun bundeltje *Zemmour contre l'histoire* ('Zemmour tegen de geschiedenis') stond wekenlang hoog in de bestsellerlijst. Zemmour sneuvelde in de eerste verkiezingsronde, al moet gezegd worden dat Zemmours gedweep met Poetin zijn populariteit in Frankrijk ook geen goed deed na de Russische invasie van Oekraïne.

De afgelopen jaren heeft zich in veel landen een kentering voorgedaan: het hameren op een eenzijdig al dan niet vertekende visie op het verleden heeft de interesse voor een afgewogen en breder beeld van de geschiedenis aangewakkerd. De Black Lives Matter-demonstraties vormden een omslagpunt, maar ook het feit dat op nostalgische sentimenten gestoelde verkiezingsbeloftes niet werden waargemaakt speelt mee. In recente peilingen in het Verenigd Koninkrijk geeft meer dan driekwart van de ondervraagden aan dat zij willen dat scholen meer aandacht moeten besteden aan de geschiedenis van het Britse Rijk inclusief het slavernijverleden. Zelfs Boris Johnson vraagt zich inmiddels af of het niet beter en eerlijker zou zijn om kinderen de context mee te geven en zowel de goede als de slechte kanten uit te lichten in de carrière van Churchill.

Tegelijkertijd is er nog een lange weg te gaan. Polen, Hongarije, Turkije en India zijn weliswaar democratieën, maar de regerende conservatief-nationalistische regeringen laten steeds minder ruimte voor een tegengeluid. Zij leggen het debat over het nationale verleden aan banden, zodat ze schijnbaar ongestoord hun eigen visie op het verleden door kunnen drukken.

In landen waar wel ruimte is voor een historisch debat is er nog steeds een voedingsbodem voor nostalgische sentimenten. Verkiezingsuitslagen als die van de Franse presidentsverkiezingen in 2022 tonen maatschappelijke verdeeldheid en versplintering. De emoties onder de valse geschiedenislessen van Gove, Trump, Zemmour en Modi zijn ook nog steeds springlevend.

Het blijft aantrekkelijk voor goedbedoelende politici om één nationaal geschiedverhaal te bepleiten als eenvoudig lapmiddel voor een verscheurde samenleving en dat vast te leggen in schoolboeken of musea. Maar dat draagt het inherente risico met zich mee dat er ook groepen in de samenleving zijn die zich niet herkennen in dat nationale geschiedverhaal, omdat een dergelijk verhaal in essentie altijd een exclusief karakter heeft.

En het is net zo goed aantrekkelijk voor kwaadwillende politici om met een bekrompen, partijdige, isolationistische nationale identiteit op basis van de vaderlandse geschiedenis in te spelen op de verdeeldheid, nostalgische sentimenten en gevoelens van sociaaleconomische onzekerheid en te proberen om kiezers te winnen. Hoewel resultaten uit het verleden geen garantie voor de toekomst zijn, zijn populistische politici electorale successen als het Brexit-referendum en het presidentschap van Trump zeker nog niet vergeten.

Wereldwijd blijft *Our Island Story* voor politieke entrepreneurs een inspirerend voorbeeld, ook al is het slechts een simpel verhaal en zit de geschiedenis in werkelijkheid altijd en overal veel ingewikkelder in elkaar.

Tot slot

Geschiedenis leeft

Donkere wolken pakken zich samen boven het verleden. Uit de vijf voorbeelden rijst een verontrustend beeld. Sluwe potentaten en politici zijn erop uit om de geschiedenis naar hun eigen beeld te vormen en zo hun politieke doeleinden te legitimeren. Om de negentiendeeeuwse militair theoreticus Carl von Clausewitz te parafraseren: 'Geschiedenis is de voortzetting van de politiek met andere middelen.' Politieke opvattingen vallen daarbij op miraculeuze wijze samen met 'de historische noodzaak', en dat is iets dat wereldwijd kan worden waargenomen. De lijst van voorbeelden die in dit boek staan is verre van uitputtend.

Wie verder gaat zoeken, vindt al gauw vergelijkbare gevallen. Nationalisten in Bulgarije en Noord-Macedonië strijden om rivaliserende claims op hun gedeelde geschiedenis en spinnen politiek garen bij het vijandbeeld dat zij oproepen. Op de Filipijnen is Bongbong Marcos in 2022 tot president gekozen na een succesvolle campagne om de mensenrechtenschendingen en grootschalige corruptie van het in 1986 verdreven regime van zijn vader Ferdinand Marcos onder het tapijt te moffelen en juist de 'stabiliteit' van diens regeerperiode te benadrukken. En in Saoedi-Arabië is kroonprins Mohammad bin Salman al-Saoed druk doende om de invloedrijke puriteinse wahabieten uit de geschiedenis te schrijven en zo alle macht in het land naar zich toe te trekken.

De voorbeelden zijn legio. Vooral autoritaire regimes, 'illiberale democratieën' en populisten van conservatief-nationalistische signatuur nemen graag hun toevlucht tot 'geschiedenispolitiek' en maken daarbij allemaal gebruik van in essentie hetzelfde historische frame van de trotse natie met een bijzondere lotsbestemming. Met dat nationale geschiedverhaal worden gevoelens van trots en vaderlandsliefde aangezwengeld. Nationalisme wordt bewust gecultiveerd.

Het is niet voor het eerst dat de geschiedenis daarvoor wordt gebruikt. Toen de natiestaten van Europa in de negentiende eeuw vorm kregen, stonden historici aan de wieg van nationale geschiedverhalen. Zij togen aan het werk om uit bronnenonderzoek, historische feiten en bestaande noties van volken een verhaal over het ontstaan van de eigen natie te smeden en aan te tonen dat die al vroeg een eenheid vormde, uitverkoren om grootse dingen te verrichten. En natuurlijk werd die uitverkoren natie afgezet tegen anderen, had hij met pijn en moeite gezegevierd op het slagveld en zich daarmee verzekerd van zijn plek. Het vaderlandse verleden was een onvermijdelijke ontwikkeling naar een glorieuze toekomst.

In de eerste helft van de twintigste eeuw leidde het nationalisme tot verschrikkelijke excessen. Na de verwoestingen van de Balkanoorlogen, de Eerste Wereldoorlog en de Tweede Wereldoorlog raakten het nationalisme en de bijbehorende nationalistische geschiedschrijving in diskrediet. Natuurlijk, in de tweede helft van de twintigste eeuw formuleerden nieuwe natiestaten in Azië en Afrika een eigen nationale geschiedenis, maar verder had de Koude Oorlog de geschiedenis bevroren.

Alles stond in het teken van de strijd tussen de twee supermachten: de wereld was verdeeld tussen twee grote allianties met rivaliserende ideologieën. Beiden claimden de waarheid in pacht te hebben en de weg naar de toekomst te vormen. De mensheid kon twee kanten op: die van het op Amerikaanse leest geschoeide liberale kapitalisme of die van het door de Sovjet-Unie idealiter nagestreefde model van het communisme. Oude conflicten – etnisch, nationalistisch, religieus – werden naar de vuilnisbak van de geschiedenis verwezen, zoals de Russische Bolsjewiek Leon Trotski in 1917 trots uitriep na de Oktoberrevolutie. Ze werden in ieder geval op zijn minst met de mantel van ideologische liefde bedekt.

Heel even leek het er na de val van het IJzeren Gordijn en de ineenstorting van de Sovjet-Unie op dat de oude conflicten gesmoord waren. Het communisme was zelf in de vuilnisbak terechtgekomen en de wereld stevende af op een nieuwe liberale orde onder bezielende leiding van de enig overgebleven supermacht: de Verenigde Staten. Het optimisme was even zó groot dat de Amerikaanse politicoloog Francis Fukuyama in een beroemd en inmiddels berucht essay sprak van een einde van de geschiedenis. Vrede en welvaart zouden voor iedereen voor het oprapen liggen.

In de jaren zeventig en tachtig hadden historici, politicologen en sociologen het concept nationaliteit ontmaskerd als een construct. Het nationalisme werd zorgvuldig tot de grond toe afgebroken, maar daarna was het onderwerp niet zo bijster interessant meer. Het laatste historische woord leek erover gezegd. Zoals een jong kind een stuk speelgoed achteloos kan laten vallen om er vervolgens niet meer naar om te kijken, zo lieten historici de losse onderdelen van het nationalisme rondslingeren. Ze lagen zo voor het grijpen voor iedereen die er zijn voordeel mee wilde doen.

Toen de deken van de wereldomspannende strijd tussen de twee supermachten die lang over etnische, religieuze en andere conflicten lag na 1989 werd weggetrokken, ontdooide de bevroren geschiedenis al snel weer. Gehaaide politici waren er als de kippen bij om een greep in de nationalistische gereedschapskist te doen. Oude conflicten werden met een beroep op een (soms eeuwenlange) voorgeschiedenis weer opgerakeld en laaiden weer op. Geschiedenis was weer helemaal terug. Springlevend. En sindsdien is het verleden ook niet meer weggeweest.

De Balkan bleek net als in de negentiende eeuw een kruitvat, waarbij de geschiedenis een cruciale rol speelde. Die lag daar immers voor het oprapen. Of zoals Winston Churchill gezegd zou hebben: ‘De Balkan produceert meer geschiedenis dan ze kan consumeren.' De oorlogen die in de jaren negentig woedden in het voormalig Joegoslavië werden evenwel vaak bestempeld als laatste uitwas van een praktijk die door weldenkende mensen inmiddels van de hand werd gewezen. Had de Europese Unie immers in 2012 niet de Nobelprijs voor de Vrede gekregen voor haar succesvolle strijd voor vrede en verzoening?

Maar twintig jaar na het laatste gewapende conflict op de Balkan – de gewapende opstand van de Albanese minderheid in Macedonië in 2001 – is nationalistische geschiedschrijving alomtegenwoordig. Het is een kameleontisch verschijnsel dat zich gemakkelijk aanpast aan steeds weer veranderende omstandigheden. Het vindt overal een vruchtbare voedingsbodem, van autoritaire regimes tot democratieën.

Met de Russische militaire campagne in Oekraïne bewijst Vladimir Poetin helaas nog maar eens dat de excessen waar de negentiende-eeuwse nationalistische geschiedschrijving in de twintigste eeuw toe leidde zeker geen verleden tijd zijn. Wat in Rusland in eerste instantie leek op een onschuldige vorm van vaderlandslievende trots en later werd geduid als retoriek, herbergde een gevaarlijke verborgen agenda. Aan de hand van een verwrongen visie op het verleden werd 'de ander' gedefinieerd en ontmenselijkt. De 'denazificatie' van Oekraïne staat voor de missie van het Kremlin om al het 'anti-Russische' uiteindelijk te elimineren, ook in Rusland.

Als er zoveel op het spel staat en de geschiedenis het leidende principe is voor de toekomst, wordt de interpretatie van de geschiedenis ook een slagveld. Collectieve herinnering is heel iets anders dan simpelweg een verzameling historische feiten, maar politici en potentaten die geschiedenis gebruiken als politiek wapen, zorgen ervoor dat er maar één interpretatie mogelijk is of in ieder geval alle andere interpretaties overstemt. Zij zien zichzelf als wettelijke erfgenaam van hun eigen visie op het verleden. Die leidt volgens hun ijzeren logica immers altijd naar henzelf als hoeders van de natie. Zij verdedigen de eeuwige cultuur, normen en waarden van hun land.

De ingebeelde gemeenschap geldt als onwrikbare werkelijkheid. Alle tegengeluiden moeten daarom worden gesmoord. De collectieve herinnering wordt vastgelegd en de geschiedenis wordt in beton gegoten. Met 'herinneringswetten' wordt een juridisch fundament onder één allesoverheersende visie op het verleden gelegd. Afwijkende visies op het verleden worden gemarginaliseerd en vaak ook onderdrukt. Wie afbreuk doet aan het 'juiste' beeld wordt aangepakt, zoals bijvoorbeeld mensenrechtenorganisatie Memorial in Rusland. De academische vrijheid is op papier gewaarborgd, maar er ligt wel een verstikkende deken op historisch onderzoek. Ook in Polen weten academici dat ze hun kop niet al te ver boven het maaiveld moeten uitsteken.

Op deze manier wordt het verleden ook een stok om de politieke oppositie mee te slaan. Aan de hand van de officiële visie op het verleden kunnen critici worden weggezet als 'verrader' of 'buitenlandse agent'. Zij spannen samen met de buitenlandse belagers van de natie. Bovendien bewijst iedere vorm van kritiek onomstotelijk het gelijk van de machthebber: wie het nationale geschiedverhaal 'aanvalt' is zélf ook een vijand die de eeuwige cultuur, normen en waarden te gronde probeert te richten. En omgekeerd: wie wezensvreemde ideeën opdringt, beoogt daarmee afbreuk te doen aan de nationale identiteit.

Zonder hoorbaar tegengeluid krijgt de dominante interpretatie van het verleden vrij baan. Zeker wanneer die wordt ondersteund met een non-stop propagandabombardement en alomtegenwoordig is in schoolboeken, media, cultuur, musea en de publieke ruimte. Wanneer mensen worden ondergedompeld in de collectieve herinnering, wordt het vrijwel onmogelijk om daaraan te ontsnappen. En omdat een gemeenschappelijk beeld van het verleden de identiteit in het heden bepaalt, trekken machthebbers op deze manier een lijn in het zand van de tijd die nog tot in lengte van dagen verdeeldheid en vijandschap kan veroorzaken. Zelfs wanneer de huidige machthebbers van het toneel verdwijnen.

Vladimir Poetin is het levende bewijs dat de blik op de geschiedenis ook de ambities voor de toekomst herbergt. Om de diepere drijfveren van potentaten te begrijpen, kun je ook naar hun geschiedenisboeken kijken. In de huidige multipolaire wereld met de conflicterende nationale geschiedverhalen van grote geopolitieke spelers is diepgravende kennis van het verleden onmisbaar. En het is misschien nog wel belangrijker om te weten hoe de verschillende visies op het verleden zijn vormgegeven. Wanneer geschiedenis wordt gebruikt als politiek wapen, sta je zonder historisch bewustzijn met lege handen op het slagveld. Ook als het gaat om steun aan bondgenoten en bevriende landen.

Conflicterende historische interpretaties beïnvloeden de onderlinge verhoudingen tussen staten, en alleen met kennis van de verschillende standpunten is het mogelijk om daarop in te spelen, ook al worden 'herinneringsoorlogen' bewust uitgelokt en uitgevochten. Daarnaast kan het op diplomatiek vlak helpen om rekening te houden met de grieven die zijn vervat in de verhaallijn van de permanent belegerde vesting. Die worden immers vaak – al dan niet aangemoedigd van bovenaf – door grote delen van de bevolking gevoeld. Het is inmiddels een al lang gepasseerd station, maar openlijk uitgesproken waardering voor de Russische inspanningen tijdens en slachtoffers van de Tweede Wereldoorlog had een gevoel van erkenning kunnen opleveren. In ieder geval was het contrair geweest aan de historische mal waarin Poetin de verhoudingen met het Westen heeft gegoten.

Het is ook belangrijk te beseffen dat machthebbers weliswaar het verleden gebruiken om hun macht uit te oefenen, maar dat het verleden tegelijkertijd ook macht heeft over de machthebbers zelf. Om hun geloofwaardigheid te behouden moeten zij de door henzelf geschetste wederopstanding vormgeven. Het aanwakkeren van nationalistische sentimenten onder de eigen bevolking betekent ook dat er veel minder strategische flexibiliteit is wanneer een staat onder druk wordt gezet.

De dubbele politieke belofte van het verdedigen van de nationale belangen en het streven naar een nationale wederopstanding laat geen ruimte voor beslissingen die daar op het eerste gezicht contrair aan zijn. Een opgehitste publieke opinie laat slechts beperkte bewegingsruimte voor concessies aan concurrenten op het wereldtoneel. Wie zijn toevlucht neemt tot het historische frame is er vervolgens ook aan overgeleverd.

Daarom kun je, als je weet welk geschiedverhaal er wordt verteld, ook vooruit bladeren in het boek. De verhaallijn gaat immers van verleden naar het heden en ook de toekomst en heeft daarom ook een voorspellende waarde, al is die natuurlijk beperkt. In het geval van Rusland is het nu helaas te laat om nog vooruit te bladeren, maar in andere gevallen lijkt er nog tijd te resteren.

Tegelijkertijd is het van belang voor westerse landen om hun eigen verhaal te vertellen en dat niet door anderen te laten doen. Zowel in het Russische, het Turkse als het Chinese geschiedverhaal speelt het Westen de rol van boeman. En in de *zero-sum history* betekent de wederopstanding van de een automatisch de ondergang van de ander. In het geval van Rusland, Turkije en China is die pas voltooid wanneer zij hun rechtmatige plek op het wereldtoneel hebben ingenomen ten koste van het Westen.

En volgens Xi, Poetin en Erdogan zou dat ieder moment kunnen gebeuren. De internationale wereldorde, door het Westen gebouwd om zijn eigen veiligheid en welvaart te waarborgen, zou op het punt staan in te storten. Nu is in hun ogen de tijd rijp om aan de hand van de eigen visie op het verleden een nieuwe multipolaire wereldorde te scheppen. Uit deze offensieve houding spreekt een weinig rooskleurig toekomstbeeld.

Sinds de financiële crisis in 2008 is het idee dat het Westen in verval is ook bij westerse conservatief-nationalistische politici in zwang, vooral als argument om het liberale gedachtegoed af te zweren en een terugkeer naar traditionele normen en waarden te bepleiten. Niet voor niets herbergt het Poolse en Hongaarse nationale geschiedverhaal ook antiwesterse elementen.

Wanneer het Westen de aantrekkingskracht van de internationale wereldorde in stand wil houden, moet het met een sterk eigen verhaal en een aanlokkelijk toekomstperspectief op de proppen komen. Paradoxaal genoeg heeft Poetin met de Russische inval in Oekraïne de elementen voor dat verhaal op een presenteerblaadje aangeboden. Het Westen kan zich nu profileren als verdediger van vrede, veiligheid en vrijheid. Maar ook hier geldt dat het Westen dat in praktijk vorm zal moeten geven om de geloofwaardigheid te behouden, net als bij een belofte van wederopstanding. En het is wel zo dat dit liberale verhaal lijnrecht tegenover het Russische, Turkse en Chinese verhaal staat, waardoor de scheidslijnen verder worden verdiept.

Zijn er dan helemaal geen lichtpuntjes? Jawel. Nationalistische geschiedschrijving heeft nog niet zo'n vaste voet aan de grond als op het eerste gezicht het geval lijkt. In het Verenigd Koninkrijk heeft een poging om een vaderlandslievend geschiedeniscurriculum te introduceren juist geresulteerd in een tegenbeweging, die nieuw momentum kreeg met de Black Lives Matter-demonstraties. Die hebben ook in de Verenigde Staten en veel West-Europese landen een nieuwe impuls en vooral nog meer zichtbaarheid gegeven aan een al langer lopend proces van dekolonisatie van de geschiedenis.

Het resultaat is in veel gevallen een pluriformer, diverser en inclusiever beeld van het verleden. Het is een ontwikkeling die in het Westen enerzijds op instemming van het overgrote deel van de samenleving kan rekenen en anderzijds spanningen oplevert vanwege het beladen karakter van 'dekoloniseren'. Hoewel dat inmiddels een ingeburgerde term is, die staat voor een eigen denkkader, zou het 'verbreden' van de geschiedenis wellicht minder weerstand oproepen. Het is hoopgevend dat een volledig beeld voor veel mensen nog altijd bevredigender is dan een simplistisch beeld.

En historici moeten in de verbreding van de geschiedenis vooropgaan. Zij moeten hun best doen om het publieke besef van het verleden in al zijn complexiteit te vergroten. Ze moeten zich verzetten tegen een onevenwichtige weergave, oversimplificatie en onjuiste interpretatie van het verleden. Of zoals de negentiende-eeuwse Duitse historicus

Leopold von Ranke het doel van de geschiedwetenschap samenvatte: '*Bloss sagen, wie es eigentlich gewesen.*' Gewoon zeggen hoe het werkelijk was.

Natuurlijk, het verleden is van ons allemaal en niet alleen van historici. Maar omdat historici zich beroepsmatig bezighouden met het bestuderen van de geschiedenis zijn zij beter dan de meeste 'amateurs' in staat om een gefundeerd oordeel te geven. Historici zijn academisch opgeleid om vragen te stellen, verbanden te leggen en materiaal te verzamelen en te onderzoeken. Vaak beschikken zij al over een aanzienlijke kennis van en inzicht in de context van bepaalde perioden of gebeurtenissen. Historici moeten mensen helpen afstand te nemen en hun eigen geschiedenis in een breder perspectief te plaatsen.

Dan wordt duidelijk wat de macht van het verleden is. Historici zijn bij uitstek toegerust om nationale mythen te ontzenuwen. Daarbij helpt het dat het verleden een harde kern heeft: wat er gebeurde en in welke volgorde dat was. Causaliteit en opeenvolging zijn van cruciaal belang om het verleden te begrijpen. Als historici naast de kleine verhalen waaruit de geschiedenis bestaat niet óók de geschiedenis van grote gebeurtenissen schrijven, zullen anderen dat doen, en het is maar de vraag hoe. Als historici hun werkterrein niet toegankelijk maken, zijn anderen er als de kippen bij om in de behoefte te voorzien.

Enkele prominente uitzonderingen daargelaten mengden academisch geschoolde historici zich tot voor kort over het algemeen maar mondjesmaat in het publieke debat. Het is goed dat ze nu steeds meer een podium zoeken en dat ook krijgen. Geschiedenis is lenig. Het is gemakkelijk om eruit te pikken wat ons het beste uitkomt. Het verleden kan voor bijna alles wat we in het heden willen bewerkstelligen worden gebruikt. Misbruik ligt op de loer, en dus moeten we zorgvuldig met het verleden omgaan. Politici kunnen alleen straffeloos wegkomen met onjuist gebruik of misbruik van de geschiedenis wanneer de meeste mensen er niet genoeg van weten om hen tegen te spreken.

Maar de geschiedenis verbreden en laten zien zoals zij werkelijk was is zeker geen eenvoudige taak. Er bestaat een groot risico dat de historicus wordt meegesleurd in het politieke debat. Alleen door zo objectief mogelijk de feiten weer te geven, kan de geschiedwetenschap voorkomen zélf politiek beladen te worden. Maar juist academisch opgeleide historici weten hoe moeilijk het is om het verleden objectief tegemoet te treden.

Daarnaast valt openhartige geschiedschrijving op z'n zachtst gezegd niet altijd in goede aarde. Wanneer historici vast verankerde ideeën en mythen over het verleden ter discussie stellen, worden zij vaak beticht van elitarisme, nihilisme of gewoon een gebrek aan voeling met 'de echte wereld' – wat dat ook moge zijn. Het kan zelfs gevaarlijk zijn de verhalen die mensen over zichzelf vertellen in twijfel te trekken, omdat een groot deel van onze identiteit gevormd is door en verbonden is met onze geschiedenis. Zeker voor wie het verleden wil gebruiken voor politiek gewin is het een regelrechte aanval.

Bovendien hebben we kunnen zien dat het blikveld in veel landen juist bewust wordt vernauwd en dat iedere vorm van kritiek wordt gesmoord. Juist daarin gloort nóg een lichtpuntje. Het ontbreken van een meerstemmig verhaal over de geschiedenis kan leiden tot het ontstaan van 'parallelle' verhalen. Wanneer de in het officiële nationale geschiedverhaal opgedrongen collectieve herinnering niet meer overeenstemt met de persoonlijke herinnering, verliest het zijn geloofwaardigheid. Dan ontstaat ruimte voor alternatieve verhalen over het verleden, die vaak ook een alternatief voor de toekomst in zich herbergen.

Politici die te ver gaan met de geschiedenis, lopen het gevaar dat ze hun eigen graf graven. Daarom zijn ze er ook zo op gebrand om alternatieve geschiedverhalen uit te bannen en een monopolie op het historische bewustzijn te verkrijgen. Maar ook in Rusland, Polen, Turkije en China zijn er ondanks alle tegenwerking stemmen die een andere visie op het verleden durven te vertolken en daarmee in het ergste geval lijf en leden riskeren. Die stemmen verdienen een internationaal podium, omdat dat voor hen vaak de enige weg is om hun geluid ook in eigen land te laten horen – al is het soms nog zo zacht. Alleen op die manier is het mogelijk om ook daar de geschiedenis te verbreden en te laten zien zoals hij werkelijk was. Zo zette de Nobelprijs voor de Vrede in 2022 terecht het werk van de Russische mensenrechtenorganisatie Memorial in de schijnwerpers.

In een ideale wereld houden overheden overal ter wereld zich verre van 'geschiedenispolitiek', maar tot het zover is moeten die duistere praktijken zo duidelijk mogelijk zichtbaar worden gemaakt.

'*History is bunk.*' Geschiedenis is flauwekul. Dat zei de beroemde Amerikaanse industrieel Henry Ford in 1916 in gesprek met een journalist van *The Chicago Tribune*. Maar Ford had het helemaal mis. Geschiedenis is een uiterst serieuze zaak. Het verleden is geen dood ding. Het ligt niet veilig achter ons of opgebaard in een museum. Geschiedenis leeft. Dat is nuttig, omdat het kan helpen onszelf en anderen beter te begrijpen. Maar het kan ook heel gevaarlijk zijn. In vaardige handen is het een politiek wapen zonder weerga. Daarom moeten we op onze hoede zijn. De macht van het verleden is groot.

Bibliografie

Talloze historici en andere onderzoekers hebben zich in de afgelopen jaren beziggehouden met de macht van het verleden. Onderstaande lijst is daarom verre van compleet en vooral bedoeld als handreiking aan de lezer die zich verder wil verdiepen in de materie.

Anderson, B., *Imagined Communities – Reflections on the Origins and Spread of Nationalism* (2e editie, Londen 1991)

Applebaum, A., *De schemering van de democratie – Over de verlokkingen van een autoritair systeem* (Amsterdam 2020)

Aronsson, P. & Elgenius, G. (eds.), *National Museums and Nation-Building in Europe, 1750-2010* (Londen 2014)

Assmann, A., *Die Wiedererfindung der Nation – Warum wir sie fürchten und warum wir sie brauchen* (München 2020)

Bauman, Z., *Retrotopia* (Cambridge 2017)

Belavusau, U. & Gliszczynka-Grabias, A. (eds.), *Law and Memory – Towards Legal Governance of History* (Cambridge 2017)

Berger, S.(ed.), *Writing the Nation – A Global Perspective* (Basingstoke 2008)

Berger S., & C. Conrad, C. (eds.), *The Past as History – National Identity and Historical Consciousness in Modern Europe* (Basingstoke 2015)

Bevernage, B. & Wouters, N. (eds.), *The Palgrave Handbook of State-Sponsored History after 1945* (Basingstoke 2018)

Black, J., *Contesting History – Narratives of Public History* (Londen 2014)
Bougon, F., *Inside the Mind of Xi Jinping* (Londen 2018)
Bouchard, G. (ed.) , *National Myths – Constructed Pasts, Contested Presents* (Londen 2013)
Boym, S., *The Future of Nostalgia* (New York 2001)
Breuilly, J., *Nationalism and the State* (2e editie; Manchester 1993)
Cagaptay, S., *Erdogan's Empire – Turkey and the Politics of the Middle East* (Londen 2020)
Cajani, L., Lässig, S., & Repoussi, M. (eds.), *The Palgrave Handbook of Conflict and History Education in the Post-Cold War Era* (Basingstoke 2019)
Callahan, W., *China – The Pessoptimist Nation* (Oxford 2010)
Campanella, E. & Dassù, M., *Anglo Nostalgia – The Politics of Emotion in a Fractured West* (Oxford 2019)
Cannadine, D., *The Undivided Past – History Beyond our Differences* (Londen 2013)
Carleton, G., *Russia – The Story of War* (Cambridge 2017)
Denton, K., *Exhibiting the Past – Historical Memory and the Politics of Museums in Postsocialist China* (Honolulu 2013)
Duyvendak, J., *The Politics of Home – Belonging and Nostalgia in Western Europe and the United States* (Londen 2011)
Erll, A. & Nünning, A. (eds.), *Cultural Memory Studies – An International and Interdisciplinary Handbook* (Berlijn 2008)
Ferguson, N., *Empire – How Britain Made the Modern World* (Londen 2003)
Ferro, M., *Resentment in History* (Cambridge 2010)
Ferro, M., *The Use and Abuse of History – Or How the Past is Taught to Children* (Londen 2003)
Frank, T., & Hadler, F. (eds.), *Disputed Territories & Shared Pasts – Overlapping National Histories in Modern Europe* (Basingstoke 2011)
French, H., *Everything Under the Heavens – How the Past Helps Shape China's Push for Global Power* (New York 2017)

Fukuyama, F., *Het einde van de geschiedenis en de laatste mens* (Amsterdam 1992)
Fukuyama, F., *Identiteit – Waardigheid, ressentiment en identiteitspolitiek* (Amsterdam 2019)
Galeotti, M., *Een kleine geschiedenis van Rusland – Van de heidenen tot Poetin* (Amsterdam 2020)
Gildea, R., *Empires of the Mind – The Colonial Past and the Politics of the Present* (Cambridge 2021)
Giles, K., *Moscow Rules – What Drives Russia to Confront the West* (Londen 2019)
Glenny, M., *The Balkans – Nationalism, War and the Great Powers, 1804-2012* (Londen 2017)
Gries, P., *China's New Nationalism – Pride, Politics and Diplomacy* (Berkeley 2004)
Halbwachs, M., *On Collective Memory* (Chicago 1992)
Hayton, B., *The Invention of China* (New Haven 2020)
Hobsbawm, E., *Nations and Nationalism since 1780* (2e editie; Cambridge 1992)
Hobsbawm, E., & Ranger, T. (eds.), *The Invention of Tradition* (Cambridge 1983)
Hosking, G. & Schöpflin, G. (eds.), *Myths and Nationhood* (New York 1997)
Jaffrelot, C., *Modi's India – Hindu Nationalism and the Rise of Ethnic Democracy* (Princeton 2021)
Jansen, M., *De toekomst die nooit kwam – Hoe Rusland worstelt met zijn verleden* (Amsterdam 2019)
Jansen, M., *Grensland – Een geschiedenis van Oekraïne* (Amsterdam 2014)
Judt, T., *Na de oorlog – Een geschiedenis van Europa sinds 1945* (Amsterdam 2006)
Kennedy, D., *Imperial History Wars – Debating the British Empire* (Londen 2018)
Koposov, N., *Memory Laws, Memory Wars – The Politics of the Past in Europa and Russia* (Cambridge 2017)

Krastev, I., & Holmes, S., *Falend licht – Hoe het Westen de Koude Oorlog won maar de vrede verloor* (Amsterdam 2019)
Kuiper, J., *Polen – Geen land van fietsers en vegetariërs* (Eindhoven 2018)
Leerssen, J., *Nationalisme* (Amsterdam 2015)
Lowe, K., *Prisoners of History – What Monuments to the Second World War Tell Us About Our History and Ourselves* (New York 2020)
Lukowski, J. & Zawadzki, H., *A Concise History of Poland* (3e editie, Cambridge 2019)
Macmillan, M., *The Uses and Abuses of History* (Londen 2010)
Maier, C., *Leviathan 2.0 – Inventing Modern Statehood* (Cambridge 2014)
Maier, C., *Once Within Borders – Territories of Power, Wealth, and Belonging since 1500* (Cambridge 2016)
Marshall, H., *Our Empire Story* (Londen 1908)
Marshall, H. , *Our Island Story* (Londen 1905)
Mazower, M., *Duister continent – Europa in de twintigste eeuw* (Amsterdam 2001)
McDonough, F., (ed.), *The Origins of the Second World War – An International Perspective* (New York 2011)
Miller, A. & Lipman, M. (eds.), *The Convolutions of Historical Politics* (Boedapest 2012)
Mitchell, P., *Imperial Nostalgia – How the British Conquered Themselves* (Manchester 2021)
Mitter, R., *China's Good War – How World War II is Shaping a New Nationalism* (Cambridge 2020)
Moïsi, D., *De geopolitiek van emotie – Over angst, vernedering, hoop en de opgave voor deze tijd* (Amsterdam 2019)
Moorhouse, R., *The Devils' Alliance – Hitler's Pact with Stalin, 1939-1941* (Londen 2014)
Müller, J., *Memory and Power in Post-War Europe* (Cambridge 2002)
Nabokov, V., *Geheugen, spreek* (Amsterdam 2021)

O'Toole, F., *Heroic Failure – Brexit and the Politics of Pain* (Londen 2018)
Overy, R., & Wheatcroft, A. (eds.), *The Road to War* (2e editie; Londen 1999)
Paxton, R., *De anatomie van het fascisme* (Amsterdam 2004)
Plokhy, S., *Het verloren koninkrijk – De geschiedenis van Rusland van 1470 tot heden* (Houten 2018)
Plokhy, S., The Gates of Europe – A History of Ukraine (herziene editie, New York 2021)
Putten, F. van der, *De wederopstanding van China – Van prooi tot wereldmacht* (Amsterdam 2020)
Rachman, G., *Easternisation – War and Peace in the Asian Century* (Londen 2016)
Reynolds, D. , *Island Stories – An Unconventional History of Britain* (Londen 2019)
Rieff, D., *In Praise of Forgetting – Historical Memory and its Ironies* (New Haven 2016)
Samuel, R., *Island Stories* (Londen 1998)
Samuel, R., *Theatres of Memory – Past and Present in Contemporary Culture* (Londen 1994)
Sanghera, S., *Empireland – How Imperialism Has Shaped Modern Britain* (Londen 2021)
Satiya, P., *Time's Monster – History, Conscience and Britain's Empire* (Londen 2020)
Schell, O., & Delury, J., *Wealth and Power – China's Long March to the Twenty-first Century* (New York 2013)
Scott, A., *Ottoman Odyssey – Travels through a Lost Empire* (Londen 2019)
Service, R. , *Kremlin Winter – Russia and the Second Coming of Vladimir Putin* (paperback editie; London 2020)
Smeets, H., *De wraak van Poetin – Rusland contra Europa* (Amsterdam 2015)
Snyder, T., *Bloedlanden – Europa tussen Hitler en Stalin* (Amsterdam 2011)

Snyder, T., *De weg naar onvrijheid – Rusland, Europa, Amerika* (Amsterdam 2018)
Stent, A., *Het Rusland van Poetin – Rusland tegen het Westen* (Amsterdam 2019)
Tharoor, S. , *Inglorious Empire – What the British Did to India* (Londen 2017)
Tilmans, K., Vree, F. van, & Winter, J. (eds.), *Performing the Past – Memory, History and Identity in Modern Europe* (Amsterdam 2010)
Tunzelmann, A. von, *Fallen Idols – Twelve Statues That Made History* (Londen 2021)
Verpoest, L. (ed.), *Rusland, onveranderlijk anders? – Russische identiteit in politiek, cultuur en geschiedenis* (Leuven 2019)
Vries, C. de, & Hoffmann, I., *The Power of the Past – How Nostalgia Shapes European Public Opinion* (Gütersloh 2018)
Walker, S., *The Long Hangover – Putin's New Russia and the Ghosts of the Past* (Oxford 2018)
Weijermans, M., *Memory Politics in Contemporary Russia – Television, Cinema and the State* (London 2019)
Weiss-Wendt, A., & Adler, N. (eds.), *The Future of the Soviet Past – The Politics of History in Putin's Russia* (Bloomington 2021)
Wessels, L. & Bosch, T. (eds.), *Nationalisme, naties en staten – Europa vanaf circa 1800 tot heden* (Nijmegen 2012)
Westad, O., *Restless Empire – China and the World since 1750* (Basic Books 2012)
Wijdeven, I. van de, *De nieuwe rafelrand van Europa – De eeuwenlange voorgeschiedenis van Brexit en Trump* (Amsterdam 2019)
Wijdeven, I. van de, *De rafelranden van Europa* (Houten 2016)
Wijdeven, I. van de, *De spoken van Visegrád – De onbekende geschiedenis van Polen, Hongarije, Tsjechië en Slowakije* (Amsterdam 2018)
Yavuz, H., *Nostalgia for the Empire – The Politics of Neo-Ottomanism* (Oxford 2020)
Zamoyski, A. *Poland – A History* (New York 2009)
Zürcher, E., *Turkey – A Modern History* (4e editie, Londen 2017)

Register